Dietmar Ströbel
Haydn-Sinfonien

AF186563

Singen → Spielen → Hören
Zur »erwachsenen Musik« der Frühen Neuzeit
(1500-1800)
Materialien zu Teilband (5): FINALE

Zum Verständnis

Der folgende Text wurde im Wesentlichen beim Hören (u. a.) der Sinfonien Joseph Haydns inform von Hörprotokollen entworfen. Solches Hören geschah per CD (Austro-Hungarian Haydn Orchestra; Adam Fischer) in der Zeit der Pandemie und der verschlossenen Bibliotheken. Zur harmonischen Orientierung diente oft nur eine Stimmgabel. Für einige der Späten Sinfonien lag gleichzeitig die Klavierbearbeitung von August Horn (Peters) als Orientierungshilfe vor.

Joseph Haydn vom eigenen Hören her und nicht (nach wissenschaftlichem Brauch) von den überlieferten Partituren her anzugehen, entsprang dem Bemühen, meine persönliche Vorstellung von diesem Komponisten in Richtung einer annähernd „kontemporären" hin zu vertiefen. Und solches gliederte sich in ein größeres Arbeitsvorhaben zur europäischen Musik der Frühen Neuzeit ein. Gleichzeitig entstand der Text aber auch in Auseinandersetzung mit Ludwig Finschers überaus lesenswerter Monographie »Haydn und seine Zeit«. Zur Formulierung hinzugezogen wurden, neben älteren Exzerpten und Notizen, nur solche Schriften, auf die ich in meinem Hausapparat zugreifen konnte.

Joseph Haydn war über einige Monate mein Gast; ich glaube, ich habe ihn ein Stück weit tiefer schätzen und zu würdigen gelernt.

Dietmar Ströbel, 2021/2022

Dietmar Ströbel

Ich höre Haydn

Extempore
zu Sinfonien Joseph Haydns

Sapere ausus

Bibliografische Information der Deutschen Nationalbibliothek: Die Deutsche Nationalbibliothek verzeichnet diese Publikation in der Deutschen Nationalbibliografie; detaillierte bibliografische Daten sind im Internet über dnb.dnb.de abrufbar.

Herstellung und Verlag:
BoD – Books on Demand, Norderstedt

ISBN 9783746024370

„So soll Haydn etwa Carpani verraten haben, er helfe seiner Inspiration dadurch auf die Sprünge, dass er sich »…eine Art von Rahmen oder Programm ausdachte, worauf er seine musikalischen Ideen und Farben anbringen konnte. Er erhitzte also seine Phantasie und lenkte sie auf ein vorgegebenes Ziel hin. «"

(Jak. Joh. Koch 2009, S. 208)

Inhalt

1. Haydns Wertschätzung und unsere Schuldigkeit. Oder: »Ich höre Haydn.«

Mit unserem Bewusstsein von Joseph Haydn und seiner Musik geht es seltsam zu. Kaum einen Komponisten ordnen wir selbstverständlicher (s)einem Amt, hier in Eisenstadt bei den Fürsten Eszterházy, zu, und bei kaum einem Komponisten abstrahieren wir dann, wenn wir eine seiner Sinfonien oder Streichquartette hören bzw. eine seiner Klaviersonaten spielen, mehr von der Situation, in der bzw. für die die meisten von ihnen entstanden. Haydn erscheint uns biographisch als Musikbeamter, künstlerisch aber als eine Art autonomer Komponist. Es hat den Anschein, als verberge sich in diesem Widerstreit ein wesentliches Stück Entwicklung Haydns selbst: ein Wille, *sich* in seiner Situation je optimal gerecht zu werden, einer Situation allerdings, die sich ihm und die er sich, je älter er wurde, zu einer Allgemeingültigkeit veränderte (ohne dass die Welt um ihn in gleicher Weise sich verändert hätte). Während Haydn in eine bürgerliche Öffentlichkeit hineinwuchs, als er diese selbst mit definierte, sozusagen ihr Teil wurde, blieb er für seine Dienstherren in Eisenstadt der Domestik, der auf Befehl zu fungieren hatte. Die Tatsache, dass Haydn dies u. a. mit seinen letzten Messen für Eisenstadt auch konnte, hebt ihn umso mehr aus der Vielzahl der zeitgenössischen Wiener Komponisten heraus.

Haydn hat den Widerspruch in seiner Wertschätzung durch die Umwelt (gegenüber seinem Selbstwertgefühl?) einmal in einem sehr launigen (und oft zitierten) Brief vom 9. Februar 1790[1] an seine Wiener Freundin und Gönnerin Marianne von Genzinger ausgedrückt, in welchem er den typischen Ortswechsel vom Esterhazyschen Winterquartier in Wien zurück nach Eisenstadt thematisierte:

---

[1] Vgl.: *Joseph Haydn. Gesammelte Briefe und Aufzeichnungen,* ...hrsg. von D. Bartha, Kassel 1965, S. 228 f.

"Wohl Edl gebohrne

Sonders Hochschätzbarste - allerbeste Frau von Gennzinger

Nun - da siz ich in meiner Einöde - verlassen - wie ein armer waiß - fast ohne menschlicher Gesellschaft - traurig - voll der Errinerung vergangener Edlen täge - ja leyder vergangen - und wer weis, wan diese angenehme täge wider komen werden? diese schöne gesellschaften? wo ein ganzer Kreiß Ein herz, Eine Seele ist - alle diese schöne Musicalische Abende - welche sich nur dencken, und nicht beschreiben lassen - wo sind alle diese begeisterungen? - weg sind Sie - und auf lange sind Sie weg. wundern sich Euer Gnaden nicht, daß ich so lange von meiner Danksagung nicht geschrieben habe! ich fande zu Hauß alles verwürt, 3 Tag wust ich nicht, ob ich CapellMeister oder Capelldiener war, nichts konte mich trösten, mein ganzes quartier war in unordnung, mein Forte piano, das ich sonst liebte, war unbeständig, ungehorsam, es reitzte mich mehr zum ärgern, als zur beruhigung, ich konte wenig schlafen, sogar die Traume verfolgten mich, dan, da ich an besten die Opera le Nozze di Figaro zu hören traumte, wegte mich der Fatale Nordwind auf, und blies mir fast die schlafhauben von Kopf; ich wurde in 3 tagen um 20 Pfd. mägerer, dan die guten wienner bisserl verlohren sich schon unterwegs, ja ja, dacht ich bey mir selbst, als ich in mein. Kost Hauß stat den kostbahren Rindfleisch, ein stuck von einer 50 Jährigen Kuhe, stat den Ragou mit kleinen Knöderln, ein ledernes Rostbrätl, stat den so guten und delicaten Pomeranzen, einen dschabl oder so genanten graß Sallat, stat der backerey, düre Äpflspältl und Haslnuß - und so weiter speisen muste, - ja ja dacht ich bey mir selbst, hätte ich jezo manches bisserl, was ich in wienn nicht habe verzöhren können - hier in Estoras fragt mich niemand, schaffen Sie Cioccolate - mit, oder ohne milch, befehlen Sie Caffe, schwarz, oder mit Obers, mit was kan ich Sie bedienen bester Haydn, wollen Sie gefrornes mit Vanillie oder mit

Ananas? hätte ich jez nur ein stück guten Parmesan Käß, besonders in der Fasten, um die schwarzen Nocken und Nudln leichter hinab zu tauchen; ich gabe eben heute unsern Portier Commission mir ein baar Pfund herabzuschücken.

Verzeihen Sie allerbeste gnädige Frau, daß ich Ihnen das allererstemahl mit so ungereimt. gezeug, und der Elenden schmirerey die Zeit abstehle, verzeihen Sie es ein. Mann, welchen die Wienner zu viel gutes erwisen haben, ich fange aber schon an, mich nach und nach an das ländliche zugewöhnen, gestern studirte ich zum Erstenmahl, und So zimlich Haydnisch..."

In der Wertschätzung post mortem hat Haydn sehr unterschiedliche Phasen durchlaufen müssen. In der Konzert-Kultur bald durch Mozart und vor allem Beethoven in einen Schatten als sog. Vorläufer gestellt, galt er noch nach dem zweiten Weltkrieg als der „alte Papa", als der gewissermaßen noch nicht ganz gleichberechtigte Klassiker. Erst nach und nach setzte sich – vermittelt nicht zuletzt durch Platteneinspielungen des gesamten Sinfonie-Werkes – wieder ein breites Wissen von ihm und eine Einsicht in seine Funktion durch, nicht nur als Wegbreiter, sondern als „großer" Formulierer der europäischen klassischen Musik. So steht Haydn heute wieder neben Mozart; und er wird wieder unabhängig von Beethoven gewürdigt.

*

Im folgenden ist über Sinfonien[2] Joseph Haydns zu sprechen; nicht über alle 108, aber doch über eine solche Auswahl, dass Lesern (des Essays) und gleichzeitig Hörern der Sinfonien ihr „Verhältnis" zu Haydns sinfonischem Schaffen einsichtiger werden könnte.

Die folgenden Notizen zu den Sinfonien Joseph Haydns entstanden im Zusammenhang der Bemühungen, die eigenen Auf-

---

[2] Im folgenden verwende ich durchgehend die Schreibweise „Sinfonie" statt „Symphonie".

zeichnungen zur Lebensgeschichte dieses Komponisten zu einer biographischen Darstellung zusammenzufassen; und sie entstanden in der Zeit der Pandemie und der Sperrung öffentlicher Einrichtungen. Und dabei fiel mir – gerade aus der Konzentration auf die im häuslichen Handapparat mir vorliegende Literatur (incl. einiger älterer Exzerpte) und im Besonderen auf Ludwig Finschers hervorragendes Haydn-Buch[3] – die Leere und Kahlheit der Erfahrung mit diesem Komponisten auf. Einerseits notieren wir, wann Haydn welche Opern, welche Sinfonien oder Streichquartette entwarf, dass er zu bestimmter Zeit Baryton-Trios schrieb oder schottische Lieder komponierte... Andererseits aber bleibt solche Angabe in sich Täuschung; wir wissen gar nicht (genau), wovon wir reden. Es mangelt uns nicht nur an konkreten Daten aus dem Leben und d. h. zu den konkreten (musikalischen) Ereignissen, sondern in der Regel auch schlicht an eigener Spiel- und Hörerfahrung mit jenen „Sachen", mit denen wir üblicherweise sein Gelebthaben zur Kenntnis nehmen. Eine Bachbiographie verbinden wir (in einem gewissen Alter selbstverständlich) mit der fraglosen Kenntnis der großen Vokalwerke und Orchestermusik, mit der eigenen Spielerfahrung im Bezug zur Klavier- und/oder Orgelmusik sowie – wenn man Jahrzehnte seines Lebens z. B. regelmäßiger Sonntagsradiohörer war – mit wiederholter Hörerfahrung der meisten seiner Kantaten. Und unser Bild von Beethoven verbindet sich selbstverständlich mit der Kenntnis seiner Sinfonien, seiner Klaviersonaten und Streichquartette, vielleicht auch einiger sonstiger Kammermusik (wie der Violin- und Cellosonaten); auch sein *Fidelio* oder seine Musik zu *Egmont* gehören fast selbstverständlich zu unserem „Besitz". In der Regel fehlt uns aber solche Erfahrung in Bezug zu Haydn. Daran ändert auch die Auseinandersetzung etwa mit Finschers großer Haydn-Darstellung nichts, im Gegenteil. Eine solche Lektüre macht uns bewusst, wie abstrakt unser Bild von Haydn sich gestaltet: einerseits zentral auf sein „Werk" bezogen und damit vom Lebens-

---

[3] Der vorliegende Essay versteht sich auch als rezeptive Auseinandersetzung mit: Ludwig Finscher, *Joseph Haydn und seine Zeit*, Laaber ³2017.

gang weitgehend abstrahiert; anderseits werden wir uns dessen bewusst, wie wenig Erfahrung mit und bleibenden Eindruck von Haydns Sinfonien, Streichquartetten oder Klaviersonaten wir wirklich haben, von seinen Opern ganz zu schweigen. Auch eine aktive Erfahrung mit Haydns Oratorium „Die Schöpfung" dürfte heute die Ausnahme sein.[4]

Da bleibt eigentlich nur: solche Erfahrung als kulturell Erwachsener möglicherweise unter dem Vorzeichen einer Musik der Frühen Neuzeit und z. T. privat medial nachzuholen; und dies nicht (nur), um pflichtgemäß auch Haydns Sinfonien (und anderes von ihm) zur Kenntnis zu nehmen, sondern um das, was uns Literatur von ihm übermittelt, (1.) näher an das Subjekt heranzubringen, um dann auch (2.) das Bild, das wir von ihm haben, lebendig werden zu lassen, als das es uns dann (3.) die Möglichkeit einer Beziehung zu ihm eröffnet, um (4.) ihn dann „seine" Epoche abschließen zu sehen.

Denn Haydn können wir als einen „Vollender" der Epoche der Frühen Neuzeit betrachten; seine Musik ist damit aber viel weitergehend vergangen, als etwa die Beethovens. Gerade weil wir Haydn, Mozart und Beethoven gewöhnlich zur Einheit deklarieren, fällt Haydn in dieser Dreiheit ab: als der Vorläufer dessen, was vermeintlich Beethoven „vollendet" habe, das klassische Komponieren. Mozart hatte das Glück, als ein etwas später Geborener, von Haydn zwar „gelernt" zu haben, gleichzeitig aber als ein Mit-Vollender der Epoche eine eigene Konzeption verfolgt zu haben, die in ihrer der folgenden Generation möglichen Umdeutung auf das Subjekt als ein Individuum hin zäsurlos in die Neuzeit hinüber gerettet werden konnte, obwohl auch er ihr (noch) nicht angehörte. Mit Haydn ging das nicht; seine Opern sind heute so wenig bekannt, wie die Hasses. Seine Sinfonien zählen noch im halben oder ganzen Dutzend, als „Vorlage" für eine scheinbar nur höfische und dann auch bürgerliche „Unterhal-

---

[4] Zwar erscheint „Haydn" heute medial präsent; doch verschiebt sich solche Präsenz z. Zt. eher auf das „Nachtkonzert" der ARD; kaum eine Nacht ohne „Füllung" durch Haydn!

tung". Es ist nicht zuletzt die Vereinnahmung Haydns als „Klassiker", die ihm das Unrecht angetan hat!

Der Titel mit dem betonten „Ich" versteht sich aber auch als eine Art „Entgegnung". Er widerspricht der geltenden Richtung eines Hörens, das seine Weisungen primär aus einem Zu-Hörenden bezieht. „Ich" und „Haydn" halten sich in ihm in etwa die Waage; der Hörende bestimmt über sein Hören, zumindest in der Weise, dass er es aus einer besonderen historischen Einsicht heraus in seinem Selbstverständnis (mit-)bestimmt. Aber selbstverständlich ist es Haydn, der je mit seinen Sinfonien eine Daseinsform orchestralen Mit-Spielens entworfen hat. Und seinen Vorgaben, die diese Lebensform (auch hier und jetzt) im weitesten Sinn formal und vor allem inhaltlich bestimmen, diesen kann und will ich mich nicht entziehen. Es ist sicher eine große historische Leistung, eine solche im Laufe seines Lebens auf eine bestimmte Art entworfen und zur Vollkommenheit entwickelt zu haben. Es wäre aber auch eine Leistung, diese im Laufe seines Lebens auf eine eigene Art mitvollziehen gelernt zu haben… Und auf diese muss ich mich einlassen. Doch kann es nicht Sinn meines Hörens sein, sich diesen von einer Wissenschaft bestimmen zu lassen u. d. h. Themen, Formulierungen, thematisches Arbeiten als sie/es selbst wahrzunehmen. (Von ihnen aber spricht die Haydn-Literatur fast ausschließlich.) In der Frage des Verfügens über mein Hören u. d. h. hier: über mich als Mit-Spielenden (also Hörenden) bin ich selbst gefordert; hier muss ich investieren, mich in ein zweckrationales Verhältnis setzen „zu": „*Ich* höre Haydn" heißt: Ich suche meinem Wahrnehmen jenes orchestralen Spielens, das Haydn einst entworfen hat (und das mir die heutige Orchesterpraxis und die Schallplattenindustrie vermittelt!) selbst einen Grund zu geben, selbst einen Sinn zu generieren. Dieser ist keinesfalls beliebig, sondern (auch) aus den mir je verfügbaren Informationen (durchaus auch wissenschaftlicher Art) zu unterstützen und in aller Offenheit für Entwicklung und Veränderung zu formulieren. Auf Haydn bezogen hieße dies vor allem dem sog. „Menschlichen" seiner Musik (für mich selbst) auf die Spur zu kommen und letztlich darin ein Stück meiner selbst zu erleben. Genauer: Vielleicht ein Stück meiner eigenen Geschichte und Entwicklung, sprich: meiner Genese als Mensch im emphatischen Sinn. „Ich höre Haydn" heißt soviel wie: das gleichsam menschliche „Ich" in mir bestimmt über mein Hören mit, heute und hier in klarem Bewusstsein; und es erlebt sich in der Ausfächerung seiner möglichen Rollen.[5]

Aus der Einsicht der Zugehörigkeit zu einer Musik der Frühen Neuzeit ist dem Komponieren Haydns noch selbstverständlich eine *Intentionalität* zu unterstellen, eine „Intentionalität", nicht des Komponisten[6], sondern des jeweiligen musikalischen Tätigseins! Hinstellen, Aufnehmen, Wiederholen als Verstärken, Entgegnen … d. h. *mit* dem „Aussprechen" etwas intendieren. Haydns Sinfonien liegt, meiner Auffassung nach – vgl. u. –, je eine allgemeine menschliche Handlung zugrunde. Dies wurde, um die Theorie einer „Absoluten Musik" zu retten, als „Gehalt" angesprochen. Doch solche Abstraktion (von vornherein) hilft uns nicht, unser Spielen und Hören mit Sinn zu versehen, mit einem Sinn, der das intuitive (weil gelernte und gewohnte) Wahrnehmen der „Form" und „Technik" für uns sinnvoll machte. So, wie Haydn Spielen entworfen hat, bildet es die Aufforderung für uns, unser Mit-Spielen je mit einer handlungsartigen Intention zu verbinden. Dabei bilden nicht nur die Gestik und die sog. „Affekte" thematischer Bildungen die Vorgaben für eine („unsere"!) Ausdrücklichkeit, sondern vor allem die Art und Weise (→ Richtung, Dynamik, Tempo, Struktur) des Fortspinnens einschließlich eines plötzlichen Innehaltens oder des „Einwerfens" eines Gegenge-

---

[5] Die folgenden Anmerkungen, die – wie angemerkt – tatsächlich über ein Hören größtenteils ohne Noten entstanden, zwangen zur Konzentration aufs „eigene" Hören und Protokollieren.

[6] Wie in allen Schriften zu einer »Musikgeschichte für Musikpädagogen« verfolge ich auch hier kein Kommunikationsmodell (der Musik), sondern eines der »parallelen Vollzüge«. Nicht Haydn oder „Die Musik" „will" uns etwas sagen, sondern Haydns Entwurf ermächtigt die Spielenden und eben parallel die Mit-Spielenden (= Hörenden), sich in eine Zeit einer besonderen Ausdrücklichkeit (sozusagen ihres „Mit-Sagens") zu begeben.

dankens. Sie eröffnen uns die Möglichkeit, dass wir uns als intentional handelnde Wesen erleben, ohne dass wir den „Inhalt" des Handelns kennten! Aber wir können ihn ein wenig mittels Investition einer begründeten Vorstellung zu konkretisieren versuchen. Dazu bedarf es wohl der Investition je eines möglichen Sujets, um dem Hören jeweils Sinn generieren zu können, den die Zeit ihm aus den kontemporären Bedingungen selbstverständlich zumessen konnte. Peter Gülke schrieb einmal in einem Haydn-Aufsatz[7]:

> »[…]die – ohnehin problematische – Antinomie von wortgebundener und instrumentaler oder „absoluter" Musik war Haydn fremd, die letztere zu seiner Zeit als Kategorie überhaupt unbekannt. Dennoch wird er, da er ihr den Weg bereitet hat, nur zu gern für sie reklamiert. / Möglicherweise ist in diesem Zusammenhang eine Frage bislang allzusehr vernachlässigt worden – diejenige, ob das für Haydn postume Denkmodell „absolute Musik" nicht ältere, angemessenere Maßgaben verdrängt haben könnte, die, von der präzis bestimmten Bildlichkeit der „Affekten" herkommend, das Hören klarer, exakter und rationeller jeweils auf bestimmte Typologien, Bedeutungsfelder und dergleichen orientierten."

Der Sinn unseres Hörens wird kaum durch musikalische Analyse vermittelt, sondern als mögliche und unmittelbare Investition einer auf Menschen und ihr Handeln je bezogenen Inhaltlichkeit. Darin geht es nicht um „Wahrheit" oder „Richtigkeit", sondern um das („uns"!) *begründet* Mögliche und um ein unter Berücksichtigung des musikalisch Sich-Ereignenden bzw. Aufzufassenden („uns"!) Plausible. Zu investieren sind letztlich konkrete Inhalte, die wir im Bezug zu unserer Lebenserfahrung selbst verallgemeinern, abstrahieren und gleichzeitig im Hören auf uns bezogen erleben können. Durch die Investition von Vorstellungen möglicher Sujets der Sinfonien wird uns auch Haydn ein Stück weit

---

[7] Peter Gülke, *Nahezu ein Kant der Musik* (revidierte Fassung), in: *Joseph Haydn* (= Musik-Konzepte 41), München 1985, S. 73.

lebendig: wir sehen ihn vielleicht tatsächlich in seinem Londoner Aufenthalt, gewinnen einen Eindruck, wie es ihm bei der Rückkehr nach Wien ergangen sein mag, was der Verlust Mozarts für seine Lebenswelt bedeutete; wir erleben ihn im möglichen Reflex auf Ereignisse in Eisenstadt oder Eszterháza oder in der Entscheidung, ein zweites Mal nach London aufzubrechen…

Durch die (Investition unserer) Vorstellung von Anlass und möglichem Sujet integrieren wir die Sinfonien wenigstens ein kleines Stück und gedacht „zurück" in die Lebenswelt Haydns. Auf diese Weise gewinnen wir eine konkretere, lebendigere Vorstellung von ihm. Das Komponieren wird sozusagen vom einseitigen Blick auf das (scheinbar vor allem technische Ergebnis) zurück in sein Leben verlagert, ohne der Musik/dem Spielen ihre/seine Kunstwerklichkeit zu nehmen. Anderseits integrieren wir unser Hören durch die Investition eines (möglichen) Sujets in *unser* Leben, indem wir unserem Hören einen auf uns bezogenen Sinn generieren und so auch ein Verhältnis zur Persönlichkeit Haydns aufbauen: »Ich höre *Haydn*« – und nicht nur eine Sinfonie mit der Etikettierung „Haydn".

Indem wir heute (als über das Erwachsenenalter Hinausgelangte) dem Hören dieser Sinfonien je mit einem zwar begründeten, aber letztlich von uns selbst verantworteten Sujet Sinn zumessen, kann uns aber klarwerden, dass solches Hören letztlich auf der Fähigkeit beruht, instrumentales Spielen als strukturiertes Äußern wahrzunehmen. Das Identifizieren des Spielens und Mit-Spielens als intentional bedingtes So-Bewegen setzt das selbstverständliche Verfolgen der strukturellen Momente eines musikalischen Satzes und ein zum Vergleichen notwendiges Erfahrungsgedächtnis voraus. Letztlich erscheint es unumgänglich, Jugendlichen Hörerfahrungen und strukturelle Einsicht, ja durchaus „Form" (wie z. B. „Sonatenhauptsatzform") als ein mitverfolgendes Hören zu vermitteln. Was aber nicht sinnvoll scheint: ihnen etwa Sujets (als Quasi-Programme) vermitteln zu wollen. Diese sind Sache der kulturell Erwachsenen. Nur sie können diese aufgrund ihrer Lebenserfahrung, ihrer Bildung und vor allem musikalischen Bildung nachvollziehen. Letztlich: was Haydns Sinfonien „bedeuten" und wie man sie hören „soll", das steht nicht fest; über sein Hören zu entscheiden, das ist eine Sache des mitspielenden, also hörenden Subjekts.

Wir sollten also tendenziell bei allen Sinfonien auch eine mögliche und nur dieser einen Sinfonie zugehörige Inhaltlichkeit ins Auge fassen. Demgemäß geht es uns im Ansprechen der Sinfonien nicht um „Wahrheiten", sondern um Möglichkeiten des Hörens, die aber den lebenserfahrenen Hörer voraussetzen. Es wäre – wie gesagt – vollkommen verfehlt, *Sinfonie 104* etwa Jugendliche oder noch jungen Erwachsene als Haydns „Abschiedssinfonie" hören zu lassen. *Das gibt das Spielen von sich aus nicht her!* Haydns Entwurf orchestralen Spielens „ist" Sinfonie, entworfen aus einem zeitgenössischen musikalischen Selbstverständnis. „Abschied" aber ist ein Moment der Investition der Hörenden, die solchen (1.) aus ihrer Lebenserfahrung und (2.) auch aus ihrer *kulturellen* und *musikalischen Reife* investieren können. Das Miterleben aus einer investierten Vorstellung setzt aber voraus, sich in Sinfonie im Prinzip auszukennen, über ein Buchstabieren der formalen und instrumentalen Voraussetzungen hinausgelangt zu sein, weil diese von Jugend an vertraut und durch eigenes lebenslanges Spielen und Hören verinnerlicht sind.

Für ein solches Vorhaben kann man von (musikwissenschaftlichen) Kollegen Prügel beziehen. Handelt es doch um ein Schlachtfest: geschlachtet wird die Heilige Kuh „Absolute Musik", welcher Begriff gerne mit Haydns Sinfonien in Verbindung gebracht erscheint.

Aber das vorliegende Extempore stammt von einem (wissenschaftlichen) Musikpädagogen; und als Musikpädagogen können, ja dürfen wir uns diese Freiheit nehmen. Denn letztlich sind wir uns selbst verantwortlich und nicht einer sog. Wissenschaft. Vor allem aber sind wir den uns anvertrauten Subjekten verantwortlich. Unsere Aufgabe besteht nicht darin, ihnen „Musik" zu vermitteln, aber auch nicht darin, sie, also „die Subjekte, an *die* Musik zu bringen". Vielmehr erscheint es zentral, sie dazu zu ermuntern, ihr Leben für eine (kulturell bestimmte) Musik als ein *eigenes* und ihnen alltägliches Tätigsein zu öffnen, also von sich aus auch mit einer „ernsten" Musik zu leben. „Musik" als eine selbstbestimmte Lebensform, diese gilt es anzuregen, damit die uns anvertrauten Subjekte sie ein Leben lang gleichsam ausbauen. Das gilt auch für die „Sinfonie"; auch sie stellt die Möglichkeit einer spezifischen Form dar, eine (auf 20 oder – wie wir sehen werden – bis zu mindestens dreimal 20 Minuten) begrenzte Zeit lang sein Leben „so" u. d. h. als ernsthaft musikalisch Tätiger zu vollziehen, dass es sowohl in einen selbstbestimmten Rahmen passt, als auch über diesen hinausstrahlt in ein Leben außerhalb / jenseits musikalischen Tätigseins. Denn Haydn – so meine Überzeugung – hat „seine" Sinfonie nicht als „Form" entwickelt, sondern als Ausdruck einer je spezifischen „menschlichen" Inhaltlichkeit. Ihr nachgehend können wir uns in der Rezeption „erleben als...", im Besonderen als Mitglied einer gedacht aufgeklärten Menschheit.

2. Zum Gestalten orchestralen Spielens als Gestaltung einer Situation (und umgekehrt) im Dienst am Menschen

Hört man in die ersten Sinfonien hinein, die Haydn wohl noch im Dienste des Grafen Morzin zwischen 1758/59 und 61 entwarf, dann wird sofort klar, dass sie, im Vergleich zu den Klaviersonaten oder Streichquartetten, aus einem etwas anderen Selbstverständnis heraus entworfen wurden. An ihnen wird deutlich, dass Haydn von Anfang an (auch!) orchestrales Spielen in Abhängigkeit der *Gestaltung einer spezifischen Situation* der sog. Adressaten[1] zu entwerfen versteht. Auch Finscher betont in diesem Zusammenhang einen anderen Kompositionsbeginn als im Zusammenhang von Streichquartett oder Klaviersonate. Dieser schlägt sich u. a. in der Satzfolge und in der Art der thematischen Ausrichtung vor allem der Ersten Sätze nieder. Doch sollte man Haydn hier nicht unbedingt ein „Experimentieren" unterstellen: Haydn ist nicht allein auf der Welt, er komponiert im Auftrag und für bestimmte Situationen (hier des Grafen Morzin), die wir nicht mehr kennen, die wir aber als gesellschaftliche Veranstaltung (im Vorlauf des späteren „Konzerts") vermuten können. Dass Haydns Sinfonien von der Rezeption (selbst noch im London der 90-er Jahre) als „Ouvertüren" bezeichnet wurden, weist auf eine ihrer möglichen Funktionen im Rahmen einer relativ feststehenden Situation.

Für Morzin entwirft Haydn Sinfonien mit minimaler Bläserbesetzung, wie sie später Standart werden[2]; es sind dies (in der Zählung Hobokens) zumindest die folgenden Sinfonien: 1 (u. d. i. die wahrscheinlich tatsächlich erste!), 37, 2, 4, 5, 10, 11, 18, 27, 32

---

[1] Unter „Adressaten" – eigentlich das falsche Wort – verstehen wir die Auftraggeber des Spielens u. d. h. die, die im Verständnis einer tätigkeitsorientierten Musikgeschichte „mit-spielend", also neuzeitlich gesprochen „hörend" tätig sind.
[2] Nur eine Sinfonie in C verlangt Trompeten und Pauken, was wohl, wie später in Eisenstadt, auf einen besonderen festlichen Anlass verweist.

und 107; vielleicht auch 17 und 19. Sie sind z. T. dreisätzig, aber auch viersätzig, z. T. mit abweichenden Satzfolgen. Finscher versucht die Formen als in sich begründet auszuweisen. Im Prinzip sieht er Haydn als Experimentator in einer neuen Gattung, so, als ginge es (in erster Linie!)) letztlich um die Schöpfung eben dieser.[3] Doch geht es um das Spielen und spezifisches Mit-Spielen in vergleichsweise (noch) höfischen Situationen des Zusammenkommens, die je anlassbezogen zu gestalten sind. Die Vielförmigkeit dokumentiert (auch hier) die besondere Fähigkeit Haydns, auf die situativen Erwartungen der Adressaten einzugehen.

Und dies gilt wohl in noch größerem Maße für die einzelnen Sätze. Zwar weder „witzig" wie die Divertimenti noch ernst wie die Klavier- und Kammermusik – vgl. Finscher, S. 132 f. – und in den Details noch eher „kaleidoskopisch" und „nicht zur Synthese gebracht". Doch wenn Finscher auf „Elemente des Musiktheaters" hinweist, dann weist das unserer Meinung nach nicht auf ein Gattungsdenken, sondern genau auf die Fähigkeit, auf personale und situative Belange der Menschen spezifisch innerhalb besonderer gesellschaftlicher Situationen einzugehen. Dass Haydn dabei am Beginn seines Komponierens motivische „Anleihen" (z. B. bei den „Mannheimern") macht, das erscheint uns weniger wesentlich als eben die von diesen originär betriebene *Ausrichtung des Komponierens auf ein Ziel hin*, zu welchem er alle Mittel kalkuliert einsetzt, über die er (auch aus der Anschauung der Musik um ihn) verfügt. Das ist (zumal noch im 18. Jahrhundert) legitim. Die große Kunst liegt wohl darin, allen Kompositionen einen „eigenen" Sinn zu implementieren und gleichzeitig sie in ihrer „Form" dem einzelnen Zweck angepasst zu belassen.

Hören wir uns einige der frühen Sinfonien durch! Sinfonie Nr. 1 beginnt formal mit einem Sonatensatz mit kurzer Durchführung, mit einem typischen „Eröffnen" und „Fortfahren" und sozusagen

---

[3] Viele neue Literatur über Komponisten der Frühen Neuzeit geht von einem komponierenden Subjekt aus, das selbst Subjekt seiner Gedanken und seines Handelns ist, wie es die Philosophie der Neuzeit herausstellt. Doch ist dies vor 1800 noch keineswegs vorauszusetzen!

geheimnisvoller (wie bukolischer) Ereignishaftigkeit. Der zweite Satz, das *Andante*, scheint bewusst keine „Aktion", sondern eher wie „Aussage" und argumentatives (denkendes) Vorangehen, gleichwohl auf eine Art (innere) Bewegung gegründet („Tanz"). Und der dritte Satz markiert sozusagen einen Szenenwechsel; er besteht selbst darin, Vorstellungen von Szenerie mit Gesten einer gemeinsamen Freude in eine Folge zu bringen. Tatsächlich vermittelt er das Empfinden einer „Schluss"-Szene. Damit bilden die drei Sätze dieser vermutlich tatsächlich „ersten" Sinfonie Haydns gleich ein Muster nicht nur eines Zyklus, sondern eben auch einer gewissen Inhaltlichkeit: mit einem „Sich-Aufmachen", einem „Sich-Bedenken" und einem scheinbar glücklichen „Erreichthaben" (eines Zieles) den Prototyp einer Art Handlungs-Situation des Menschen selbst.

Eine solche ist nun in unterschiedlicher Vielfalt zu entwerfen. Gleich die Sinfonie Nr. 2 (C-Dur) verfährt „ähnlich", beginnt gleichsam überschriftartig und verlagert das argumentative Fortschreiten teilweise in ein quasi solistisches Teilensemble. Dadurch entsteht ein Vorangehen und Folgen wie ein „Fragen" und „Antworten" in architektonischer Manier. Besonders im zweiten Satz, einer Streicher-Kantilene über einem General-Bass, fällt Haydns Fortspinnungsarbeit auf, die ein „quadratisches" (= in sich zu vollendendes!) Vorgehen andeutet, um dann je die „Beantwortung" überraschend in eine neue Figur (als quasi neue Aufstellung) fortzuführen. Dies ruft eine unendliche Kette hervor, wie ein beständiges Verknüpfen neuer aufregender Gedanken: im Verhältnis zum ersten Satz, – ginge es hier um den selbstdenkenden Menschen? Und der dritte Satz, rondoartig, er bindet Disparates zusammen…

Sinfonie Nr. 4 erscheint von Anfang an sehr thematisch, wobei die Themenfolge im Satz durchaus eine Art Gesetzmäßigkeit spiegelt. Ihr zweiter Satz, geheimnisvoll, mit seiner Dreistimmigkeit z. T. in rhythmischen Verschiebungen und einem verstörenden Insistieren, bestätigt vielleicht unsere Annahme des Erlebens einer Daseins-Situation im Vollzug eines Diskurses unter Mehreren. Ist dies eine Art Trauermusik? Zumindest demonstriert der

Satz Haydns Fähigkeit, ein quasi vorgegebenes formales Muster auf ganz eigene Weise zu „füllen". Folgerichtig erschiene das Menuett als dritter Satz wie eine Art Tröstung.

Die viersätzige Sinfonie **5** (A-dur) beginnt mit einem *Adagio*. Es ist ein Satz, der eine besondere Feierlichkeit verbreitet, welche durch die in der ganzen Sinfonie hervortretenden Hörner noch verstärkt wird. Demgegenüber erscheint der *Allegro*satz (im 3/4-Takt) wie ein Einbrechen eines lebendigen Geschehens in die feierliche Anschauung davor. Zusätzlich tritt die erste Violine zu den Hörnern hervor. Den abrupten Schluss nimmt der dritte Satz nun gleichsam als Tanz (Menuett) auf, als eine reale Vorstellung von menschlicher Bewegung. Erst danach beendet der kurze und wieder vertrackte Schlusssatz, gleich einem fröhlichen Gewusel und „Rausschmeißer", den Zyklus. Auch hier drängt sich (mir) der Eindruck einer gewissen Daseinssituation des Menschen auf, deren ausgewählte Phasen wir durchlaufen. Geht es hier um einen besonderen Anlass, der die Viersätzigkeit mitbegründete? Einem solchen im Sinne eines allgemeinen Festes entspricht aber wohl eher die Sinfonie Nr. 37, eine typische Fest-Musik mit Pauken.

Überraschend gibt sich die Sinfonie Nr. **18**; sie beginnt mit einem *Andante-moderato*-Satz, im ersten Moment wie eine Serenade, aber dann doch nicht: im Fortspinnen des Gedankens entfaltet sich eher eine Szenerie, durch die man schreitet, in der man erschrickt, sich wieder beruhigt, in deren zweitem Teil die „Wege" sich zerfasern, um dann eben doch weiterzuführen; wesentlich erscheinen dabei die insulären „Einbrüche" (verstärkt durch die Hörner). Das Hindurchgehen, das ein Fortspinnen des Ausgangsgedankens mit je neuen Einsprengseln verknüpft, gewinnt Ereignishaftigkeit. Seine Einheitlichkeit resultiert aus einer gewissen Ordnung, die durch Zwischenkadenzen erstellt wird, welche in der Regel aber Erwartung eines Fortgehens produzieren. Der zweite Satz, *Allegro molto*, knüpft darin in gewisser Weise konsequent an, als der Eindruck entsteht, als fülle sich nun die Szenerie. Das „Zusammenkommen" entwickelt sich aber (wesentlich deutlicher als im Satz vorher) zu einer konsequenten Folge unterschiedlicher motivischer Gedanken in je unterschiedlicher instrumentaler Klanglichkeit, sodass der Eindruck eher eines Disputs entsteht, in welchem die Argumentationen von unterschiedlichen Seiten das Vorangehen bestimmen. Hierzu passt auch die fast dramatische sequenzielle Steigerung im zweiten Teil des Satzes, die schließlich in den „Schlusssatz" des ersten Teils zurückmündet. Wesentlich scheint aber auch die gewissermaßen von einem schweren „ersten" Takt ausgehende Metrik, die Kraft ausstrahlt und mittels oft unquadratischer Abschnitte für ein Vorwärtsagieren verantwortlich ist, innerhalb dessen die unterschiedlichen Satzteile sich in der Konsequenz zu einem Ganzen fügen.[4] Der dritte Satz, ein „*Tempo di menuet*", erscheint wie eine bewusste Konsequenz auf den „Disput" des schnellen Satzes, den sie in ein gleichsam resümierendes Argumentieren der Einsicht führt. Auffallend das Trio, aus der „sehnsüchtigen" Kantilene der Solovioline (in Moll) in einen „versöhnlichen" Durteil führend.

Wollte man zusammenfassen, was das Spielen hier an „Inhalt" transportiert, der sich den Hörenden gleichsam „unbewusst" mitteilt und aus dem sie letztlich einen wesentlichen Sinn ihres Mit-Spielens beziehen, dann wäre dies: sich als den in die Welt tretenden staunenden, entdeckenden und auch erschreckenden Menschen (I) zu erleben, dem sich die Szenerie mit Leben und Er-Leben und dem Eindruck erlebter Unterschiedlichkeit füllt (II) und der schließlich sich als mit versöhnlicher Einsicht ausgestattet erfährt (III), die sowohl Sehnsucht als auch optimistischen Ausblick beinhaltet (Trio).

Haydns (wahrscheinlich nicht aus einem eigenen Gutdünken resultierendes) vorläufiges Festhalten vor allem an der dreisätzi-

---

[4] Ähnliches beobachten wir auch bei Mozart, bei dem die Riemann'sche Metrik, das sog. Symmetrie-Prinzip, zwar „formal" sich als nützlich erweist, die eigentlich treibende Kraft des Vorangehens aber nicht fasst. Denn diese sehe ich in einer Art „negativer" Metrik am Werk, die einem Takt 1′ oft und gerade mehr Gewicht einräumt, als einem Takt 2′. Dadurch entsteht der Eindruck eines menschlich-willentlichen, impulsiven Handelns. (Dieser passte denn auch zum Konzept und entspräche der Eigenart, Sätze mit einem betonten „Setzen" eines Akkordes zu beginnen, aus dem sich der Gedanke entwickelt...)

gen Form der Sinfonie bedeutet ein Festhalten (auch) an einer funktionalen Dreiheit, wie sie die italienische Opern-Sinfonia darstellte. Auch in Sinfonie **10** (D) finden wir die aus dem Setzen eines betonten Akkordes herausentwickelte Fortspinnung, die Disparates (einschließlich einer Art Trio-Episode) einbindet, ein oberstimmenbestimmtes *Andante* voller Seufzerfiguren, die aber im Zusammenhang einen eher tröstenden Eindruck hervorrufen. Dazu ein *Presto*-Finale, in welchem gleichsam ein *deus ex machina* alles zum Guten wendete, doch mit kammermusikalischen Einsprengseln, die einem von Innen kommenden Beiseitereden Einzelner gleichen. Die Dreiheit betrifft also eine Art Ausbreitung einer Szenerie (oder das Auftreten einer „Menge") (I), den Auftritt oder Gang des Menschen als Sich-Bedenkender (II) und seine wie feiernde Einbindung in die Sozietät (III).

Ob man aus der viersätzigen Sinfonie Nr. **11** eine Art Gegenposition ableiten könnte? Zu deutlich weisen ihre Sätze in Struktur, Reihenfolge und Zusammenstellung auf eine außerordentliche (mit dem Theater verbundene?) Situation. Aber deutlich weist anderseits das einleitende *Adagio cantabile* mit zehneinhalb Minuten Spielzeit (kaum kürzer als die folgenden drei Sätze zusammengenommen) auf eine geheimnisvolle Feierlichkeit, wie sie thematisch mit der Charakteristik der Tonart Es-dur zusammenhängen könnte.[5] Dazu „antworten" die drei folgenden Sätze: der schnelle Satz im Sinne einer „Aufforderung", z. T. choralartig und

---

[5] Ob hiermit gem. Schubarts Ästhetik ein „Ton der Liebe" oder „der Andacht" bzw. ein „trauliches Gespräch mit Gott" angedeutet sei? Wenn im folgenden Tonarten hervorgehoben werden, dann stets mit dem stillschweigenden Blick auf die zeitgemäße Tonartencharakteristik, in der Regel gem. Christian F. D. Schubart, *Ideen zu einer Ästhetik der Tonkunst* (Wien 1806), Reprint Darmstadt 1990, Ss. 377-382. Schubarts Aufstellung fasst nur *eine* der zahlreichen (unterschiedlichen!) Vorstellungen, die ebenso wie jene in *Etwas von Toenen und Tonarten* von Georg Chr. Kellner (Magazin der Musik 2, 2, Hamburg 1786, 1187-1190) Haydn als solche nicht bekannt sein konnten. Kenntnis könnte er immerhin von der Aufstellung Johann Matthesons gehabt haben, die dieser 1713 in Hamburg in seinem *Das Neu-Eröffnete Orchestre* (Ss. 231-253) vorgelegt hatte. Vgl. dazu auch eine Tabelle bei Gottfried Scholz, *Haydns Oratorien, Ein musikalischer Werkführer*, München (Beck) 2008, S. 118 f.

mit fugenmäßigen Zwischengedanken sowie einem hervortretenden quasi „sprechenden" Motiv, das Minuet mit vor allem im
Trio „sprechender" Thematik und ein eher beruhigend und versöhnlich wirkendes *Presto*finale. Das Selbstverständnis weist hier
vielleicht auf eine konkrete Szene und auf aus ihr folgende Hand-
lungskonsequenzen.

Der Zyklus steht für eine situative Gefasstheit, die der Mensch
gleichsam wie argumentativ durchlebt, dabei durchaus äußere
Kennzeichen seiner möglichen Daseins-Situation – Finscher weist,
S. 156, auf das Beispiel der „Jagd" hin – figurhaft andeutend.
Aber im Grunde können wir das nicht mehr so mitvollziehen,
weil wir nicht mehr die Menschen des ausgehenden 18. Jahrhunderts sind. Beim Hören bleibt uns (aus einem eigenen „Vorurteil"
heraus!) eigentlich nur eine vorsichtige Empfindung für das, was
die Zeitgenossen einst erlebten.[6]

*

Haydn macht Musiker spielen (auch wohl in ihrem Interesse,
durch ein *So*-Spielen an einem *qualitätvollen* Spielen und vielleicht
sogar dadurch an einem „Inhalt" teilzuhaben?) zum Zwecke von:
vor allem eines Mit-Spielens einer Adressatengruppe. Diese soll
sich, durch die Teilhabe an jener Aktivität des Spielens und mehr
noch dessen, was sich in diesem musikalisch zuträgt, in eine Art
Aktivität versetzt fühlen, in der sie („etwas"?) erlebt, im Grunde
„sich selbst als…". Die Teilhabe am Spielen als Mit-Spielen geschieht zwar bewusst, als geplante Veranstaltung und bei Ken-
nern sicher als Wahrnehmung dessen, was musikalisch bzw.
„inhaltlich" vorgeht. Doch das Wesentliche geschieht gewissermaßen im Untergrund, in Bestätigung dessen, wer/was sie [im

---

[6] Aber vielleicht ginge es heute darum, sich affizieren zu lassen „von",
nicht um ein vermeintliches Verstehen „der Musik"; vielmehr: aus dem
Verstehen dessen, als was Musik und als was *diese* Musik auf der Welt ist,
sich einzufühlen in die Vorstellung eines Hörens der Damaligen und in
deren Situation.

Kegan'schen Sinne[7]] „sind": als ein Sich-Erleben-als, das die Teilhabe hervorruft und das wir hypothetisch als ein Einbezogensein in eine menschliche Daseins-Situation (allgemeiner und typischer Art) umschreiben (können/müssen). Diese wird weder konkret noch als konkrete von den Spielenden und von den Adressaten als solche wahrgenommen. Was sie bemerken, das ist evtl. eine Art Selbstbestätigung, ein Erhobensein in der und durch die aktive Teilhabe am so-gearteten Spielen. (Dabei ist jene des Spielens der Musiker begrenzt, da sie – im Gegensatz etwa zum Streichquartett – im sich hiermit bildenden „Orchester" ja nur als „Bestandteil" fungieren können, ohne Eindruck eines Ganzen.)

Man könnte hier mit dem Begriff des „Gehalts" von Musik argumentieren, wie ihn Eggebrecht im Zusammenhang des Mannheimer „Vorspiels" klassischen Komponierens bestimmt hat.[8] Doch sieht Eggebrecht den entscheidenden Punkt darin, dass Gehalt sich durch eine bestimmte Norm des musikalischen Materials als „das Menschliche" in das musikalische Gefüge intendiert und Musik damit autonom macht. Wir dagegen sehen „das Menschliche" in der besonderen Herrichtung von Material und Satzfolge dazu intendiert, dass solcher Gehalt den Menschen gleichsam dazu ermächtigt, im Mitvollzug sich als Menschen im ausdrücklichen und tendenziell einmaligen Sinn wahrzunehmen. Solche „Selbstwahrnehmung als..." ist es, aus dem der Hörer seinem Mit-Spielen Sinn verleiht, was Musik als eine menschliche Tätigkeit also hier sinn-voll macht. Solcher Sinn aber ist eine Maßnahme des Menschen aufgrund der besonderen Qualität jenes Entwurfs, der hier vom Menschen als Mit-Spielen (= Hören) aktualisiert wird. Letztlich ist es das Streben des Menschen nach „Selbstwahrnehmung als... [Mensch im ausdrücklichen Sinn]",

---

[7] Gemeint ist hier: Robert Kegan, *Die Entwicklungsstufen des Selbst...* (dt. München 1986). (Vgl. hierzu auch: Dietmar Ströbel, *Der Mensch als musikalischer*, in: Ders., *Menschensmusik. Vier Versuche, in eine pädagogisch brauchbare Vorstellung von Musik einzuführen*, Norderstedt 2008, Ss. 95-148.)

[8] Zum Begriff eines „Gehalts" (von Musik) vgl. H. H. Eggebrecht, *Mannheimer Stil – Technik und Gehalt*, in : Ders. *Sinn und Gehalt. Aufsätze zur musikalischen Analyse*, Wilhelmshaven 1979, S. 140- 161.

das das neue Material (also die neue „Norm" in der Eggebrecht-
schen Formulierung) erst hervorruft.

Im Mittelpunkt steht offensichtlich der „Sonatensatz"; er ist
(nach Finscher) durch Zielstrebigkeit besonders ausgezeichnet.
Dabei, so scheint es mir, spielt eine Unterscheidung von zweitei-
liger Sonate (im Sinne des Suitensatzes) und sog. Sonatenhauptsatzform noch keine wesentliche Rolle. Denn grundsätzlich
erscheinen je die beiden Teile wiederholt; und jener Abschnitt,
der rückblickend im 19. Jahrhundert als sog. „Durchführung"
klassifiziert wird, ist in der Regel vorerst einmal kurz und bedeutet ein diskursives Zurücklenken zur Ausgangstonart und
-thematik. Wesentlicher erscheint eine Art *unbedingter* „Konsequenz" aus unterschiedlichen motivischen und satzmäßigen
Abschnitten, die „sich" gleichsam „von selbst" zu einer dynamischen Ganzheit zusammenschließen. Im Gegensatz dazu stehen
möglicherweise einige langsame Sätze, die thematisch in sich
kreisen, mit langer sich fortsetzender Kantilene; sie deuten auf ein
„Verweilen", sozusagen im Gegensatz zum dynamischen Fortschreiten des Sonatensatzes. Dass solches „in der Mitte" geschieht, das erscheint denn auch schlüssig!

Machen wir uns zumindest klar, dass in solchen Veranstaltungen, vielleicht „Akademien", in denen das entsprechende Spielen
und Mit-Spielen sich vollzog, zwei Tendenzen aufeinanderstoßen:
zum einen die der Versammlung gesellschaftlich Gleicher, mit
zunehmender Emanzipation eben auch Gleichgesinnter, zum
„Zwecke von…". U. d. h.: sich aus einem *nicht-musikalischen*
Grund zu treffen und auszutauschen, um sich seiner Zusammengehörigkeit im Besonderen zu versichern, solches Zusammenkommen aber wesentlich durch solches Singen und Spielen gestalten zu lassen, das dem Zweck (fortschreitend mehr und nicht
nur dem Anlass) dient. Auch dort, wo solcher Zweck wesentlich
durch ein Singen und / oder Spielen verwirklicht wird, besteht der
Zweck aber noch nicht darin, „die Musik" mitzuvollziehen, sie als
sie selbst anzuhören. Diese bleibt noch lange, auch nach 1800, ein
Mittel der situativen Gestaltung, eine Funktion der Situation.
Gleichzeitig ist nicht zu übersehen, dass es von Seiten der Musi-

ker die Tendenz gab, sich mit dem, was sie entwarfen, „vorzuführen als…". Doch wurden sie darin fortschreitend entpersonalisiert und zum Diener am „Werk", je fortschreitend substanzieller die Entwürfe dem Mit-Spielen gestaltet erschienen. Und beide Tendenzen trafen sich in einer (gegenseitigen) Funktionalisierung: die Realisation dessen in den Mittelpunkt zu stellen, was alle „einte" und was u. a. im Singen und Spielen, vor allem aber (hier) im Mit-Spielen, zusätzlich erlebbar zu machen war.

Solches Sich-Treffen (als tendenziell regelmäßige Veranstaltung) im Bewusstsein einer (wenn auch noch so losen) Zusammengehörigkeit sollten wir auch den Veranstaltungen unterstellen, für die Haydns Sinfonien entworfen wurden; gleichzeitig können wir eine Vielzahl unterschiedlicher Anlässe annehmen, Einladungen, Feste, themenbezogene Akademien, Gartenfeste, aber auch kirchliche bzw. religiöse Anlässe, unter je besonderen Themenstellungen u. a. m., schließlich selbstverständlich Theater in jeder Form, besonders in der des Theaters mit Musik und schließlich in der des Musiktheaters (Oper). Solche Anlässe können und werden für die unterschiedlichen Formen der einzelnen Sinfonien mitverantwortlich sein.

Was die Funktion des instrumentalen Spielens betrifft, so können wir einige Ebenen als bewusst zu planende angeben: solche sind die „oberflächliche" Funktion z. B. des Einleitens, Beschließens, Gliederns… solcher Situation des Zusammenkommens; dann die des Ausstattens mit der Festlichkeit des großen Klanges („mit Trompeten und Pauken…"), der besonderen Form und einer eventuell bewusst wahrzunehmenden Inhaltlichkeit. Wesentlicher aber erscheint (uns) jenes Streben, das die Menschen der Zeit verbindet, ohne dass sie sich dessen in der Regel planbar bewusst wären: in der Frühen Neuzeit und besonders im 18. Jahrhundert *das Interesse am Dasein des Menschen*, sich als in allem gebildeter idealer Mensch *als Teil einer vernünftigen Menschheit* wahrzunehmen. Solches kann man nicht abstrakt erfahren (ebenso wenig wie Raum und Zeit); man muss es konkret in einer „Form", in einer Erstreckung erfahren, die als (noch nicht: Anschauung, sondern)

Daseinsform sich vermittelt. Und solches geschieht hier im motivisch-thematischen u. d. h. gedanklichen Vorangehen des erlebnisbezogenen Mitvollziehens eines musikalischen Verlaufs u. d. h. des Spielens und Mit-Spielens. *Haydns „Konzept" der Sinfonie gründet sich in der prinzipiell situativen Verfasstheit des Menschen* (und nicht nur in der äußeren Situation!). Da Themen ebenso wie die je einmalige („entsprechende") Art ihrer Ver-Arbeitung stets auch inhaltliche Konnotationen transportieren, ist es möglich, Dasein des Menschen als ein je Besonderes „In-der-Welt-Sein" im Hören als Vollzug eines Gedanken(vor)gangs mitzuerleben. Dies bestätigt ein gefühlsmäßiges Wissen vom Menschen, erhebt die Mitvollziehenden intellektuell, spricht aber gleichzeitig das Empfinden für sich als Menschen schlechthin an. Gleichzeitig ist es nicht „festzumachen", sondern flüchtige Erfahrung, die den Hörenden in seiner Vernunft- und Empfindungsfähigkeit bestätigt und ihn dadurch zum Erleben seiner selbst als Menschen vermittelt.

Der Begriff „situativ" wird hier also in zwei unterschiedlichen Verständnissen gebraucht. Zum einen in jenem des „Konzertes" (als Veranstaltung) selbst; dieses bildet eine wesentliche Daseinssituation des Adels und folgend des gebildeten Bürgertums, in welchem die Gruppen Gleichgesinnter sich ihres Denkens und Empfindens u. d. h. ihrer Teilhabe an einer mehr oder weniger aufgeklärten Menschheit im emphatischen Sinn vergewissern können. Zum andern dient hierzu im Besonderen die „Darstellung" bzw. das Erleben dessen, was und wie der Mensch in seiner grundsätzlich situativen Verfasstheit ist. Und dieses wiederum erscheint von Anfang an als das besondere „Konzept" Haydns, dem letztlich auch das formale Vorgehen unterworfen ist.

Solches ist noch epochal von einer Theaterhaltung bestimmt: vom Entwerfen einer Daseinssituation, vom „Auftreten" des Menschen, von seinem In-Aktion-Treten, von seinem „Sich-Empfinden-als" als Ergebnis seiner Rolle, die er spielt bzw. gespielt hat. Darin steckt auch ein epochales Charakteristikum: auf „Personalität", auf Einzigartigkeit hinzuwirken, nicht auf jene der „Werke" – die ist eine Folge –, sondern auf jene der Situationen.

Auch der Adressat verfügt „über sich als..."; und mit solcher Verfügung über sich eröffnet ihm sich als (Spielenden und) Mit-Spielenden die Möglichkeit zur tendenziell einzigartigen „Äußerung". Diese verfestigt sich hier noch nicht; erst später wird Haydn diese je personale Ermächtigung in der festen Form seiner 4-sätzigen Sinfonien in einer Art Gattung aufheben können, indem er jede thematisch individuell gestaltet. Jede ein typisch menschlicher situativer Daseins-Vorgang; doch jede so eigen, wie eben jede menschliche Situation im Unterschied zur anderen; und dies als Gestaltungsmoment einer (von den Adressaten) als kulturell lebensnotwendig erachteten Daseins- und Lebenssituation!

Auf Haydns Seite setzt dies ein Spielen aus der Konstruktion mittels tradierter Bausteine ingang, einen Umgang mit Erlebnismustern, die er neu ordnet und entsprechend einer präziser und gleichzeitig abstrakter werdenden Vorstellung erweitert und erneuert, besonders aber mit motivischer und thematischer Substanz erfüllt.

Halten wir vorläufig fest: Wir können annehmen, dass Haydn nicht eine Sinfonie entwarf, um (im gegenständlichen Verständnis) „eine Sinfonie" zu entwerfen. Er entwarf orchestrales Spielen für eine Situation, im Rahmen freilich einer Konvention des gesellschaftlichen Verhaltens, die mit „Sinfonie" bezeichnet wurde. Auch danach, als Sinfonie (für ihn) eine feststehende Größe war, ging es zwar darum, „Sinfonie" für einen bestimmten Anlass resp. Zweck u. d. h. für eine bestimmte Situation (im Sinn des „Konzerts"?) zu entwerfen; aber gleichzeitig ging es (ihm) darum, die Adressaten sich als Mit-Spielende (= Hörende) in ihrer je persönlichen situativen Gefasstheit erleben zu machen. Es wird sein Bestreben sein, das letztere Moment im Dienst am Menschen zu verstärken. (Doch – einfach gesagt – noch bringt die Situation die Sinfonie hervor; erst nach 1800 wird sich dies tendenziell umkehren.)

3. Zur Steigerung der Ausdrücklichkeit durch den Einbau solistischen Spielens

Haydn hatte das Glück, dass er 1761 in einem Fürstentum ange-stellt wurde, deren Vertreter sich selbst als spezifisch handelnde Menschen wahrnehmen und zur Geltung bringen wollten. Die Eszterházys, durch kluge Politik und österreichtreue Dienste, durch Heiraten und kluge Verwaltung im Laufe des 17. und vor allem 18. Jahrhunderts von einem einfachen ostungarischen Landadel zu einem westungarischen und ab 1712 erblichen Für-stenhaus aufgestiegen, waren als größter Grundbesitz im alten Österreich gewissermaßen autark. Während sich das Haus Esz-terházy ausgiebig im geistlichen Bereich engagierte – auch Haydns Vorgänger, Joseph Werner, war vor allem ein Mann der Kirchenmusik –, wandte sich das Haus im 18. Jahrhundert eher (bzw. zusätzlich) einer u. a. an Italien orientierten weltlichen Repräsentation zu, in der dann auch Deutsch als Amtssprache fungierte. Erste Opernaufführungen in der Orangerie des Schlossgartens gab es bereits vor Haydns Dienstantritt.[1] Paul Anton Eszterházy, Haydns erster Dienstherr, war in Europa viel gereist, mehrsprachig erzogen und auch musikalisch gebildet, ebenso wie sein Bruder Nikolaus, der ihm 1762 nachfolgte.

Zu den auffälligsten Entwürfen Haydns wohl der ersten Dienst-jahre gehört die Trias der sog. Tageszeiten-Sinfonien (Sinfonien Nr. 6 bis 8), *Le Matin, Le Midi* und *Le Soir*. Finscher bewundert ihr „Spektrum der Virtuosität" und hält „die ganze Trias" für „ein unglaubliches Feuerwerk[...] von Virtuosität, Klangeffekten und funkelndem musikalischem Witz". (171 f.) Der Hintergrund: die Sätze der Sinfonien sind mit solistischen Partien wechselnder Instrumente und Instrumentengruppen durchsetzt, in je die Sätze unterschiedlich charakterisierender Zusammenstellung.

---

[1] Zum Repertoire vgl. Finscher, S. 166.

Solche Konstruktion, die im ersten Hören (und im Vergleich mit den für den Grafen Morzin komponierten Sinfonien) gewöhnungsbedürftig erscheint, – der symphonische Fluss scheint stets unterbrochen oder in besonderer Weise vorangetrieben – resultiert aus der Verbindung einer sinfonischen „Aktivität" mit einer gesteigerten Ausdrücklichkeit. Für letztere stehen vor allem die solistischen Passagen, mit denen er einerseits und möglicherweise an die Tradition des Spielens dieser Kapelle (a la Werner) anknüpft, mit denen er aber vor allem dem Zweck und den Anlässen im Besonderen gerecht zu werden versucht. Denn dass Haydn diese Sinfonien aus eigenem Entschluss entworfen haben könnte, erscheint (mir) nicht denkbar. Dahinter steht wohl ein „thematischer" Auftrag, den wir nicht mehr wirklich rekonstruieren können (zu dem wir aber nach unserem und für unser Hören Vermutungen äußern dürfen!). Mag sein, dass Haydn damit auch seine Musiker (für deren auch musikalisches Fortkommen er laut Dienstvertrag verantwortlich war) herausstellen konnte; doch lag darin sicher höchstens eine sekundär wahrgenommene Gelegenheit für das So-Sein des Spielens. Primär ging es wohl darum, eine den Titeln entsprechende Ausdrücklichkeit mit dem abstrakten Charakter der „Sinfonie" in Einklang zu halten.

Dabei setzen wir voraus: Haydn stellt nicht dar, und er „erzählt" nicht[2]; und er entwirft keine Virtuosität um ihrer selbst willen[3]. Er entwirft ein musikalisches Handeln, das im Mitvollzug als ein gleichsam situativ-menschliches rezipierbar werden kann und wohl mehr, als wir uns das heute eingestehen, auch soll. In ein solches sind hier Assoziationen an konkrete Situationen und Vorgänge eingearbeitet, die aber nicht für sich stehen, sondern in den sinfonischen Rahmen und Zweck(!) eingespannt erscheinen.

Vergleicht man die Sinfonien mit denen für den Grafen Morzin, dann fällt neben den Titeln das reiche figurative Spiel auf, das musikalisch aber je „auf den Punkt" gebracht ist. Gleich die *Ada-*

---

[2] Vgl. etwa: H. E. Jacob, *Haydn. Seine Zeit, seine Kunst, sein Ruhm*, Hamburg 1954, S. 94 f.

[3] Vgl. Finscher, S. 171 f.

gio-Einleitung des *Allegro*-Beginns der „Morgen"-Sinfonie (Nr. **6**) hebt mit einem scheinbar programmatischen Aufsteigen an, das sich aber wieder im Abschwellen schließt und *musikalisch* vollendet. Was (im ersten Moment) wie ein „Hellwerden" mit der Assoziation eines Sonnenaufgangs aufgenommen werden könnte, das erweist sich dann doch als in und für sich vollendeter Ausdruck eines menschlichen Empfindens, das auch schnell in Schattierungen eines Hochgefühls angesichts einer Natur(?) oder einfach der Schönheit der Welt im Allgemeinen (→ Hörner, Flöte) übergeht und in der kurzen Durchführung gesteigert erscheint. Das Auftreten des Menschen „selbst", sein Gewahrwerden als ein Erwachen (seiner selbst wie der Natur? im ersten *Adagio*), das scheint erst das „Thema" des zweiten Satzes, einer *Adagio-Andante-Adagio*-Folge, zu sein, wobei das *Andante* darin, ein z. T. variativ umspieltes Voranschreiten und „Sich-Wundern", im Violin-Violoncello-Solo gleichsam den ganzen Menschen erfasst. Auch dieses erscheint im Abstieg des Schluss-*Adagios* in eine Feierlichkeit überhöht und verallgemeinert, die über eine Art Corelli-Schluss zur nun realen körperlichen Aktion des dritten Satzes (Menuet [sic!] und Trio) überleitet. Die über den Trugschluss auffällig zu einer Prolongation strebende Fröhlichkeit wird schließlich mit dem finalen *Allegro* abgeschlossen, dessen zahlreiche und je konstruktiv in den sinfonischen Fluss eingebaute Solo-Abschnitte gleichsam alle möglichen Empfindungen zusammenfassen und die im plötzlichen Innehalten den Menschen (vor dem, was als Möglichkeiten vor ihm liegt?) zu überwältigen scheinen.

Das wäre denn so etwas wie ein „Konzept" aller drei Sinfonien (und nicht nur dieser): eine Art Definition der Daseins-Situation in einem bestimmten Lebenszusammenhang (I. Satz), das Auftreten konkret des Menschen als empfindendes und wahrnehmendes Wesen in diesem und im Rahmen eines scheinbar konkreten Geschehens (II.), seine gleichsam körperliche Reaktion (III.) und sein Erfülltsein von allen Empfindungen als ein sozusagen zusammenfassendes Ergebnis (IV.).

Wir können dies an dem Entwurf der Sinfonie Nr. **7**, an der „Mittags"-Sinfonie, überprüfen und erkennen, dass Haydn dieses

„Konzept" je auf ganz eigene Art er-füllt, fast wie im Entwerfen einer konkreten symbolischen Handlung. Denn das „Auftreten des Menschen" leistet auch hier der zweite Satz, während der erste, nach einer „lastenden" Adagio-Einleitung, bemüht ist, eine Art „Mittags"-Stimmung als Eindruck aufrecht zu erhalten, vor allem über figurativ ausgestaltetes Spielen u. a. der Solovioline (das ein Fortschreiten in thematischer Hinsicht hinauszuzögern scheint). In solcher Situation „erscheint" – gleichsam!, nicht eigentlich als Auftreten, sondern wie ein wachsendes In-Erscheinung-Treten einer Figur auf der Bühne durch anwachsende Beleuchtung, – der Mensch, als „Person". Die *Adagio*-Einleitung des zweiten Satzes baut eine bestimmte Verfasstheit auf, erregt Erwartung und lässt schließlich einen Menschen gleichsam zu Wort kommen: im instrumentalen Rezitativ erscheint er zuerst in einer Ermattung oder fragenden Ungewissheit eine Rolle zu spielen. Und nach dem Übergang in eine Art instrumentales Arioso (in welchem per Terzenspiel möglicherweise eine zweite Figur aktiv zu werden scheint) und nach dem typischen Rezitativ-Schluss hebt eine Art Arie an, vielleicht eher ein Duett, in der bzw. dem die Solovioline die Rolle der / des Singenden übernimmt und mit dem Solocello endgültig (wie) mit einer zweiten Person in Korrespondenz tritt. Beide verbinden sich in der ausführlichen Kadenz und beschließen diese im vertrauten und vereinten Terzengang. Der mehr marschartige Jubel-Satz des Menuetto[sic!] gleicht einer „offiziellen" Reaktion im positiven Tonfall, zu der der Violone (im Trio) wie eine Stimme des weisen Alten seinen Rat beisteuert. Den eigentlichen zusammenfassenden Jubel, sozusagen das Volkes, den artikuliert erst das finale *Allegro*, das wie auf eine positive Zukunft gerichtet scheint.

Von solchem Auffassen im Hören her erscheinen „Der Morgen" und „Der Mittag" und dann wohl auch „Der Abend" eher als *Symbole für Phasen des menschlichen Lebens* insgesamt, wobei der „Mittag" in der beginnenden Zweisamkeit eine Mitte des Lebens symbolisierte. Solche Einsicht könnte dienlich sein für das Verständnis der letzten der drei Sinfonien, der „Abend"-Sinfonie (Nr. **8**). Denn ohne langsame Einleitung beginnt sie mit einem

Allegro molto, das im Vergleich zu den anderen Entwürfen unschwer (trotz Sonatensatzform) als eine Art Finale erkennbar ist, und dies möglicherweise nicht zufällig. Auch das Hauptthema vermeidet in der „Aufstellung" den Halbschluss; alles ist auf Finalität abgestellt. In der kurzen Durchführung wird diese Art „Abschiedsthema" durchbuchstabiert, bevor die Reprise mit einem auffordernden Hörnersolo in ein Innehalten aufläuft und minimalistisch korrekt abschließt. Auch hier finden sich Andeutungen von assoziativen Spuren innerhalb eines musikalisch korrekten Satzes. Noch stärker erweist sich darin das *Andante,* dessen „Stimmung" man wie eine Erinnerung an vergangenes Erlebtes („Schönes") miterleben kann, in betonten Abwärtsbewegungen des Themas Genügsamkeit (des Alters?), im Aufsteigen zufriedene Erfülltheit anzeigend. Sein zweiter Teil geht dramatisch durch so etwas wie auch schmerzliche Erinnerungen; eine Unisono-Überleitung wie zu einem Rezitativ eröffnet eine Art Reprise; doch bleibt diese auf einer Art Dominante offen stehen, um ein schwermütiges Menuetto anzuschließen, dessen Glieder wie mit Nachhall-Einschaltungen zuende geführt werden. Dass im Trio nochmals der solistische Violone sozusagen seine Stimme wie zu einem Vermächtnis erhebt, das passt sich unserem sinnstiftenden Bild an. Und dann der Abschluss: ein „Tempestas"-Satz ohne Pauken? Sicher, im letzten Satz ginge es um ein dramatisches Ereignis. Und die Assoziation mit einem Gewitter, vielleicht einem Dunkelwerden und so etwas wie Blitzen (→ Flöte) ist sicher als Affekt des Bedrücktseins naheliegend. Doch arbeiten die tiefen Streicher vielleicht auf eine ernstere und endgültigere Situation hin, die sich in der Durchführung, in hornverstärkten Kaskaden, dramatisch zuspitzt und in der plötzlichen Violone-Stelle verdichtet, um danach sehr schnell zu einem Ende zu kommen. „Tempestas", vom Wort her so etwas wie „Zeitpunkt", „Frist", ist im Zusammenhang mit Personen auch als „Vernichtung" bedeutsam; spielt dieser Satz, der eben nicht mit einem nach einem Gewitter gewöhnlich einkehrenden Frieden endet, hier eine sehr menschliche, gleichsam „endgültige" Rolle?

Dass auch hier die Teile wiederholt werden, weist auf die Erfüllung des musikalisch Selbstverständlichen durch den Komponisten. Gleichwohl drängt sich der Gedanke auf, dass diese drei Sinfonien – ihr Entstehungsdatum wird für den Zeitraum Juni 1761 bis Ende 1762 angenommen (und diese Trias gewöhnlich mit der zweiten Hälfte des Jahres 1761 verbunden) – so etwas wie drei Lebenssituationen als Beginn, Mitte und Alter (= Ende?) eines Lebens repräsentieren.[4] Als solche entsprechen sie möglicherweise einem allgemeinen Sinfonie-„Konzept" Haydns in der Viersätzigkeit, das wir als

- Entwerfen einer (thematischen) Szenerie (im Sinne einer prinzipiellen Daseinssituation des Menschen) im ersten Satz,
- dem Auftreten des/eines Menschen in einem relativ konkreten Äußern (als quasi-sprachliches Handeln) und sein Empfinden und Erleben in dieser Situation (Szenerie) im zweiten,
- einem In-Aktion-Treten (mehrerer) als Reaktion im dritten und
- eine Art Resümee als Zusammenfassen der Empfindungen oder feierndes Beschließen der Situation im vierten Satz

je neu beschreiben können.

Doch hinzúnehmen sollte man – wenn auch aus vielleicht nicht ganz einsichtigen Gründen – die Sinfonie Nr. 15, einfach, weil sie in der Struktur eine Art Fortführung der Trias darstellt, eine Fort-

---

[4] Ob sie als solche (mit dem französischen „Menuet" in der ersten Sinfonie und dem italienischen „Menuetto" in den beiden anderen!) eine Art Hommage an den Fürsten Paul II. Anton darstellen, den im März 1762 verstorbenen ersten Arbeitgeber Haydns in Eisenstadt? Dann wären die Sinfonien erst nach dem Mai 1762 entstanden und sicher als solche nicht ohne entsprechende Verständigung mit Haydns neuem Arbeitgeber, Fürst Nikolaus, dem Bruder des Verstorbenen, entstanden.
Eine Einschätzung der drei „Tageszeitensinfonien" als in Bezug zu Lebensphasen des Menschen stehend scheint sich in einiger Haydnliteratur inzwischen eingebürgert zu haben; doch bleiben da sehr viele unterschiedliche „Zuschreibungen" möglich. Vgl. etwa Jak. Joh. Koch, *Heiliger Haydn?...*, Kevelaer 2009, S. 208 f.: „Der Tageslauf ist Bild des menschlichen Lebensweges. Der Mittag meint demnach die besten Jahre des Menschen, die ihn in seiner größten Aktivität sehen. Führt in dieser Lebensphase der Drang nach Erfolg und Reichtum zu ethischen Verfehlungen?"

führung in den „Frieden" des *Adagio*s, mit dem der erste Satz beginnt, der bzw. das aber bald durch die aufgeregte Geschäftigkeit des *Presto* abgelöst wird. Auch hier spielt die Solovioline (zusammen mit den Hörnern) eine herausragende Rolle. Die Tatsache, dass der Satz wiederum im *Adagio* der Violine und den Hörnern (z. T. über einem *Pizzicato*) endet, verweist darauf, dass die *Adagio*-Abschnitte hier substantiell gemeint sind. An zweiter Stelle steht ein Menuet in sonderbarer Form, das man als eine Reaktion der „Allen" interpretieren kann im Sinne einer Art Ratlosigkeit, der das Trio in seiner Korrespondenz zwischen „oben" und „unten" wie tröstend und Trauer bedenkend entgegenkommt. Das eigentliche Bedenken tritt mit dem *Andante* des dritten Satzes auf, durchsetzt mit solistischen Passagen zweier Violinen und des Violoncellos, während der Finalsatz wie ein zweites Menuett daherkommt. Eine Art zweite und abschließende Reaktion der „Allen" (oder des Menschen an sich)? Sein (quasi solistischer) kontrapunktischer Zwischenteil erscheint wie ein Trio (in Moll); und die Rückkehr zur Ausgangsformulierung wird mit einer eigenen Coda abgeschlossen. Wir sehen hier „Äußerungstypen" (als „Hörtypen") in eine eigenartige Reihenfolge gebracht, in eine, die sich der Interpretation der drei Tageszeiten-Sinfonien als mit Lebenszeiten verbunden wie ein endgültiges Finale oder gar als ein „Danach" anschließt.

Die Frage stellt sich ernsthaft, ob diese Sinfonie nicht jene sein könnte, die dem Thema der „Nacht" gewidmet ist. Haydn hat im Alter gegenüber Dies von vier Tageszeiten gesprochen; aber er hat auch davon gesprochen, dass er entsprechende Zyklen als Quartette entworfen habe. Nach allgemeiner Meinung soll es eine solche Sinfonie „La Nuit" nicht geben; auch würde keine in der Struktur zur belegten Trias passen. Dies letztere Argument bleibt für mich unverständlich, denn mir fiel solche mögliche Zugehörigkeit bereits auf, als ich noch nicht von einer möglichen „vierten Tageszeit" wusste. Und sie fiel mir auf aus meiner Interpretation der drei Tageszeiten als Lebenszeiten des Menschen, aus der der mit den *Adagio*-Abschnitten *eingerahmte* erste Satz der Sinfonie Nr. 15 durchaus mit dem Ab- und Nachleben eines Menschen als

Szenerie zu tun haben könnte: als „Frieden" des Einen und als bestürzte Aufregung der Anderen…

Die drei bzw. vier hier angesprochenen Sinfonien sind trotz aller Assoziationen „Sinfonien" im nachdrücklichen Sinn. „Sinfonie" ist durch Haydn auf dem Weg, von einem situationsgerechten Äußerungstypus zu einem Mit-Äußerungs-Typus (= Hörtypus) zu mutieren; ihn ihm bestätigt sich der zeitgenössische Mensch. Gerade im Bezug zu einer sog. „Programmatik" sollten wir uns vor Augen halten:

> Auch die drei bzw. vier „Tageszeiten"-Sinfonien sind in erster Linie Sinfonien, ein *Spielen in typischer Gestaltung einer definierten Situation*.
> - Sie besitzen je am Beginn und möglicherweise in der besonderen Folge der im Prinzip standardisierten Sätze ein wesentliches *Kennzeichen*, das auf eine bestimmte Thematik weist.
> - Sie sind keine „Programmmusik"; stattdessen finden sich in das mit ihnen entworfene Spielen und Mit-Spielen *Verlaufsmomente* eingebaut, die im Rahmen der o. a. Satztypen *Assoziationen* zu besonderen „Themenstellungen" (außermusikalischer Art) zulassen (können).

Solche bestehen in den vermeintlichen „Tageszeiten", für Kenner aber möglicherweise in so etwas wie Lebensphasen, deren Zyklus sich mit D – C – G – D in sich abschließt.[5]

Was die Situationen betrifft, für die Haydn solche Sinfonien entwarf, so könnten wir eine solche mittels der Sinfonien 36 und 33 (in dieser Reihenfolge!) für unsere Vorstellung rekonstruieren. Dabei sollten wir davon ausgehen, dass Haydn keineswegs der

---

[5] Vgl. Peter Gülke, *Nahezu ein Kant der Musik* (revidierte Fassung), in: *Joseph Haydn* (= Musik-Konzepte 41), München 1985, S. 69: »Aufklärerische Emanzipation der Subjektivität konnte sich in ihren antikonventionellen Momenten musikalisch nur darstellen vor einem Hintergrund, auf den sie sich gerade dort bezieht, wo sie sich abhebt. Um ihn zu definieren, musste wohl einer, der den wilden Frühling dieser Emanzipation selber erlebt hatte, seine Subjektivität zu objektivieren imstande und willens sein, all deren Demonstrationen abzuschwören zugunsten einer unspektakulären Diskretion, die für flache Geister von Harmlosigkeit oft nicht zu unterscheiden ist[…]«

„Herr" seines Komponierens war. Dieses geschah (zumindest in der Zeit seiner Kapellmeistertätigkeit für die Fürsten Eszterházy) auf Wunsch des Fürsten, stets anlassbezogen; und es geschah in Vorausplanung: nicht nur die Komposition brauchte Zeit, sondern auch das Kopieren der Stimmen und (eventuell) das Proben mit der Hofkapelle. Und so könnten die beiden genannten Sinfonien recht gut für eine thematisch vorbestimmte Feierlichkeit (vielleicht anl. einer Hochzeit oder eines Ehejubiläums?) gedient haben. Beide eint die gleiche Satzfolge; beide unterscheidet nicht nur die Tonart, sondern eben auch die je besondere Struktur der Sätze. Während das Eingangs-*Vivace* der Es-dur-Sinfonie (**36**) fast eine Jagd-Szenerie heraufbeschwört, ein Aufbrechen mit eingestreuten, wie suchenden *piano*-Passagen, bezeichnet das *Adagio* (in der Solovioline) das wie leidend suchende Auftreten des Menschen selbst, dem sich ein Gegenpart inform des Violoncellos zugesellt. Das erinnert an die „Mittags"-Sinfonie. Und folgend artikuliert hier das Menuetto in der Facon eher eines Springtanzes, dass das Werben offensichtlich Erfolg hatte, wenn auch im Trio so etwas wie Zweifel (oder eine besondere Innigkeit?) laut werden. Das Schluss-*Allegro* feiert schließlich die positive Zukunftsaussicht der Liebenden.

Die folgende C-dur-Sinfonie (Nr. **33**; mit Pauken) beschwört demgemäß die Situation eines (daraus folgenden?) Festes herauf, in welchem dann das *Andante*, ein reiner Streicher-Satz in Moll, eine gebethafte Selbstprüfung des (weiblichen?) Menschen evoziert, während das folgende Menuet eher einem standesgemäßen Auftreten der anderen (männlichen) Seite gewidmet scheint. Schließlich beschließt ein tatsächliches Feuerwerk das Fest: das Schluss-*Allegro* weckt klanglich durchaus Assoziationen an ein entsprechendes Ereignis.

Selbstverständlich müssen die Sinfonien nicht zusammengehören; sie können je für eine eigene Gelegenheit komponiert worden sein. Wichtig erscheint uns: Haydn schreibt nicht einfach „ein *Andante*" oder ein „*Presto*"; er verbindet mit dem Entwurf eine Idee von einer Szenerie oder von der situativen Verfasstheit eines

Menschen, von seinem Handeln...[6] (Zu dieser gehört dann auch die Tonartencharakteristik der Zeit hinzu.) Deshalb lässt sich sein Komponieren auch nicht auf die kreative Vielgestaltigkeit seiner Erfindung etwa seiner Menuette allein begrenzen: dahinter steht stets ein Grund für das besondere So-Sein eines Satzes, der unserer Einfühlung bedarf[7], die wiederum musikalische Bildung und menschliche Reife voraussetzt, die heute noch zusätzlich mit einer reichen Erfahrung mit Musik der Frühen Neuzeit (sowie mit einem Einblick in das Musikdenken der Zeit) verbunden sein sollte.

---

[6] Sucht man dann nach einem möglichen Anlass für die beiden Sinfonien, entdeckt man, dass der älteste Sohn des neuen Fürsten tatsächlich am 11. Januar 1763 Hochzeit hielt; sollten die Sinfonien für diese bestimmt gewesen sein, so hätte Haydn sie wirklich 1762 entwerfen müssen, was mit der von der Forschung angenommenen Entstehungszeit übereinstimmt. (Auch führte die Interpretation zu einer biographischen Bestätigung!)

[7] Offensichtlich spielt die Empathie, also die „Neigung und Befähigung, sich in andere Menschen einzufühlen", am Ende der Frühen Neuzeit eine zentrale Rolle; und diese einerseits als eine vom Komponisten verlangte Fähigkeit, andererseits als eine von den Mit-Spielenden selbstverständlich vorauszusetzende Investition.

4. Die Erweiterung des Ton[arten]- und Spielraumes. Zu den Sinfonien zwischen 1763 und 1772

Die Literatur scheint bei der Betrachtung Haydnscher Sinfonien in der Regel von einem im Prinzip „einsamen" Komponisten auszugehen, der ganz aus sich „Werke" (= thematische Entwicklungen und Formen) schafft. Aber an solcher Vorstellung ist wohl so ziemlich alles zumindest grob unvollständig! Haydn schafft nicht „Werke", sondern er entwirft noch unmittelbar ein Spielen eines Ensembles und mehr und mehr das Mit-Spielen eines Adressatenkreises; und dies im Rahmen je aktueller, gegebener (oder real vorgestellter) Situationen, die beeinflusst sind nicht nur von z. B. Literatur- und Theaterereignissen, regionalen politischen Lagen, Jahres- und Festzeiten und Vorkommnissen (wie Hochzeiten oder Trauerfällen), die nur im Ausnahmefall dokumentiert sind, sondern auch von Personen um ihn, in erster Linie vom Fürsten und von den Musikern. Haydn ist Teil einer / seiner Welt; und sie hat er spielen resp. mit-spielen zu machen; und er ist Teil der aktuellen Situationen – er „steht" nicht außerhalb oder ihnen „gegenüber"!

Für die Jahre 1763 und 64 werden die folgenden Sinfonien angenommen: 40 (F), 12 (E), 16 (B), 34 (D), 72 (D), 13 (D), 23 (G), 22 (Es; *Der Philosoph*), 21 (A), 24 (D), 30 (C; *Alleluja*), 31 (D; *mit dem Hornsignal*). Dem Jahr 1765 werden die Sinfonien 39 (g), 29 (E) und 28 (A) zugeordnet. Die Sinfonien aus der Zeit stellen demgemäß – die jeweilige Eigenheit als Organismus und die Zielrichtung, dem Menschen in seinem Streben zu dienen, haben miteinander zu tun – jede einen eigenen Organismus dar, deren stimmige Passung (in sich) je nicht ohne eine dahinterstehende anlassgemäße „Thematik" vorstellbar ist. Die Literatur stellt eine Experimentierlust Haydns in den Vordergrund; doch erscheint mir diese eher der *Funktion einer im weitesten Sinn theatermäßigen Vorstellung* geschuldet; sie ist Mittel zu einem Zweck (nicht Selbstzweck!). Ob diese Sinfonien real mit Theatermusik in Zusammenhang stehen, dies ist eine kontrovers diskutierte Frage in der Literatur. Und Finscher, konzentriert auf seine werk- und gattungsschöpferische Interpretation Haydnscher Entwicklung, schiebt sie vollkommen an den Rand.

Ebenso, wie die Zyklen selbst, sind auch die einzelnen Sätze stets als sie selbst zu sehen; das klingt wie ein Widerspruch. Doch resultiert solche Einzigartigkeit eben aus dem je eigenen Vorstellungszusammenhang, aus dem der einzelne Zyklus entworfen wurde. Das „Auflaufen" in ein Innehalten (wie u. a. in 40 / I.) oder die finale Verdichtung der thematischen Arbeit mit fugenartiger Technik[1] im IV. Satz (ebenda), das *Adagio* als Mittelsatz der Sinfonie Nr. 12, voller ernsthafter Affekte und der absichtsvollen Entspannung im III. Satz, das Hervortreten von Horn- und Englischhorn-Duos in Sinfonie 22 oder die Besonderheit der Stimmigkeit in Sinfonie Nr. 16, einer Sinfonie in B, mit dem fugenartigen Verdichten im ersten Satz und einem weit aussingenden *Andante* (zu deren *Presto* dann die üblichen Begriffe wie „scherzhafte Wendungen" oder „typischer Witz" herhalten müssen) oder das Verebben im Schlusssatz der Sinfonie 23 (als Beispiel von Haydns „Humor" auftauchend), sie und viele andere dokumentieren einerseits mehr als nur Äußerlichkeiten des rein musikalischen Arbeitens und weisen gleichzeitig auf „inhaltliche" Vorstellungen, die wir uns aber heute mit Absicht verallgemeinern müssen. Denn für das Hören mögen die – wenn auch manchmal zeitgenössischen – Beinamen der Sinfonien eher störend wirken, so wie etwa im Zusammenhang der Sinfonie 22 der Titel „Philosoph" aus einer italienischen Abschrift des späten 18. Jahrhunderts. Einige rechnen den Titel dem ersten Satz, einem *Adagio*, zu. Wie wir gemäß Dies wissen, soll Haydn im *Adagio* einer Sinfonie „eine Unterredung zwischen Gott und einem leichtsinnigen Sünder

---

[1] Dass Haydn mit solcher Technik wirkliche „Fugen" im Sinn hat, ist wohl selten; ein „Thema", das ja in der Regel bereits mit Kontrapunkt „auftritt", wird mit dem Mittel fugenartigen Arbeitens in seiner figürlichen Ausdrücklichkeit als Vorgang verdichtet. Im Dienste solcher verdichteten Ausdrücklichkeit (als Funktion einer Vorstellung von…) mag man dann vom „Experimentieren" Haydns sprechen.

zum Thema" gewählt haben, wobei er aber auch meint(e), er habe selten beim Komponieren eine „selbstbeliebige wörtliche Aufgabe" zu bearbeiten versucht. Da Haydn sich nicht mehr erinnerte, in welcher Sinfonie er dies getan habe, wird vor allem der erste Satz der Sinfonie 22 damit in Verbindung gebracht...[2] Dies können wir aber auch als Hinweis lesen, dass Haydn im So-Komponieren eine allgemeine Aufgabe (der Zeit) bearbeitete. Und dies würde bedeuten, dass ihm diese als ein Entwerfen einer Szenerie des handelnden und im Rahmen einer besonderen Situation in der Gesellschaft auftretenden Menschen selbstverständlich war, eine, die dieser im Sinne Kegans eben nicht „hatte", sondern gewissermaßen „war".

Und darin könnte auch die Religiosität eine wichtige Rolle spielen. Wir könnten fragen, ob Sinfonie 22 vielleicht etwas mit einem „Benedictus" zu tun haben könnte. Der *Adagio* überschriebene erste Satz erscheint uns eher als ein „*andare*", mit durchgehendem Bass und darüber einem immer wieder auffälligen Hornmotiv, das je von der Oboe beantwortet wird und das den ausdrücklichen Schlusspunkt setzt. Danach, im II. Satz, entsteht der Eindruck, als ob in durchgehender Bewegung eine Menge zusammenkäme; auch hier spielen die Hörner eine wichtige Rolle. Und das Menuett, es gibt sich wie ein Schlusssatz einer eigentlich dreisätzigen Sinfonie, wie ein „*lieto fine*", mit Hörnern und Oboen im Trio, Befriedigung ausstrahlend. Und doch folgt ein aufgeregter IV. Satz, wie die Reaktion einer Menge, dramatisch in der Durchführung. Auch in ihm spielt ein Hornsignal, spielen die Hörner überhaupt eine größere Rolle.

Sinfonie 21 zeigt sich im Habitus ähnlich. Aber während uns Sinfonie 22 eher als eine „Credo"- oder „Benedictus"-Sinfonie erscheint, orientiert sich der Beginn von Sinfonie 21 eher an einem „Kyrie". Vielleicht haben wir hier tatsächlich so etwas wie Kirchensinfonien vorliegen, zumindest Sinfonien für eine bestimmte (dem weltlichen Feiern abholde) Jahreszeit.

---

[2] Ich selbst bringe die von Haydn angesprochene Situation (für mich!) mit der Es-dur-Sinfonie (Nr. 43) in Zusammenhang; vgl. im folgenden.

Vorerst durchmisst Haydn eine besondere Spanne der Steigerung der Ausdrücklichkeit, die sich vom Gebrauch des Solistischen (zu diesem Zweck) frei macht. Kennzeichnend für die Sinfonien zwischen 65 und 72 sei angeblich die auffallende Zahl von Zyklen in Molltonarten – immerhin sechs von neunzehn Sinfonien, die dieser Zeitspanne zugerechnet werden – sowie die Tendenz zur „Übernahme von Elementen der Opernsprache wie Orchester-Tremolo, Synkopenketten, große Intervalle, schroffe Kontraste, Rezitativ-Formeln" (Finscher, 263). Haydn hätte damit die „Sprache der Sinfonie" angereichert, vertieft, „ja überhaupt erst zum Reden" gebracht. Übersetzen wir sein „zum Reden bringen" durch ein Quasi-Handeln: Haydn versetzt die Spielenden und vor allem die Mit-Spielenden (als Gesamtheit) intensiver als zuvor in ein Quasi-Selbsthandeln (aus deren persönlicher Ausdrücklichkeit heraus). Hierbei spielt eine Rolle, dass durch Haydn eben (u. a.) „Moll-Sinfonien von ernster, pathetischer oder theatralischer Haltung ein selbstverständlicher Bestandteil der europäischen Symphonik geworden" seien.

In die Zeit zwischen 1765 und 1772 werden folgende Sinfonien datiert:

1765: 39 (g) – 28 (A) – 29 (E)[3]

1767: 38 (C) - 58 (F) – 35 (B)

1768: 59 (A) – 49 (f, *La Passione*) – 26 (d, *Lamentatione*) – 41 (C)

1769: 65 (A) – 48 (C, *Maria Theresia*) – [44 (e)]

1770/71: 44 (e, *Trauersinfonie*) – 43 (Es, Merkur) – 52 (c) – 42 (D)

1772: 47 (G) – 45 (fis , *Abschied*) – 46 (H).

Die ungewöhnlichen Tonarten weisen auf eine Ausdehnung des Ausdruckbereichs: von G-moll, A-dur und E-dur bis Fis-moll und

---

[3] Finscher verzeichnet zwischen Juni 1761 bis Ende 1762 acht und zwischen Anfang 1763 und Ende 1765 fünfzehn Sinfonien; das bedeutet in den Jahren 1763 und 64 allein 12 Sinfonien. (Denn nur die letzten drei sind für 1765 verzeichnet; vgl. Anmerkung o.) 1765 ist das Jahr der „Abmahnung" und der Beginn der vermehrten Baryton-Kompositionen. Ab 1766 ist Haydn Hofkapellmeister und auch für die geistliche Musik zuständig; ab 1768 entwirft er auch Opern.

H-dur! Dabei geht es weiterhin und besonders um die Gestaltung der Situation des Mit-Spielens! Dass solche durchaus an der europäischen „Mode" teilhatte, das entspricht der Steigerung der Ausdrücklichkeit im Dienste der Adressaten. Zu fragen bliebe aber nach dem wirkliche Grund und jeweiligen Anlass für eine Sinfonie in einer Molltonart.[4] Wer sich in die frühen Sinfonien eingehört hat und dann bewusst solche aus der Zeit ab etwa 1765 zur Kenntnis nimmt, der fühlt sich tatsächlich erst (wieder einmal) verunsichert und fragt, ob sich da bei Haydn nicht etwas *prinzipiell* verändert habe…

Zwischen manchen Paaren meint die Literatur Züge des Zusammengehörens, z. B. zwischen den Nummern 28 und 29, ausmachen zu können, im Sinne von als „dramatisch erregtem" versus „lyrisch entspanntem" Kopfsatz. (Ob das wirklich relevant ist? Für wen und für welchen Anlass?) Solche *Coincidentia* ist wohl eher Zufall, es sei denn, die beiden Sinfonien wären *sujetmäßig* miteinander verbunden! Eine vermeintlich nur „formale" Zusammengehörigkeit per Gegensätzlichkeit besagt von sich aus wenig. Vom Hören her erscheint z. B. die F-dur-Sinfonie (Nr. **58**), die mit einem menuettähnlichen Satz anhebt – auch sie sieht Finscher in einem Zusammenhang mir der Sinfonie in B-dur (Nr. 35) –, eine Situation der Sehnsucht, vielleicht auch der Trauer zu entwerfen, in die hinein dann der II. Satz ein „Auftreten" des Menschen in Lieblichkeit (doch mit bestimmenden Passagen dazwischen) entwirft und der III., ein „Menuet alla zoppa" mit seiner „hinkenden" Rhythmik, sich vom „intimen" Trio abhebt, während der IV. Satz ein Konglomerat von Motiven und Einschüben versammelt. Eine Verwandtschaft mit Sinfonie **35** in B stellt sich für mich dadurch ein, dass ich die Sinfonie 58 (spontan)

---

[4] So könnte man auch die Fis-moll-Sinfonie als Gestaltung eines Endes des Spielens und Mit-Spielens (also der Situation selbst!) verstehen, deren besondere „Geschichte" wohl nur aus diesen Vorbedingungen möglich war: Die Sinfonie als Gestaltung einer Situation eines instrumentalen Mit-Spielens mit dem Gehalt einer menschlichen Daseinssituation. Dass daraus vielleicht auch die Daseinssituation der Musiker mitthematisiert wurde, dies wäre dann *sekundär* denkbar.

mit einem „Kommentar" zu einer Shakespeare-Komödie verbinde, vielleicht mit einer zum „Sommernachtstraum", und dass ich solcher (sicher persönlichen) Assoziation die B-dur-Sinfonie anschließe. Deren I. Satz wie eine Skizze einer bizarren Naturszenerie, in die hinein ein „Auftreten", gezeichnet von Neugier und Mitteilsamkeit und gleichzeitig einer gewissen Heimlichkeit (II) platziert ist, bevor die seltsame „Reaktion" der hervortretenden Hörner (Menuet) und des solistisch geheimnisvollen Trios von einer Art „Spuk" im Wald abgelöst und beendet erscheint.

Doch auch wenn manches an den Sätzen ursprünglich tatsächlich Theatermusik gewesen sein mag – der I. Satz von Sinfonie 35 mag als eine Ouvertüre gedient haben –, so erscheinen die Sätze doch mit Absicht zur Sinfonie bearbeitet bzw. zu solcher ergänzend „komponiert", um im „Konzert" die assoziative Kraft des damit entworfenen Mit-Spielens sprechen zu lassen. Diese ruft die Erinnerung an das real erlebte Theater hervor, das vielleicht immer noch Tages- oder Wochengespräch der Hofgesellschaft sein mochte. Haydn entwirft also dezidiert (und ab hier gesteigert) eine Art Mit-Spielen; dieses unterscheidet sich von jenem Hören, das die Oper den Zeitgenossen vermittelt (abgesehen davon, dass es durch keinen Text das Handeln in einer konkreten Situation vorstellt). Es unterscheidet sich also dadurch, dass es im Mitvollziehen eines musikalischen Gedanken(vor)gangs zur Assoziation eines menschlichen Agierens angeregt wird. Dieses konnten die zeitgenössisches Beteiligten noch weitergehend konkretisieren, (1.) weil sie im Anlass selbstverständlich (noch) befangen waren und (2.) weil sie im bedeutungsgenerierenden Identifizieren instrumentaler Figuren geübt waren, während wir uns heute die Freiheit nehmen können (und müssen), das Mit-Spielen mit unserer heutigen Assoziationsfähigkeit zu einem für uns sinnvollen zu erheben. Wenn dies so ist, dann liegt die Idee (des Fürsten?) bzw. die Vermutung nahe, dass Haydn sich mit der „Darstellung" bestimmter Themen beauftragt denkt. Und aus den Sinfonien vor allem der Jahre bis 1772 drängt sich hier der Gedanke auf, spezifische Situationen vielleicht der Lebensalter oder der prinzipiellen Leidenschaften des Menschen zu entwerfen. Ein solches Vorhaben würde durchaus in die Frühe Neuzeit und in die Tradition dieser Hofmusik passen!

Dies gilt im Besonderen sicher auch für die Sinfonien 26 und 49, die eine mit dem zeitgenössischen Beinamen *Lamentatione*, die andere wohl apokryph als *La Passione* verzeichnet. Die eine, Sinfonie **26** (*Lamentatione*), in der nach Meinung der Literatur im I. Satz Zitate aus einem zur Zeit Haydns allgemein bekannten liturgischen Passionsspiel (nach dem Evangelisten Markus) thematischen Eingang gefunden haben, während im II. Satz ein Mensch als Klagender auftritt, gilt als Haydns letzte nur dreisätzige Sinfonie. Der erste Satz entwirft (unserem Interpretationskonzept nach) eine düstere Szenerie, die den Mit-Spielenden durchaus die Passionssituation nahelegt, während der II. Satz von Klageformeln bestimmt wird, die ihn als eine Art Stabat-Mater-Satz ausweisen. In ihm scheinen zwar deutlich instrumental hervorgehobene Choralzitate auf, doch stellt er zu allererst (trotz *Adagio*-Überschrift) einen typischen Haydnschen *Andante*-Satz dar. Auch der III. Satz *ist* ein Haydnsches Menuett; und doch erscheint er weit entfernt von einem Tanzsatz zugunsten eines dramatischen Auftritts einer gleichsam widerspenstigen Menge. Auch hier also geben sich die Sinfonien als Gestaltung einer Situation „Konzert" in Reminiszenz einer konkreten, vielleicht tatsächlich vorösterlichen Daseins-Situation der Adressaten, die im höfischen Dasein zu einem Mit-Spielen gebracht sind, das ihrer religiösen Haltung entspricht: möglicherweise für eine Veranstaltung innerhalb der Passionszeit entworfen, müssen Fürst und Hofgesellschaft auf ihre gewohnte Daseinsgestaltung nicht verzichten!

Vielleicht ähnlich verhält es sich mit der Sinfonie **49**, deren apokrypher Titel aber eher auf „Leiden" bzw. „Leidenschaft" statt auf „Passion" weist. Allerdings setzt Haydn der Dreizahl der Sätze (mit einem „Menuet" in der Mitte) noch einen langsamen Satz davor, für dessen Sinn Finschers Einschätzung als „rhetorisch suggestiv" einen wichtigen Hinweis liefert: dass er als eine Art Aufforderung an die (Spielenden und) Mit-Spielenden dient, was Haydn hier auffällig auch immer wieder anregt und anstößt. Der II. Satz, jetzt erst die Situation des Erlebens eines furchtbaren

Ereignisses („Szenerie") anstoßend, ist ein Tempestas-Satz, dem nun ein Menuett folgt. Dieses nimmt hier die Stelle des „Auftretens" ein, ein 2-stimmiger Satz mit einer besonderen Coda der Trauer(?) im zweiten Teil. Das Trio erscheint dagegen wie als Ausblick auf eine bessere Zukunft mit dem Anflug einer Hirtenszene (womit eine Art „Verkündigung" assoziierbar wäre) und das finale *Presto* dagegen wie eine Reaktion auf die Situation, als Aufbruch zum kämpferischen Widerstand. Sollte diese Sinfonie tatsächlich – wie manchmal zu lesen ist – mit einem Brand in Eisenstadt zusammenhängen (in welchem auch Haydns Wohnhaus vernichtet wurde), dann sicher nicht in der Form persönlichen Betroffenseins des Komponisten. Eher ginge es auch hier um die entsprechende Gestaltung einer selbstverständlichen Situation („Konzert") als die einer Betroffenheit aller, aus der der letzte Satz wie mit einem kämpferischen und kurz angebundenen Entschluss zur Tat herausführt.

Spielen steht für das Äußern eines Menschen (in Vertretung der „Allen"), womit nicht (nur) ein sprachliches Äußern gemeint ist, sondern sein Auftreten als Ganzes, seine Haltung, seine Art der Fortbewegung, aber sicher auch sein stimmliches Äußern in einer bestimmten situativen Verfasstheit, von den Adressaten mit-vollzogen anhand motivischer Formeln, die wir heute nicht mehr intuitiv mitfühlen und „verstehen" können.[5]

Obwohl die Sinfonien in Molltonarten – auch im „Jahrgang" 71/72 finden sich mit den Nummern 44 und 52 zwei Mollwerke – die besondere Aufmerksamkeit der heutigen Haydnverehrer und -forscher gefunden haben, stehen jene in Durtonarten diesen in nichts nach. Auch sie, wie die zweite „große" C-dur-Sinfonie dieser Jahre (Nr. 41), bedeuten je eine singuläre Gestaltung der Situation mit „verwirrend gegensätzlichen Elementen im Kopfsatz" (Finscher, 268) und einem betont einfachen Finalsatz. Jede Sinfonie ein Unikat! Das lässt auf die Fähigkeit schließen, die je

---

[5] Immerhin fänden wir hier einen besonderen Grund für die Viersätzigkeit, die im letzten Satz, jenseits der „Reaktion" der Allen, eine Aufforderung zur Tat o. ä. darstellte.

eigenen Bedingungen einer aktuellen Situation als eine Situation der Mit-Spielenden im Entwurf aufzunehmen. Und es lässt auf die Bedingung schließen, mit jedem Entwurf einer besonderen Aufgabe resp. einem besonderen Anlass entsprechen zu sollen.

Zur Unikat-Fähigkeit auch in den Dur-Sinfonien dieser Jahre, wie etwa zu der Sinfonie 65 (A-dur), merkt Finscher (268) diese als ein „exquisit komisches Werk" an; an ihr zeige sich zum ersten Mal jenes „Repertoire komischer Überraschungs-Techniken, das später das Haydnbild der Zeitgenossen geprägt habe: „»ungereimte« motivische und dynamische Kontraste, metrische Verschiebungen[…], verblüffende Pausen, Stehenbleiben der Bewegung[…], dynamische Knalleffekte, harmonische Komplikationen, die folgenlos bleiben." (268 f.) Auch die C-dur-Sinfonie (48) besitze solche Momente; in ihrer Festlichkeit und gesteigerten Ausdrücklichkeit mische sich aber mitunter ein Ton der Schlichtheit, des vermeintlich Einfachen [das die Rezeption mit einer Nähe zur sog. Volksmusik verbunden hat]. Beide, das Element, das Finscher das „Komische" nennt, und jenes, das eine betonte Einfachheit (wie eine eigene Kindheitserinnerung?) „ins Spiel" bringt, bezeichnen vielleicht charakteristische Momente für Haydns Repräsentation des Menschen als konkret einzelnen. In dessen Leben fließen die Unvorhersehbarkeit des einfallenden Gedankens und die Erinnerung an die eigene Entwicklung zu einem wesentlichen Erleben zusammen. Genau eine solche „Actio" müssen wir heute als Hörer aus unserer Lebenserfahrung mit Bedeutung versehen. (Wir kommen darauf zurück!)

Die Jahre 70/71 verzeichnen zwei Moll- und zwei Dur-Sinfonien. Möglicherweise sind die in C-moll und Es-dur die etwas älteren. Auffallend ist, dass beide Tonarten nach Schubart mit der Liebe zu tun haben: C-moll und Es-dur hintereinander, wie Passion und Auferstehung aus einer quasi göttlichen Liebe heraus? Die C-moll-Sinfonie trägt den apokryphen Beinamen „Trauersinfonie"; die in Es-dur gibt sich kontrastreich mit einem Sonatensatz als Finale und einer Coda, die C-moll-Sinfonie im Finale kontrapunktisch. Wäre das zu interpretieren? Gemeinsam ist allen vieren der langsame *Adagio*-Satz „auf der Basis eines

Streichersatzes con sordino". Die benachbarten Sinfonien, hängen
sie mit diesen zusammen? Finscher nennt die H-dur-Sinfonie (46)
„synkretistisch" (also eine Vermischung von extrem Verschiedenen ohne innere Einheit). Geht es hier nicht eher um jene starke
Ausdrücklichkeit im Sinne der Empfindsamkeit, also um ein
Entwerfen im Sinne eines starken, auffordernden Mit-Spielens?

Gehen wir einige der Sinfonien durch! Die Es-dur-Sinfonie (Nr.
43) können wir durchaus aus dem Tonartcharakter des Es-dur als
„(vertrauliches) Gespräch mit Gott" (Schubart) plausibel hören.
Dabei entwirft der erste Satz (im symbolischen Dreiertakt!) mit
seinem statischen Beginn und einem nach und nach Lebendiger-
und Bestimmendwerden und einem sozusagen rechtenden Aussprechen (in der sog. Durchführung), seinem Auflaufen in eine
Art Besinnung und Münden in eine veränderte Reprise eine entsprechend prinzipielle Szenerie des Verhältnisses des Menschen
zu seinem Gott. Der zweite Satz repräsentiert das bittende und
demütige Auftreten des Menschen, voller Empfindung, was die
Figur des Bittenden, des in Mutlosigkeit Fallenden und aus seiner
Schwermut (über das Hornmelos) Herausfindenden, besonders
bezeichnet. Entsprechend meint der III. Satz eine Art feierlichen
Aufzug der guten Gaben Gottes oder der Anderen, eine Art Erfül-
lung, auf die das Trio im Besonderen zeigt bzw. hinweist. Der
Schlusssatz schließlich weist auf die Überraschung und dann
Freude des Menschen, nur kurz durch eine Verunsicherung
(„Durchführung") unterbrochen, bevor eine besondere Coda des
Bedenkens und der Selbstermahnung das Mit-Spielen beschließt.
(Ob eine so interpretierte Teilhabe am heutigen Erklingen auch
auf die antike Götterfigur des Merkur übertragen werden kann,
erscheint sehr fraglich.)

Dagegen können wir die C-moll-Sinfonie (Nr. **52**) mit dem
überaus menschlichen und weltlichen Thema „Leidenschaft" in
Zusammenhang sehen. Der erste Satz entwirft eine Szenerie, die
zwischen einem leidenschaftlich Schroffen und einem sich zu-
rückziehenden „Leiden" wechselt, bevor aus der Konfrontation
beider (in der Durchführung) in der unvollständigen Reprise
Passagen des Klagens herausklingen. Das *Andante* gibt sich zuerst

tänzerisch (im 3/4-Takt), bevor auch hier dramatische Gegensätze
einbrechen und zart-lyrischen Passagen gegenüberstehen. Der
quasi Durchführungsabschnitt wechselt schnell in eine dramatische Zweistimmigkeit, z. T. mit absteigender „leidender" Chromatik, während die Reprise vergebens wie zu überreden versucht
und wie abgewiesen endet. (Der Mensch als ein „Zerrissener",
wie Hofmannsthal sagen würde?) Die Reaktion der Allen im
Menuett klingt wie eine Ausweglosigkeit und Ratlosigkeit; auch
dem Tröstungsversuch des Trios ist offensichtlich kein Erfolg
beschieden, denn das Zurück zum Dacapo bleibt unvermittelt.
Und das kurze Finale? Der fugenähnliche Beginn deutet (hier)
eine Bewegung des Fliehens an, dem ein Thema gleich einer
„Überwindung" folgt. Dieses vor allem zeigt sich in der Durchführung wesentlich; doch endet die angedeutete Reprise in einer
Art Doppelpunkt, hinter dem der Satz dann mit einigen Akkorden wie „unvermittelbar" schließt, ohne die „Überwindung"
nochmals thematisiert zu haben. Die Schroffheit vergrößert sich
dadurch, dass Wiederholungen einzelner Teile fehlen und Sätze
so ganz unvermittelt enden. Bestätigt hier das Spielen den Mit-
Spielenden, die hier möglicherweise auf eine sehr bestimmte
Theatererfahrung verwiesen werden, eine Kapitulation vor der
menschlichen Leidenschaft?

Die Sinfonie Nr. 45, in der Welt der E-Musik als „Abschieds-
Sinfonie" bekannt und mit der dem heutigen Hörer vermeintlich
sinnstiftenden lächerlichen Pantomime am Schluss verbunden,
kann durchaus als eine Sinfonie zum Thema „Abschied" angenommen werden. Doch ist hier die Tragik des unausweichlichen
Dahingehens des Menschen thematisiert, die letztlich „aufgelöst"
erscheint in ein feierliches Hinnehmen des menschlichen Schicksals. Während der erste Satz mit seinem fast über zwei Oktaven
herabstürzenden Themenkopf eine höchst dramatische Szenerie
entwirft, die eine Szenerie der „bestürzenden" Empfindung angesichts der Unabwendbarkeit des menschlichen Schicksals skizziert – der lyrische Einschub in D innerhalb der sog. Durchführung erscheint wie ein vergeblicher Hinweis auf den Eingang in

eine abgeklärte Seligkeit –, thematisiert der zweite Satz, ein mit „*Adagio*" überschriebenes *Andante*, das „Auftreten" eines Dahingehenden. Der sein Schicksal hinnehmende Mensch – dieser Eindruck erscheint hervorgerufen durch ein an das zeitgenössische Melodram erinnerndes Fortschreiten –, steigert sich im sog. Durchführungsabschnitt zum Anstieg des Leids und über ein harmonisches „Öffnen" wie zu einem tröstlichen Gedanken. Hierbei mag der durch Vorschläge (im Hauptsatz) hergestellte quasi-lombardische Rhythmus die besondere Last des zu tragenden Schicksals andeuten, um danach in ein Sich-Ergeben zu münden. Dem Menuett, dem wir auch hier eine Reaktion der „Allen" unterstellen können, weist auf ein „Einwenden" von außerhalb, auf die Aussicht auf eine „Wende" einschließlich einer Reaktion des betroffenen Subjekts (→ Solovioline?). Während das Trio die Eindrücklichkeit des Einblicks in eine „bessere Welt" trotz aller Schmerzlichkeit beschwört – vielleicht ist auch das Bewegen zu einer Einsicht „gemeint"? –, beharrt das Dacapo wohl auf der Vergeblichkeit solcher Einsicht. Das Aufhören wie ohne eigentlichen Schluss wird gefolgt von den sich überstürzenden Folgen und dem Einverständnis aller in das Unabwendbare. Entsprechend bleibt die sog. Durchführung extrem kurz, während dem *Presto*satz nun ein *Adagio* im 3/4-Takt folgt, das wir wie ein feierliches Verkünden des Einverständnisses in das Schicksal (mit dem Hornruf) vor dem Anheben der Motivik ansehen können. Ganz real erfolgt nun der Ausdruck eines Abschieds in der bekannten stufenweisen Reduzierung des Spielens (u. d. h. der menschlichen Aktion!). Der Begriff des „Abschieds", er ist durchaus angemessen, wenn auch auf jenen unausweichlichen Abschied zielend, dem kein Mensch auf dieser Erde ausweichen kann.

Spielen und Mit-Spielen (als menschliche Aktionen) werden in einen ganz realen musikalischen Vorgang einbezogen, der auf ein Verlöschen zielt. Dies pantomimisch darzustellen, lenkte dann nicht von der eigentlichen Bedeutsamkeit des musikalischen Vorgangs für die Mit-Spielenden ab, wenn es beim Löschen des Lichts verbliebe.

Eine durchaus ähnliche und doch ganz anders gewichtete Situation entwirft Sinfonie **44**, in der Literatur als „Trauersinfonie" apostrophiert. Entsprechend geht es hier um die Situation *nach* einem „Abschied". Zwar erscheint auch hier das Apodiktische des Unisono-Beginns bestimmend; doch wird dieses in der Szenerie des ersten Satzes mit einer beständigen Fragehaltung konfrontiert, die sich (im hier nicht wiederholten zweiten Teil) nach einem Innehalten in ein gleichsam leidendes Bewusstwerden entfaltet. Konsequenterweise erfolgt nach solchem Aufriss der Szenerie die Reaktion, also das Auftreten der Allen, wie ein Zusammenkommen aus bestimmter Motivation entwickelt. Dass der Satz als Kanon in der Oktave (quasi als ein Zusammenkommen aus der gleichen Motivation heraus) entworfen ist, das verstärkt diesen Eindruck, auch wenn im kammermusikalischen Trio einzelne Subjekte zu Wort zu kommen scheinen. Entsprechend der Situation tritt die „Person" hier erst im dritten Satz auf. Die Tatsache, dass ich (als ich diese Sinfonie unvoreingenommen hörte) den Eindruck hatte, dass auch hier ein „Auftreten" gemeint sei und dass sozusagen der Mensch als ein Hingegangener in die Erinnerung der Allen träte, traf sich später mit der Information dass Haydn diesen Satz angeblich zur Trauerfeier bei seiner eigenen Beerdigung gewünscht habe. Dies mag unsere Interpretation seiner Sinfonien aus einem bestimmten „Konzept" stützen, das den langsamen Satz einem „Auftreten" des Menschen zueignet und den ersten Satz dem Entwerfen einer Szenerie zuordnet, in die hinein solches Auftreten geschieht. Wenn wir hier den langsamen (und hier dritten) Satz als „Auftreten" des Menschen gleichsam in der Erinnerung der Zusammengekommenen ansehen, dann ist es nur konsequent, wenn Haydn hier das Menuett, das wir der (Re-)Aktion der Allen zuordnen, vor dem langsamen Satz eingeordnet hat. Hier geht es wohl nicht um ein systematisches Erproben der „verschiedenen Möglichkeiten der viersätzigen sinfonischen Form" (Finscher[6]), sondern um die Realisation

---

[6] Finscher, S. 272: „Bedürfte es noch zusätzlicher Indizien dafür, dass Haydn in diesen Jahren gleichsam systematisch die verschiedenen Mög-

einer Art „Handlung", an der die Mit-Spielenden teilhaben können. Das *Adagio* selbst, mit gemessener Gesangslinie über Bass
und z. T. über gebrochenen Akkorden, erzeugt den Eindruck des
Friedvollen und einer z. T. in punktiertem Schreiten schwermütigen Erinnerung. Das abschließende *Presto* führt über ein aufgeregtes „Fragen" zu einer Klarheit der Folgerung (Horn-Dreiklang)
und zu einer Art resolutierendem Schluss.

Ein Rätsel stellt sich (mir) mit der H-dur-Sinfonie (Nr. **46**). Denn
überraschenderweise entspricht sie ganz und gar nicht der Tonart
gemäß einer wohl auch für Haydn noch recht passenden Charakteristik. Ihr im Unisono „bestimmter" Beginn weist sie zwar in die
Gruppe um 1770/72, doch gibt sie sich im Weiteren versöhnlich,
keinesfalls in „wilder Leidenschaft" oder in „grellen Farben" (wie
Schubart diese Tonart u. a. charakterisiert). In der Literatur wird
ein eher „äußerliches" Vorgehen – das Ausdünnen der Klanglichkeit bis zur übrigbleibenden Violine an einigen Satzrändern – als
Grund gesehen, sie der in Fis-moll an die Seite zu stellen. Doch
erscheint sie mir mit einem ruhigen und gleichsam vernünftigen
Auftreten des Menschen (II), dem versöhnlichen feiernden Menuet und dem Ergebnischarakter des letzten Satzes, in welchem
die Akteure von dem feierlichen Tanz des III. Satzes nicht lassen
wollen, eher als Reminiszenz an ein (theatermäßiges) Geschehen
innerhalb einer Naturszenerie, in welche die Akteure sich zum
Schluss gleichsam zu zerstreuen, ja aufzulösen scheinen.

Von Finscher hervorgehoben wird auch die G-dur-Sinfonie
(Nr. **47**), aus dem gleichen Jahr 1772. Sie beginnt mit einem auffälligen Horn-Gedanken, wie ein Ankündigen von verschiedenen
Seiten, dem (als „2. Thema"?) ein Gewusel folgt, das in absteigende Leitern übergeht. Der II. Satz gibt sich „elegisch", zweistimmig; auffällig die Violin-plus-Bläser-Passage: Haydn bleibt hier
extrem am Gedanken. Aus ihm entwickelt er eine Kette von *Variationen*. Ist dies die „Entdeckung" der Variationenfolge als II. Satz
einer *Sinfonie*? Variationen verbreitern die Ausdrücklich, machen

---

lichkeiten der viersätzigen symphonischen Form erprobt[...], so wären
keine Werke dafür besser geeignet als die drei des Jahres 1772."

sie vielseitig, beleuchten die Haltung des auftretenden Subjekts von unterschiedlichen Seiten. Entweder fügen sie Aspekte hinzu, ohne vom Hauptaspekt abzulassen; oder die Variationenkette stellt selbst einen Gedanken(vor)gang dar, eine Art „Entwicklung".

Das könnte einen auf den Gedanken bringen, dass diese Sinfonie etwas mit dem Lebensalter der Jugend zu tun hat, hier auch mit dem Vorausblick auf ein zukünftiges Geschehen. Am Schluss des II. Satzes fallen (uns) ein Auflaufen auf eine wie „nachdenkliche" Stelle, dann ein Violin-Solo und ein unvermitteltes Aufhören auf, als ob die Zukunft offen bliebe. Der III. Satz gibt sich eher marschähnlich, eine Art Aufzug der Allen; im Trio wechselt auffällig eine Hornstelle mit Solostreichern. Geht es hier um die „Bewunderung"? Der IV. Satz gibt sich voll optimistischer Aussicht, nicht ohne dramatische Einschläge. Vor allem die Durchführung erscheint zuerst wie ein großes Fragezeichen, gefolgt von einer dramatischen Entwicklung, die über eine Art „Echo" in die Reprise übergeht.

Macht Haydn hier „Schilderung" zum eigenen Gedankenerleben der Mit-Spielenden? Damit bliebe er im Rahmen der Frühen Neuzeit und des 18. Jahrhunderts und wäre gar nicht so weit von Werner weg, wenn er auch die „Lebensalter" des Menschen auf einer ganz anderen Reifeebene der Mitspielenden zum Mitvollzug entwürfe. Immerhin erscheint es auffällig, dass die Reihe der Sinfonien zwischen 1769 und 1772 keine Tonartwiederholung zeigt, dass also jeder Entwurf einer eigenen Charakterisierung (innerhalb eines „Tonraums") gewidmet scheint.

Natürlich erhebt sich die Frage: warum nun prinzipiell **vier Sätze**? Die Drei ist eine göttliche Zahl, die Vier eine weltliche resp. menschliche? Vor allem: „3" ist eine Zahl der Vollendung in sich, mit Anfang, Mitte und Ende; „4" aber ist eine Zahl der Dauer, der Erstreckung einer abstrakten „Handlung"; in ihr kann Gegenwart lebendig erlebt werden; vielleicht auch eine Gegenwart, in der sowohl die Vergangenheit als auch eine mögliche Zukunft aufscheinen? Die Sinfonien aus den Jahren bis 1772 zeigen vielleicht

Haydn auf dem Weg zu einer „Form" vermittelter situations-adaequater Ausdrücklichkeit. Diese versieht das Konzept mit den aus den vorhergehenden Sinfonien abgeleiteten (und dort aus besonderem Anlass erfundenen!) Möglichkeiten:

- einer prinzipiellen Viersätzigkeit,
- einer, wo „notwendig", langsamen Einleitung,
- einer möglichen Variationenfolge (vor allem) im langsamen Satz,
- schließlich der Aufwertung des Schlusssatzes zu einer Art „Ergebnis"-Szenerie.

Finscher (S. 281) betont zusätzlich die Form des Rondofinales und den „Ausbau des Menuetts in Richtung auf größere Ausdehnung und thematische Differenzierung sowie, alles übergreifend, die thematische Arbeit". Entscheidend scheint mir aber nicht die „Form", sondern die Tatsache, dass Haydn nun *ein Repertoire von Vorstellungen dessen* hat, was eine Sinfonie ist und sein kann. Erst von diesem aus wird es vorstellbar, dass er in die Lage kommt, eine Reihe von Sinfonien (in seinem „Konzept"!) zu entwerfen, einen „Vorrat" sozusagen ohne eigenen Kontakt zur konkreten Situation der Adressaten, wie möglicherweise im Zusammenhang der Pariser Sinfonien. Dies scheint mir überhaupt ein ganz wesentlicher Schritt, hin zu einer *Abstraktion des Komponierens* von der realen Situation eines Auftrags bzw. einer Situation der Adressaten![7]

Genau dies, die bisherige(!) Konzentration aus dem Amt heraus auf die Anlässe und Voraussetzungen im Rahmen eines Selbstverständnisses seines Komponierens in der unmittelbaren „Region", dies qualifiziert

---

[7] Von hier wäre vielleicht das Symphonieproblem im Zusammenhang von Mozarts drei letzten Sinfonien in den Blick zu nehmen. Mozart mit seiner besonderen Art der *Menschlichkeit* (= des auf sich geworfenen einzelnen Menschen), die auf ein Hören von vornherein aus ist; Haydn mit seiner *Menschheitsidee*, konkretisiert am situationsbezogenen Mit-Spielen des einzelnen Menschen: jeder Einzelne repräsentiert in seinem Mit-Vollzug den Menschen als Vertreter einer Menschheit, je aktuell und an sich.

- die entstehenden Entwürfe als einzigartig und im Endeffekt als über diese Region hinausweisend und in anderen Regionen brauchbar;
- und dies bestätigt den Autor als zu dieser Welt gehörend und mit der Weise, in der er mit sich für deren Zwecke umgeht, in ihr Erfolg habend.

Wenn Finscher (262) Feders Gedanken einer Quasi-Entwicklung aus einem Mittelpunkt heraus variiert, dann können wir diesen als die Entwicklung eines Bewusstseins von sich selbst als Komponist ansehen, die eben nach 1765 einen besonderen Anstoß erhält und nach 1772 seiner vollendet mächtig wird und das Komponieren nun in selbstverständlicher Weise auch an der Welt jenseits der Region orientiert. (Darin steckt auch eine Art beginnende Überwindung des Amtes; und diese geschieht von innen als Entwicklung bzw. Entfaltung der Persönlichkeit! Doch eben sicher nicht von alleine, sondern (auch) als Funktion der Internationalisierung des Musiklebens am Hofe in Eisenstadt bzw. Eszterháza!) Im Rahmen des situationsspezifischen Komponierens weitet sich der „Raum", an den der kompositorische Entwurf adressiert ist gleichsam von selbst: erst nur regional, dann das Land (und vor allem Wien) einbeziehend und schließlich Europa (Paris und London). Dies geht Hand in Hand mit der Abstraktion von bestimmten Aufgaben und Menschen des eigenen Umkreises und zu jenen „der ganzen Welt". Und es kommuniziert mit einem Sich-Entfernen vom Amt. Wir sehen voraus: Haydn entwickelt sich vom Kapellmeister der Eszterházys zu dem der „Welt", also zu dem der Menschheit. (Und genau dies ist letztlich das (unbewusste) Bestreben Haydns! Ein „Kapellmeister der (= seiner) Welt" bleibt er sein Leben lang. So konnte Haydn schadlos auch lebenslang „Bediensteter" der Eszterházys bleiben; diese Rolle stimmte mit der, die er in der Welt spielte durchaus überein! Wir werden aber sehen, dass solche „Entwicklung" auch die Fähigkeit einschließt, zur Sujetbildung fortschreitend mehr von einem Selbstreflex auszugehen.)

5. Qualitativer Ausbau und interne Differenzierung. Haydns Sinfonien zwischen 1773 und 81 auf dem Weg zu einer festen »Gattung«

Haydn ist jetzt 40; vielleicht ein wichtiges Datum für die sog. Verantwortung für sich als „über sich Verfügender als...", gleichzeitig für die Verantwortung im Besonderen für die Mit-Spielenden(= Hörenden). Gemäß Reicha habe Haydn mit 40 noch einmal „von vorn begonnen". (Finscher, S. 262) Tatsächlich bezeichnet etwa 1772 den Endpunkt einer Entwicklung mit den Sinfonien 47, 45 und 46 und den Streichquartetten op. 20. 1773 gehe es mit erkennbarer stilistischer Zäsur weiter; dazu komme die bekannte Streichquartettpause.

Den Jahren 1773 bis 81 sind 22 Sinfonien zuzuordnen, allerdings mit z. T. unklarer Datierung im Einzelnen. Die Forschung sieht nun eine „deutlich gemäßigtere Haltung" (Finscher, S. 280). (Gehört die H-dur-Sinfonie hier bereits dazu?) Für die Praxis stehen diese im Schatten der Moll-Sinfonien einerseits und der folgenden Pariser und Londoner Sinfonien anderseits. Auch das (z. T. und möglicherweise) Zurückgreifen auf Opernsinfonien und Schauspielmusiken wurde negativ ausgelegt. Finscher spricht von einer partiellen Neuorientierung.[1] Von wem resp. wodurch aber wurde sie veranlasst? Hinzu kommt, dass Haydn nun virtuoser in der Lage scheint, neue Anregungen zu initiieren bzw. aufzunehmen. Die Ausweitung der Instrumentierung (Streicher, 2 Oboen, 2 Hörner) mit 1 bis 2 Fagotten und zumindest einer Flöte könnte in diese Richtung weisen; anderseits setzt sie die

---

[1] Prinzipiell muss man bei den Sinfonien von einem vorausschauenden Komponieren ausgehen; doch war das bei Messen oder großen Motetten wohl nie anders. Immerhin orientierten sich letztere an einem Festkalender, der bekannt und vertraut war. Im Zusammenhang mit Sinfonien sind Akademien auf längere Hand zu planen, wenigstens einige Wochen(?) voraus, möglicherweise aber auch entspr. einem festen Usus im Jahresablauf? Gleichzeitig gilt wohl: man komponiert noch nicht auf „Vorrat"!

Anstellung entsprechender Instrumentalisten voraus, was nur durch den Fürsten oder mit ihm von langer Hand bewerkstelligt werden kann. Hier hat wohl eher der Opernbetrieb die wesentliche Rolle gespielt!

Wenn Finscher (S. 281) für die Sinfonien zwischen 1773 und 1781 die langsame Einleitung des Kopfsatzes, den langsamen Satz als Variationenfolge, den Ausbau des Menuetts, die thematische Differenzierung und (am wichtigsten) die thematische Arbeit als Kennzeichen anführt, dann wäre zu fragen, ob diese (*sub specie* unserer Interpretation!) nicht zusammengehören und einem gemeinsamen Zweck dienen. Keine (oder weniger) extreme Tonfälle und Formexperimente (sagt er), stattdessen „freundlicher, insgesamt verbindlicher Ton" und „maßvolles Arbeiten an der Form". Langsame Einleitung und Variationenfolge als langsamer Satz sind noch nicht allgemein; sie finden sich zwar nur in etwas mehr als einem Drittel der Sinfonien des Zeitraums, doch steht diese Einleitung nicht nur im Dienste der Situationsbearbeitung (gleichsam Spannung und Erwartung aufbauend), sondern (wie Finscher bemerkt) in dem der eigenen kompositorischen Arbeit; sie erlaubt, das *Allegro* mit größerer Variabilität zu beginnen. Wenn dem so ist, dann fließen konstruktive Bearbeitung der Situation und kompositorische Arbeit wahrnehmbar ineinander. Je mehr Haydn die Sinfonie als einen Prozess des Mit-Spielens durchgestaltet, in welchem sich der Mensch als „er" (= in unterschiedlichen Seinsweisen) zur Geltung bringen kann, umso mehr gewinnen Hineingehen in ihn und Herauskommen aus ihm gleichgewichtige Funktion. (Die Angleichung von erstem und letztem Satz hat also mit der Personalisierung des Mit-Spielens, des Mitgehens der Adressaten zu tun!) Die Frage ist, ob in jedem Fall die Sinfonie als Einheit gespielt wurde? Aber auch dann, wenn dem nicht so war, dann wäre der Prozess des Konzerts durch evtl. vorauszusehende bzw. einzukalkulierende Einschübe nur ausgedehnt gewesen. Auch dies könnte auf die besondere Form eines Finalsatzes Einfluss haben.

Für den Prozess spielt die thematische Arbeit eine wesentliche Rolle. Wenn Finscher (S. 298) betont, dass nun (in den Sinfonien nach Haydns 40. Lebensjahr) dramatische Tonfälle und Klangfelder zurückträten zugunsten einer ausgeglicheneren und differenzierteren Sprache sowie zugunsten thematischer Arbeit, um mit ihr die „stringente Entwicklung großer Formen" meistern zu können, dann interpretieren wir dies als Kennzeichen, als Dienst am Menschen *aus sozial-konstruktiver Verantwortlichkeit* (für die Gesellschaft in selbstverständlicher Weise). Und deren implizites Ziel ist: die Sinfonie (= das Mit-Spielen der Adressaten) von einer Selbstvergessenheit zu einer „Selbstgewissheit als…" (im aufgeklärten Sinn) mündiger und sich als Geisteswesen wahrnehmender Menschen zu führen!

Auch die Langsame Einleitung entspräche einer Einführung in eine Situation des Selbst-mit-sich-Seins, des Sich-*vor-sich*-zur-Geltung-Bringens, des Hinführens zu einer gedanklichen Aktion. *Das ist sozial-konstruktiv gedacht!*, – von Haydn nicht erfunden, aber konstruktiv genutzt. Was Finscher „Form-Arbeit" nennt, das ist eher kompositorische Arbeit im Dienste des Erwartungsinteresses (seitens der Adressaten), als thematische Arbeit angelegt und gesteigert. (Und dies auch bereits in den Moll-Sinfonien; vgl. Finscher, S. 297.) Dass der langsame Satz aus einer Variationenfolge besteht, auch dies ist wohl ein „Zugehen" auf den Adressaten; es findet sich in einem Drittel der Sinfonien, ist also keine einmalige Idee. Finscher spricht (285) von einer „außerordentlichen Fülle von Variationsformen, Variationstechniken und Tonfällen". Haben diese dann nicht je etwas mit dem Sinn des Mit-Spielens zu tun? In der Es-dur-Sinfonie (55) begegnen wir auch Variationen im Rondofinale. Ist dies als im Dienste am Menschen zu verstehen, sein Mit-Spielen unmittelbar zu gestalten? Welcher Sinn ist vom Mit-Spielenden seinem Hören zu generieren? Im Erkennen, Vergleichen, Wiederfinden und doch Erkennen des „anders" u. d. h. in der Wahrnehmung von sich als intellektuell Aktiver? Darauf, auf ein konkret gedankliches Fortschreiten, zielte wohl eher die thematische Arbeit! Dem Langsamen Satz aber entspräche eher das „Verweilen in", im spannenden umschreibend verdeutlichenden „Noch-einmal", in der konstruierten Permanenz (Dauer) und Bereicherung der Empfindung!

Immerhin überwiegen aber Langsame Sätze ohne Variationen! In Sinfonie 64 weist der langsame Satz ein „exzessives Spiel mit vielfach in sich kontrastierenden motivischen Gesten" auf (Finscher, 287). Da dieser in der Literatur öfters mit einer Musik zu Shakespeares Hamlet in Verbindung gebracht wurde, wäre von ihm aus der Sinn eines langsamen Satzes als ein „Aus-und-mit-großen-Empfindungen-Denken-an" anzudeuten. Der – wie Finscher (288) anmerkt – „ernste und pathetische" (Nr. 61) oder „liebliche und dramatische Tonfall" (Nr. 66) weisen jeweils auf unterschiedliche Sujets eines spezifisch eigenen Denkens-an und Empfindens hin.

Dazu passt dann auch die Tendenz, das Menuett als dritten Satz Stück für Stück vom einfachen Sich-Empfinden als eine Körperlichkeit in eine kunstvolle und „gedanklich" begründete Reflexion solcher Körperlichkeit übergehen zu lassen. Doch zeigt eine Aufstellung, dass das Vorliegen von Variationen sich kaum mit jenen Sinfonien deckt, in denen ein besonderes Menuett aufscheint, anderseits auch kaum mit jenen, die eine langsame Einleitung haben; und wieder andere besitzen ein besonderes Rondofinale. Zwischen diesen sind kaum Korrespondenzen feststellbar.

Und was das Rondofinale betrifft, so finden wir in ihm zwar einen heiteren Bewegungston, doch wird auch das, was als ein Denken vorher stattfand, nochmals gleichsam bestätigend aufgegriffen: als ein finales Denken über den ganzen Zyklus, durch die schnelle Bewegung gleichsam ergebnishaft und durch die thematische Arbeit den hörend Mit-Komponierenden Gelegenheit gebend, sich gedankliche Funken sprühend zu verabschieden. [2]

---

[2] Ein Wort zu „Mit-Komponieren": vielleicht sollte man ein besseres Wort finden. Es geht um ein konstituierendes Hören, das „anhand" des sich thematisch und figurhaft Ereignenden den Prozess sich „sinn-voll" zusammensetzt, dem man selbst ausgeliefert erscheint. Das schließt möglicherweise das Bemerken des gestalthaft sich Ereignenden mit ein, konstituiert aber selbst (im Verfügen über sich als Hörenden) ein erlebnishaft „Ganzes", das man tendenziell bewusst durchlebt. Solche gerade auch durch den Komponisten „anzuleitende" Fähigkeit der Adressaten richtet nicht sich auf „das Werk", sondern auf den eigenen Erlebnisprozess, in welchem man sich als geistvoll erfährt; gleichzeitig tritt dessen Zustande-

Für all dies aber gewinnt die thematische Arbeit zentrale Bedeutung. Offensichtlich betrifft diese zuerst einmal die ersten Sätze der Sinfonie. Statt „großer dramatischer Klangfelder" setzt Haydn auf eine dramatische Entwicklung; auch die Rückführung zur Reprise werde nun eher zäsurlos gestaltet, was diese wie zum „Ziel eines Prozesses" ausweise. Wenn wir aber den ersten Sinfonie-Satz als Entwurf (eines Wahrnehmens!) einer Szenerie deuten, was bedeutet dann ein „Prozess"? Naheliegend wird der Mit-Spielende zu einem diesen gedanklich Miverfolgenden. Im Hörtheater wird der Adressat in die Möglichkeit versetzt, die Szenerie gleichsam selbst (mit-) zu entfalten. Dies entspräche durchaus den Theaterstücken der Zeit, in denen am Beginn (z. B. durch eine Nebenfiguren- oder Dienerszene) der Zuschauer in die Lage versetzt wird, sich in die Szenerie einführen zu lassen, in der „dann" die Hauptfiguren auftreten und deren Aktionen er dann auch „wissend und (wörtlich) aufgeklärt" mitvollziehen kann.[3]

Durch die neue Qualität einer „thematischen Arbeit", über deren Techniken in den Sinfonien Finscher ausführlich unterrichtet, gewinnt der erste Satz die zusätzliche Funktion einer Hinführung zum sog. „Auftreten", das wir mit dem je zweiten bzw. langsamen Satz identifizieren. Wir können annehmen, dass mit solcher besonderen *Dynamisierung*, mit solcher Arbeit auf ein Ziel hin, auch die anderen Veränderungen zu tun haben, so einerseits die langsame Einleitung als besondere Vorbereitung der Mit-Spielenden auf die „Eröffnung" einer Szenerie, anderseits ebenso die Aufwertung des Finalsatzes, der dort, wo der Beginn die Prozesshaftigkeit betont, im Stellenwert als „Ziel" und „Ergebnis" des Gesamtprozesses gehoben erscheint. Dass schließlich auch die quantitative Ausweitung der Re-Aktion der Allen damit zusammenspielen könnte sowie die vermehrt auftretende Variationen-

---

kommen ins Bewusstsein (als eine Erinnerung, wenn auch sicher nur in Bruchstücken).

[3] Auch die Da-Ponte-Opern Mozarts beginnen mit entsprechenden Diener-Szenen, wenn auch deren dramaturgischer Sinn in *Don Giovanni* sofort abgebrochen und durch eine Realität ersetzt wird, die deren Schilderung noch übersteigt.

folge im langsamen Satz, dies wäre am Beispiel aufzuzeigen. Vor allem wird aber zu zeigen sein, dass alle diese Momente (uns) wohl wesentlich von einer je zu vermutenden besonderen Inhaltlichkeit bedingt erscheinen.

Man könnte das Ziel Haydns als eine Art Verhaltensziel betrachten: je substanzieller seine Entwürfe bzw. das Spielen und Mit-Spielen werden, umso weitergehend erlaubt dies dem Adressaten, quasi aktiv diesen Prozess mit einem eigenen Bewusstsein zu vollziehen. Erst dadurch gewinnt das Hören den Charakter einer „geistigen" Leistung des Mit-Spielenden.

An Finschers Ausführungen ist ersichtlich, dass die „Neuerungen" der Dekade offensichtlich nicht alle Sinfonien in gleichem Maße betreffen. Wenn er angesichts seiner Beobachtungen an der thematischen und strukturellen Differenzierung des Menuetts anmerken muss, dass eines (in Nr. 51) „ganz einfach", ein anderes (in Nr. 50) ein „großes" Menuett sei, wenn andere (in den Nrr. 55, 54, 56, 57) „noch weiter weg" seien und danach (in den Nrr. 70, 75) das Menuett wieder „vereinfacht" werde, dann erscheint sein Beschreibungsansatz vom „experimentierenden" Haydn überaus problematisch. Ähnlich verhält es sich wohl mit den anderen Beobachtungen, mit der nun eingeführten langsamen Einleitung in einigen Sinfonien, von denen aber manche „nachkomponiert" seien, so wohl in den Sinfonien 50, 53, 54; doch wüsste man gerne, warum! Hat das Nachkomponieren etwas mit dem Übernehmen aus Oper oder Schauspiel zu tun, oder geht es vielleicht um ein nachträgliches Verdeutlichen einer ursprünglichen Idee, die hinter dem musikalischen Entwerfen stand oder nun stehen soll? Beides wiese auf ein Verdeutlichen des Mit-Entwerfens einer „Szenerie" für und *durch die Adressaten* hin, die Haydn mit den ersten Sätzen (unserer Meinung nach) beabsichtigt. Dabei erscheint Finscher die Sinfonie Nr. 50 (und ähnlich Nr. 53) als „Prototyp", die Nr. 71 eher rudimentär und die Nrr. 57 bzw. 75 als „anspruchsvoll", während die von Nr. 73, „La chasse", von ihm als „voll entwickelt" angesehen wird.

Nicht anders scheint es sich mit den Variationen im je II. Satz zu verhalten. Finscher betont die „Fülle von Variationsformen, -techniken und Tonfällen". Anderseits betont er den „rhetorischen" Charakter. Diesen aber sieht er vor allem in den pathetischen *Adagio*s (die nicht Variationensätze sind) verwirklicht, so in Nr. 64. Finschers Beschreibung könnte zu unserer Auffassung als ein „Auftreten" des Subjekts passen (287): er spricht von einem extrem rhetorischen Satz: „Es ist ein Drama der Motive, ein musikalisches Drama in musikalischer Terminologie." (Und gerade deshalb befeuert unserer Anschauung nach der Satz das Mit-Spielen als Aktion, die ein inhaltliches Mitvollziehen beinhaltet!) Im Ganzen aber beobachtet Finscher eine große Skala von Tonfällen in den langsamen Sätzen, besonders in Nr. 66 (und Nr. 67[4]). Am ungewöhnlichsten stuft er darin Nr. 62 ein.

Schließlich bleiben die Finalsätze, von denen einige sich der Rondoform annäherten und es charakteristisch sei, „dass sich Variation, thematische Arbeit und Codabildung mit der Rondoform verbinden". (Finscher, S. 288) Dem stünden jene Sinfonien gegenüber, die einen Sonatensatz als Schlusssatz haben; diese will Finscher als Tendenz zur „Komposition des Zyklus auf das Finale hin" (S. 291) verstanden wissen.

Tatsächlich könnte man per Interpretation etwas darüber Hinausgehendes vermuten. Wenn es so ist, dass die Sinfonie dieser Dekade vor allem aus der Opern- und Theatererfahrung (und -Komposition?) gespeist ist, dass also „Sinfonien" und (bzw. im) Konzert sozusagen ein Theater für die Ohren entwerfen, dann drängt sich der Gedanke auf, dass die Rondo-Lösung eher von der Komödie her, das Sonatensatzfinale eher von der Tragödie her gedacht ist. Daraus wären auch besondere Formen abzuleiten. Wenn Finscher von da die Dekade als „Experimentierzeit" einstuft, dann können wir ihm insofern zustimmen, als er sich je um eine Parallelität zwischen musikalischer Aktion und menschlicher Actio bemüht, die im Sinne einer satzübergreifenden „Handlung"

---

[4] Weist das Auftreten zweier Motive dort auf ein „Auftreten" zweier Personen?

rezipiert werden kann. Dass dabei u. U. Sätze ganz eigener Form – vgl. etwa die Fuge in Sinfonie 70 – entstehen, das hat wohl primär mit einer „Inhaltlichkeit" zu tun, weniger aber mit einem Experimentieren an der „Form" der Sinfonie.

In den Sinfonien zwischen 1773 und 81 geht es wohl um den qualitativen Ausbau und die interne Differenzierung des Spielens und (vor allem) Mit-Spielens im Dienste der „mit-spielenden" Teilhabe am Zyklus als Träger einer „Handlung" (Inhaltlichkeit).

*

Vergegenwärtigen wir uns einige musikalischen Vorgänge! Tatsächlich lassen die ersten Sinfonien dieser Dekade einen (biographisch vergleichenden) Hörer ähnlich verunsichert zurück, wie jene Sinfonien am Beginn der Zeit um 1763/64.

Die Sinfonie **54** beginnt mit einer „schwerwiegenden" *Adagio*-Einleitung, bestehend aus Ouvertürenakkorden mit je einem *piano*-Nachhall, mit scheinbar typisch Haydnscher Fortführung, die aber in eine Unisono-Passage mündet und mit einem „tragischen" Anhang den Beginn des *Presto* vorbereitet. Dieser Beginn kommt einem so vor, als würde Haydn die Musik (u. d. h. „die Welt") gerade erfinden. Und diese besteht aus einer Art Dialog, aus dem ein Diskurs erwächst, dessen Fortspinnung (als „thematische Arbeit"?) vielleicht das Problem insofern darstellt, als Haydn die Vergegenwärtigung eines *bestimmten* Prozesses sich vorgenommen hatte. Auch der Durchführungsabschnitt bleibt erst einmal rätselhaft, und z. T. erscheint die Durchführung eher „schematisch", bevor die durch einen musikalischen „Doppelpunkt" herbeigeführte Reprise in ihrer Veränderung zu einem versöhnlichen Ergebnis zu führen scheint. Doch bleibt das Geschehen (in fast Mendelssohnschen Klängen) gleichsam „betrachtend" stehen, bevor es, kurz angebunden, richtiggehend „Schluss macht".

Wie bereits in früheren Haydn-Sinfonien ist es erst der zweite Satz, der auf eine mögliche dahinter stehende Vorstellung weist. Dieser Satz ist hier (erst einmal) kein *„Andante"*, auch kein im *Adagio* verkapptes. Vielmehr erleben wir es als ein wie zögerndes, erwachendes, sich-wunderndes Auftreten eines Menschen in einer wunderbaren Szenerie, als die Augen gleichsam aufschlagendes, herumblickendes und Unterschiedliches wahrnehmendes Subjekt. Auch hier gibt sich die Fortspinnung rätselhaft, wie scheinbar nicht ganz gelungen; und sie mündet in die Solo-Violine. Der zweite Teil beginnt mit einem seltsamen „Ruf", wie von außen, und mündet nach einer Überleitung in eine Art Scheinreprise, der die wirkliche Reprise erst noch folgen wird. Auffallend dort, dass die Passage der Solovioline ganz regelgerecht als eine Kadenz vorbereitet wird, innerhalb der sich aber dann plötzlich eine „zweite Stimme" zugesellt.

Hat man sich bis hierher sein Hören beschreibend vergegenwärtigt, dann drängt sich der Gedanke auf, dass es in dieser Sinfonie um so etwas wie die Schöpfungsgeschichte gehen könnte Dann schlösse sich das Menuett als eine Art „schwebenden Reigens" an; das feste(?) Bläser-Melos des Trios bestätigt den bejahenden Charakter des Menuetts im *Dacapo*. Und dieser setzt sich im Finale fort, das zwar eher als eine Art schnellen *Allegrettos* daherkommt, aber auch ohne ausdrückliche *Presto*-Turbulenz Finalcharakter entfaltet. Auch wenn der Durchführungsabschnitt sich erst einmal „geheimnisvoll" gibt, so mündet er doch schnell in eine Art musikalischen Doppelpunkts, und dies nicht nur einmal, was den Eindruck einer „Klärung" und schließlich eines Schlussjubels hervorruft.

Wenn Haydns Konzept von uns richtig gedeutet ist, dann liegt so etwas wie „Schöpfungsgeschichte" mit dem „Auftreten" des/der ersten Menschen seinem Konzept(!!) gar nicht so fern; diese bedeutete ja nur eine Art (Er-)Füllung seines Konzepts. Vielleicht geht es im Umkreis dieser Sinfonie um „Biblische Historien", vielleicht aber gerade nicht in der Weise etwa Kuhnaus oder Werners. Sie erscheinen (einerseits) weiterentwickelt zu einem Sich-Erleben im Prozess des Mit-Spielens, (anderseits) zu einer „aufgeklärten" Menschwerdung hin. Denn hört man Sinfonie **55** unmittelbar daneben, dann wähnt man sich im ersten Moment wieder in einer „normalen" Haydn-Sinfonie (was darauf hinweist, dass die „Form" besonders der ersten beiden Sätze in

Nr. 54 eine Besonderheit darstellen *wollen*). Wie in allen Sinfonien scheint der „Schlüssel" zum Verständnis in jenem (meist II.) Satz zu liegen, der hier mit *„Adagio ma semplicemente"* überschreiben ist. Wenn wir „semplicemente", von „semplice" abgeleitet, als „einfach", aber auch „einfältig" deuten, dann könnten wir auf die Frage, „Wer tritt hier auf?", antworten: „Der einfältige Mensch, sozusagen unmittelbar nach der „Schöpfung". Von da erscheint die Sinfonie in Es-dur ganz typisch dem Thema der Liebe oder jenem eines Gesprächs mit „Gott" gewidmet, – und dies vor allem in den Variationen dieses II. Satzes. Finscher schreibt: „Die *Adagio*-Variationen sind »*Adagio, ma semplicemente*« überschrieben, aber das ist ein Witz, denn mit dem ostentativ simplen Thema werden von Anfang an höchst subtile Späße getrieben." (Finscher, S. 286) Tappt da die Exegese nicht voll in die „Dilettanten-Falle", die auch Mozart in seinem Brief zu den Klavierkonzerten aufstellte? Denn es erscheint mir schlicht unmöglich, dass es sich um „Späße" handelt; vielmehr geht es auch hier um eine Entwicklung des in seine Welt und Situation eintretenden Subjekts. Solches erschließt sich freilich eher mit dem Verständnis von „einfältig".[5]

Wenn wir die Sinfonie **55** nun an unsere Interpretation der Sinfonie 54 anschließen, dann liegt die Idee nahe, dass es in dieser Sinfonie (55) um eine Fortsetzung geht, die vor allem das „Auftreten" des/der (ersten) Menschen betrifft. Der erste Satz entwirft eine recht deutliche Situation: Dem überraschend idyllischen Beginn mit der Hornpartie folgt erst einmal ein überraschend sich „schlängelndes" Unisono, bevor der Satz die idyllische Metrik

---

[5] ...wobei Haydn die Doppeldeutigkeit des *„semplicemente"* durchaus mitbedacht haben könnte, – sonst würde es wohl kaum Sinn machen!
Vgl. in diesem Zusammenhang auch den Bericht über ein (schon etwas älteres) Schauspiel *Der Zerstreute* (Le Distrait / Il distratto) von J. Fr. Regnard, 1775 in Eszterháza, 1776 in Wien aufgeführt. Zu letzterer liegt ein zeitgenössischer Bericht vor, in dem es heißt: „Vor dem Lustspiel und zwischen einem jeden Aufzug wurde eine neue analoge Symphonie aufgeführt, welche eigentlich zu diesem Stück der berühmte Herr Joseph Haydn[...] verfertiget." (Barbaud, S. 63) Finscher, S. 524, gibt für diese verschollene Schauspielmusik 1774 als Entstehungsdatum an und fügt hinzu: „...adaptiert als Symphonie 60".

wieder aufnimmt; auch die Durchführung scheint dramatisch angelegt, voller Schönheit (→ Scheinreprise), aber auch voller „Versuchung", bevor die wirkliche Reprise die Idylle zu bestätigen scheint; doch endet der Satz eigentlich mit dem Hervortreten eines wie „züngelnden" Streichertremolos, nach welchem der Satz kurz angebunden schließt. Im II. Satz tritt der Mensch als Typus des vergleichsweise (noch) Einfältigen in Erscheinung, der er im Prinzip (gem. der Präsenz des Themas) auch bleibt und doch gleichzeitig (per Variationen) eine „Entwicklung" durchläuft. Entsprechend kann(!) man die Variationen als „Handlung" verfolgen: das *„dolce* und *legato"* als ein (Sich-)Schmeicheln der ersten, den *piano-forte*-Dialog der zweiten als „Einbrechen" (der „Versuchung" der Erkenntnis?), gewissermaßen Keckheit und Umschmeicheln in der dritten Variation, hinter der ein tragischer Einschlag erfolgt, gefolgt von der wie rückblickend erzählenden vierten und der mit chromatisch aufgeladener Dramatik unvermittelt schließenden fünften Variation.

Es scheint klar, dass Variation hier einer aus dem „Auftreten" folgenden „Entwicklung" dient, zumindest der perspektivischen Vorstellung eines in die Situation gestellten Menschen. Während das sog. Thema das Subjekt in Haltung und So-Sein repräsentiert, bringen die Variationen ein Sich-Verändern im Rahmen eines Handelns ins Spiel. Dies trifft hier zuerst einmal den zweiten Satz. Das Menuett erscheint demgegenüber wie das Auftreten einer Herrschaft und das Argumentieren des Menschen ihr gegenüber. Und die „Folgerung" eines IV. Satzes? Auch hier „dienen" Variationen, deren Thema man wie ein Fliehen und Verbergen auffassen kann. Während Variation 1 mit den Horn- und Fagott-Passagen wie Ruf und Antwort erscheint, repräsentiert Variation 2 das eilige Flüchten und eine einbrechende Dramatik. Einen neuen Ton schlägt Variation 3 an, in der nicht mehr das „Thema", sondern eine thematische Arbeit beherrschend scheint, aus („hinter") der eine Dramatik wie Befehl und dramatisches Ergebnis resultieren. Und das gleichsam „Sich-Entfernen" am Schluss und relativ unvermittelte Aus, es eröffnet durchaus Assoziationen eines wirklichen Geschehens.

Die Frage ist, worin die „Folgerung" u. d. h. das „Ergebnis" des IV. Satzes bestünde. Haydn entwirft keine Handlung im vordergründigen Sinn; und wahrscheinlich geht es letztlich nicht um den sog. Sündenfall als solchen, sondern um ein Sich-frei-Machen im „Gespräch" mit „Gott", um eine Menschwerdung im aufgeklärten Sinn. Darauf weist der Variationensatz, der auch hier (entsprechend unserer Annahme für den II. Satz) auf Entwicklung im Rahmen einer Identität gerichtet ist. Die dramatische Wendung nach Ges, von Schubart als „Triumph in der Schwierigkeit[...], Nachklang einer Seele, die stark gerungen, und endlich gesiegt hat" bezeichnet, und das „Ergebnis", das dann das Thema in thematische Arbeit auflöst und in einem Sich-Entfernen endet, dies weist auf eine Wandlung zum diskursfähigen Menschen, der nun als „Er" in die Welt geht. Ist hier vor allem der „Adam" im Menschen gemeint?

Natürlich kann man bestaunen, wie Haydn hier versucht, den „inneren" Reichtum des Subjekts in ein Spielen und Mit-Spielen zu entfalten, einen Gefühls- und Wahrnehmungsreichtum des die „Welt" erlebenden Subjekts. Und dass er dies – wohl in wie auch immer hergestellter Übereinstimmung mit seinem Arbeitgeber!? – thematisch (u. d. h. „inhaltlich"!) füllt, scheint mir die einzig mögliche Erklärung dafür zu sein, dass jede Sinfonie einen ganz eigenen Organismus darstellt, der aus je unterschiedlichen Satzformen entworfen ist, was zwar ein „Experimentieren" beinhaltet, dieses jedoch in eine untergeordnete Funktion verweist. Anderseits hat Haydn seine Entwürfe auch für weitere sozusagen neutrale Situationen offengehalten und dafür möglicherweise bearbeitet. Zu solcher Veränderung gehören die (in manchen Fällen und möglicherweise) nachkomponierten langsamen Einleitungen. Zu ihr gehört vielleicht auch die Problematik der Sinfonie Nr. 53, deren Entstehung zwar wesentlich später angenommen wird, deren unterschiedliche Fassungen aber damit zusammenhängen könnten, dass Haydn ihren ursprünglichen „Sinn", mit ihr per „Ouvertüre" als Finalsatz einen betont „inhaltlich" entworfenen Zyklus von Sinfonien zu eröffnen(!), nicht mehr aufrecht erhielt. (Jedenfalls spricht manches an der bloßen, gleichsam leeren Drei-

klangsthematik des ersten Satzes, an dem überaus „einfachen"
Thema des Variationensatzes (der fast in einen „Fröhlichen
Landmann" mündet), für die Zuordnung zu einem mit Nr. 54 ff.
angedachten Zyklus über die „Schöpfung". (Doch ist und bleibt
solches „Thema" spekulativer Vorschlag, dem eigenen Hören
einen Sinn des „Sich-Erlebens-als" zu vermitteln. Selbstverständlich könnte man auch von einer bestimmten Theaterthematik
ausgehen, wie sie u. a. mit Hamlet für die Zeit überliefert ist. Im
Prinzip aber geht es sicher um das Auftreten von Menschen als
Typen der Menschheit.)

In diesem Sinn können wir hier auch Sinfonie Nr. **56** in C-dur
anschließen, deren I. Satz mit einem feierlichen Signalthema beginnt, dem ein lyrischer Kontrast beigefügt ist. Die Literatur hebt
den inneren Gegensatz von Festlichkeit und Einfach-Ländlichem
hervor. Der immer wieder aufscheinende lyrische Kontrast weist
auf eine besondere Feierlichkeit, die sich in einer vergleichsweise
ländlichen Szenerie abspielen soll. Doch auch hier meint der II.
Satz kein eigentliches „Auftreten", sondern eine Art Augenöffnen
oder die Bekundung einer Zuneigung. Der Satz, in F-dur, ist mehr
Empfindung, aufkommendes Gefühl „für", als Vorangehen. Die
Zartheit und das doch Überschwengliche, die seltsame Passage in
C-moll, die Schwermütigkeit, die sich in eine extreme Ruhe zum
Schluss wendet, – all dies weist (gemessen an den herrschenden
Tonartvorstellungen der Zeit) auf eine sozusagen typische oder
besondere(?) Weiblichkeit.[6] Näher an einem „Auftreten" gibt sich
der III. Satz, nun aber im Sinne einer Begegnung eines bestimmenden Charakters (im Orchester-*forte*) und eines zarten Gegen-
satzes (mit Solovioline). Dieser bestimmt den Satz darin, dass die
lyrische Partie immer wieder eingeschoben erscheint, obwohl die
Äußerung des bestimmenden Partners bereits beendet scheint.
Auch hier finden wir eine Stelle des Innehaltens wie eines Zö-
gerns (in D-moll), das mit der Initiative des anderen Charakters
als Rückung (in die Ausgangstonart) überwunden wird. Beson-

---

[6] Natürlich wäre, wenn schon von Hamlet die Rede war, auch an Orphelia
zu denken statt an „Eva" (als Typus).

ders zart gibt sich hier das Trio, wieder in F-dur, dessen Äußern mit der vorherrschenden Solovioline ganz dem lyrischen Partner gewidmet ist, wonach der „Dialog" des Dacapos das Auftreten beider bestätigt und schließlich das letzte „Wort" (= die letzten beiden Akkorde nach einem lyrischen „Einwand") dem bestimmenden Charakter zukommt. Entsprechend erscheint der Finalsatz nun wie ein Feiern eines gelungenen „Werkes" mit wirbelnder Bewegung, ganz wie man dem „Herrscherpaar" nach glücklich beendeter Handlung in der Oper zujubelt; und doch auch hier mit einem zögernden Innehalten und einer Rückung in die Ausgangstonart vor dem eigentlichen Schlussabschnitt.

Dem Gedanken einer übergreifenden Thematik schlösse sich Sinfonie Nr. **57** durchaus an. Auch sie, wie Sinfonie Nr. 54, mit dem zögernden Beginn einer *Adagio*-Einleitung, wie fragend oder sich-wundernd, aber über eine längere Strecke als in 54, nach und nach wie melodramatisch entwickelt. Im Vergleich zum „eröffnenden" und wie „begrüßenden" *Allegro* wirkt das vorausgehende *Adagio* wie (noch!) in Dunkel getaucht. Dies wäre wieder ein Hinweis auf eine mögliche Funktion beider Bestandteile, gemäß welcher das *Allegro* mit seinem „Heut-ist-der-Tag-da..." die (gesellschaftliche oder eben lebenswirkliche) Situation entwirft, die wir uns nun als im doppelten Sinn „aufgeklarte" innerhalb einer Naturszenerie (→ Hörner) vorstellen können und in der gleichsam der Durchgang durch wie „abwartende" oder „zweifelnde" Momente (→ Durchführung, von neuer Tonart aus!) in der Reprise von der (auf-)geklärten Szenerie abgelöst wird. Auch hier ist der II. Satz ein Variationssatz, dessen Thema mit der Korrespondenz aus einem wie zögernden einfachst-kadenziellen Pizzicato und einer Arcofloskel anhebt, die sich in Fortspinnung entwickelt, schließlich aber von den Pizzicato-Akkorden beendet wird. Letztere bleiben als Abschluss der folgenden vier Variationen wie ein Memento erhalten, während diese selbst das mit ihnen „auftretende" Subjekt bzw. – wenn wir an unsere o. a. „Schöpfungsgeschichte" denken – die nun in die Szenerie des Lebens „tretenden" Subjekte als in der großartigen Situation der Natur (→ Hörner in der 1. Variation) und in der gelebten Ge-

meinsamkeit (→ gleichsam ein Kontratanz als Variation 2) auf-
blühen lassen. Variation 3 löst das Thema in umspielte Floskeln
auf, um schließlich einen Trugschluss zu überwinden, hinter
welchem dann die Variation 4 Zartheit und Härte gleichsam zu-
sammenbindet, wobei erstere zu überwiegen scheint. Dem unvermittelten Ende folgt konsequent ein Menuet, das sich mit der
betonten 1' wie ein absichtsvoll grober Tanz gibt und in seinem
zweiten Teil in ein Bedenken und Innehalten mündet, hinter dem
Phrasen wie „unendlich" wiederholt gewissermaßen ein fruchtlo-
ses Sich-Bemühen repräsentieren. Auch im Trio muss sich das
Spielen erst einmal wie gegen eine Art Durchführungsbeginn des
Menuets durchsetzen, um dann sich in seiner Entwicklung als ein
„Einreden" von jenem „Groben" zu entfernen. Doch bestätigen
das Dacapo und vor allem das Final*prestissimo* gleichsam die
Wirklichkeit des (nun) eingetretenen Lebens. Dieses mit einem
wie wispernden Beginn, einer durchgehenden überschnellen
Bewegung, bindet vor allem in der Durchführung Passagen des
Innigen (→ Solovioline) mit solchen großer Dramatik zusammen.

Sich die Rätselhaftigkeit des Satzes zu erklären, das scheint nur
mit einer je angenommenen Inhaltlichkeit möglich; „Witz" und
„Spaß" reichen dazu keinesfalls hin! Wenn wir die angesprochenen Sinfonien mit einer Inhaltlichkeit wie z. B. dem Gedanken
einer „Schöpfung" (im „aufgeklärten" Sinn!) in Verbindung bringen – mit dem Heraustreten des Menschen in eine eigenverant-
wortliche Rationalität (54) und mit seinem Heraustreten in eine
Wirklichkeit des Lebens (57), vielleicht mit Portraits desselben in
zweierlei Gestalt (55 und 56) sowie mit einer Art Vorlauf (53 in
einer der frühen Fassungen?) –, dann stellt dies selbstverständlich
eine vollkommen spekulative Hörhilfe dar, selbst aus einem Hören (ohne Partitur!) entstanden. Sie könnte aber bewirken, sich die
Ernsthaftigkeit und den Zeitbezug haydnschen Komponierens
deutlich zu machen und so das Hören dieser oft „seltsamen"
Sinfonien in eine Plausibilität einzubetten. (Es kann uns kaum
Sinn des Hörens einer Haydn-Sinfonie sein, mit ihr nichts anderes
wahrzunehmen, als die geistreiche Konstruktion einer „Sinfonie"!)

Eine von der Assoziation her angenommene Zusammengehörigkeit durch ein gemeinsames Sujet, wie sie die frühen Sinfonien
(Nr. 6-8) belegen und wie sie manche der anderen (z. B. die Nrr.
54 bis 56 bzw. 57) vom Hören her nahelegen, könnte auch für die
Sinfonien 66 bis 68 zutreffen, obwohl hier das mögliche Sujet
assoziativ aus einer ganz anderen Richtung zu benennen wäre.
Auch hier ging solches vom Beschreiben über das eigene Hören
und von einigen „äußeren" Informationen (wie Tonart oder Satz-
bezeichnungen u. ä.) aus. Dieses führte u. a. über die Tonartfolge
zu der Annahme, dass ein mögliches Sujet im Felde eines religiösen Hintergrunds und einer möglichen weiblichen Figur zu suchen wäre. Eine über ein Sujet gebundene Zusammengehörigkeit
(zumindest) dieser drei Sinfonien würde einige „Seltsamkeiten",
die in der Literatur ja zu sehr unterschiedlichen Einschätzungen
der Sinfonien dieser Dekade geführt haben, ein wenig verständli-
cher machen.

Zäumen wir die „Handlung" von hinten auf, von der Sinfonie
Nr. **68**, in B-dur. In ihr begegnen wir einer „Umkehrung" der
Satzfolge, wie wir sie schon einmal mit einem „Gedenken an" uns
erklärt haben. Satz I gibt sich wie der Entwurf einer Szenerie in
Großartigkeit, mit relativ kurzer Durchführung. Darauf folgt als
II. Satz ein Menuett, also jener Satz, den wir als Auftreten der
Gesellschaft (= der Allen) interpretieren können. Diese strömen in
die Szenerie, scheinbar problem- und schwerelos, vergleichsweise
„leicht" (tänzerisch), aber doch in gewisser Weise bestimmt (→
vgl. Trio mit der Pizzicato-Bläser-Korrespondenz mit einigen
charakteristischen Ausweichungen). Und dann erst folgt, in Es,
dem Ton (hier wohl) der Andacht, ein *Adagio*, beständig über
einer wie „tickenden" aufsteigenden Sechzehntelfigur. Dem aufsteigenden Beginn folgen absteigende Floskeln, wie suchend,
dann auch rechthabend, ja gleichsam Vorwürfe erhebend? Auffallend erscheint das plötzliche Stehenbleiben und Münden in den
Triller... Der Schlusssatz schließlich gibt sich wie ein Aufbruch
der Allen als „Ergebnis": eine Art Rondo mit eigenartigen Couplets und einer Schlussstretta.

Bildete eine solche Sinfonie tatsächlich das übergeordnete Finale einer größeren „Handlung", eines Zyklus mehrerer Sinfonien, dann wäre Sinfonie **67** (F) gleichsam in ein Zentrum gerückt; sie würde eine Art Mitte dieser „Handlung" bilden und in solcher Funktion ihre besondere Form als vermittelnd ein wenig verständlich machen. Zu ihren Besonderheiten gehören vor allem der I. Satz, der mit seinem 6/8-*Presto* wie ein Schlusssatz wirkt, also die Szenerie eines in Gang befindlichen, heiteren glücklichen Festes meint, zwar mit dramatischen Passagen und einer (wohl auf ein Zitat weisenden) Hornstelle in der Durchführung, aber mit einer (nach einer Molltrübung) umso deutlicheren Wendung zum Durmodus und zum Hörnerschluss in der Reprise. Die zweite auffallende Besonderheit bildet der durchaus fröhliche, „bejahende" Finalsatz, der – wie die Literatur anmerkt – thematische Beziehung zu Haydns *Missa Sancti Nicolai* haben soll, und dessen Durchführung durch ein „*Adagio e cantabile*" ersetzt ist. Dieses erscheint wie ein Dankgebet (eines/r Einzelnen unter den Allen?). Auch sein unvermittelter D-T-Schluss in der Coda gibt sich eher als der eines („Zweiten") Aktes, als der einer Sinfonie. Unter den Merkwürdigkeiten erscheint schließlich das erst wie zögernd sich ausbreitende *Adagio*, mit seinem wie nachdenklichen Stehenbleiben und Lösen in eine Art Überschwang. Es bleibt in seiner Durchführung in einer Nachdenklichkeit befangen und strahlt in der Reprise eine wie erreichte Sicherheit der Empfindung des („auftretenden") Subjekts aus, beendet von einem kleinen nachdenklichen Nachsatz. Und nun folgt ein bestimmtes und sozusagen versöhnliches Menuetto, dem ein Quasi-Dudelsack-Trio in F alterniert, realisiert von 2 Violinen, deren zweite auf der nach *f* heruntergestimmten *g*-Saite einen Bordun mitgehen lässt.

Solchem „Hinweis" auf eine (nur scheinbar!) heitere Ländlichkeit ginge Sinfonie **66** (in B) als ein „Erster Akt" voraus, deren bzw. dessen erster Satz, vor allem in der Reprise, deutlicher auf das Erreichen eines Zieles hinausläuft. In der veränderten Reprise mit auffallender Bläserbeteiligung bezeichnet ein „Auflaufen" und der bewegte Schluss das Erreichen einer Szenerie, in der nun das *Adagio* des II. Satzes in F das „Auftreten" des/eines Subjekts repräsentierte. Auch hier erscheint solches eher als ein „Augen-Aufschlagen" oder wie ein „In-Erscheinung-Treten", statt als ein reales Auftreten (im Sinne eines „*Andante*"). Darin könnten wir eine „innere" Steigerung der Empfindung wahrnehmen, deren Sanftheit zwar in der Durchführung erst einmal erhalten bleibt. Doch bricht in diese eine Bläser-Passage über einem bewegten Bass ein, die ich mit einer Art Messensatz assoziiere. Bezeichnet sie ein besonderes Ereignis? Vielleicht folgerichtig reagiert das Menuetto wie das Auftreten einer freundlichen Gesetzlichkeit, die in eher „abwartende" Passagen mündet, aber auch im Diskurs zwischen Fagott und Oboe (im Trio) einen versöhnlichen und bestimmten Ton beibehält. Das Finale endlich, „*scherzando e Presto*", eine Art Rondo mit betont unquadratischen Perioden und durchführungsartigen Couplets, meint es eine Art vorläufigen freudigen Einverständnisses der Beteiligten mit einem „Ergebnis"? Der „wispernde" Beginn der Sinfonie 67 würde dazu tatsächlich wie ein etwas fortsetzender, aber eben als Akt neu anhebender Beginn eines „zweiten" Handlungsaktes erscheinen.

Die angebliche Glätte und Gefälligkeit der Sinfonien können wir vielleicht so als Tribut an ein Sujet aus einem Bereich einschätzen, in welchem sich eine äußerliche Dramatik verbietet. Finschers Feststellung, die Sinfonie 67 sei „wie gegen den Strich gebürstet", könnten wir als Zeichen für die besondere Funktion der Sinfonie innerhalb einer „Handlung" in einem Zyklus von (wenigstens) drei Sinfonien ansehen. Ob hier weitere anzugliedern wären, etwa die festliche C-dur-Sinfonie (Nr. 69) mit ihrer positiven Szenerie und ihrem fast wie ein „schwebender" Ballett-Satz wirkenden „*Un poco Adagio più tosto Andante*", dies können wir offen lassen. Das Gleiche gilt wohl für Sinfonie 64... Wesentlicher erscheint uns die Frage nach dem konkreten Sujet! Und hier führen (mich) meine Hörprotokolle schließlich zur Einsicht, hier könnte es sich um eine „Handlung" im Zusammenhang mit dem Fest *Mariä Empfängnis* handeln. Dieses Fest entspricht dem Patrozinium der Bergkirche in Eisenstadt. Anzunehmen ist[7], dass diese,

---

[7] ...soweit man Informationen darüber über das Internet bekommen kann!

deren Weiterbau als große Wallfahrtskirche von Fürst Nikolaus (ab 1765) eifrig betrieben wurde, um 1774/75 gewissermaßen soweit fertiggestellt gewesen war – 1772 entstand offenbar das große Deckengemälde in der Kuppel; und im gleichen Jahr wurde wohl die Orgel installiert –, dass sie in Gebrauch genommen werden konnte. Dies würde etwa mit der Entstehungszeit dieser drei Sinfonien harmonieren.

Zentrum der interpretierenden Zuordnung einzelner Sätze zur „Geschichte" bei Lukas (Kapitel 1) wäre in Sinfonie 67 der letzte Satz, dem sozusagen „Ergebnis" mit dem seltsamen *Adagio e cantabile* in seiner Mitte. Dieses *Adagio* wäre wohl dem Lobgesang der Maria, dem „*Magnificat…*" zuzuordnen, das meine Hörprotokolle von sich aus als eine Art Dankgebet assoziierten. Entsprechend hätte Sinfonie 67 als Ganze jenes Treffen der schwangeren Maria mit ihrer ebenfalls schwangeren Freundin Elisabeth zum Sujet-Hintergrund. Und das seltsame Trio im Menuett der „Begegnung" – das vorausgehende *Adagio* wäre sowohl dem „Auftreten" der Elisabeth als auch dem der Maria zuzuordnen – könnten wir als die bei Lukas angedeutete „Kommunikation" der beiden nichtgeborenen Kinder ansehen, wobei die Hirtenweise des Spielens möglicherweise einen Hinweis auf den gewöhnlich mit einem Schaffell bekleideten Johannes d. T. bildete.

Für die beiden rahmenden Sinfonien böte sich (gem. Lukas) einerseits die „Annunciatio" für die Nr. 66 an, wobei der II. Satz dem „Auftreten" des Engels und das *Menuetto* dem eigentlichen Zwiegespräch zugeordnet wäre.[8] Für die Sinfonie Nr. 68 dagegen käme als Sujet im Hintergrund tatsächlich die Szenerie des Tempels (I), der Taufgang der Allen (als Menuett an zweiter Stelle), das „Auftreten" des Zacharias im *Adagio cantabile* (hier eben als dritter Satz) und schließlich der freudige Aufbruch als Ergebnis infrage.

Angesichts der (für mich) nicht nachvollziehbaren bzw. rein hypothetischen Urteile über die Sinfonien der 70-er Jahre Haydns

---

[8] Unwahrscheinlicher erscheint mir, die Geschichte des Zacharias mit dessen Verkündigung und Unglauben hier heranzuziehen.

als „»Niveauverlust" (einerseits) oder (wie bei Finscher, S. 280 f.) als „quasi-systematically" Entwicklung der Gattung der Sinfonie (andererseits) erscheint mir die Hypothese von dem Sujet im Hintergrund (gerade aus musikpädagogischer Sicht) *ebenso möglich wie letztlich unbeweisbar.* Wir können mit gleichem Recht (und im Interesse eines sinnstiftenden Hörens) unsere Annahme vorbringen, Haydns Sinfonien gehorchten nicht nur einem „Konzept", sondern unterlägen je auch einem Sujet. Die Frage, warum Haydn dies nicht kundgetan habe, die beantwortet sich von einer tätigkeitsorientierten Position her mit dem situativen Selbstverständnis des Komponierens in der Frühen Neuzeit. Komponierendes Entwerfen eines (hier:) Mit-Spielens in Gestaltung einer Lebensform innerhalb einer Situation geschah hier eben(!) zwar als Sinfonie im ausdrücklichen Sinn (→ „Lebens- und Daseinsform"), doch gleichzeitig so, dass diese (durch Abschrift oder Druck) übertragbar blieb auf vergleichbare Situationen anderer Interessenten. Da Haydn sowieso seine Sujets so umsetzte, dass in ihnen quasi ein Allgemeingültiges einer Menschheitlichkeit (wie wir dies im Zusammenhang seines „Konzepts" nannten) zum Selbstausdruck durch die Mit-Spielenden genutzt werden konnte, hätte er dieses als selbstverständlich zu implementierenden Sinn (den die Mit-Spielenden ihrem Hören aufgrund seiner Entwürfe generieren können sollten) unterlaufen, hätte er seine Sujets bekannt gegeben. Eine Sinfonie, wie die Nr. 67, wäre kaum mehr übertragbar gewesen! Finscher können wir darin Recht geben, dass es Haydn tatsächlich um die Formulierung einer „Sinfonie" ging; doch schließt dies ein Sujet im Hintergrund nicht aus, ja die Tendenz, „Menschheitlichkeit" in typischer Weise „darzustellen", erfordert geradezu, den besonderen „Fall" eines Menschen vorauszusetzen. Anders war sein Konzept, das alles andere als eine „Programmmusik" im Schilde führte, nicht realisierbar.

Es geht (Haydn) also nicht um eine „Programmmusik", sondern – und dies im Besonderen in den Sinfonie-Entwürfen der folgenden Jahre – um das Entwerfen einer *Daseinsform* „Mit-Spielen" innerhalb der gesellschaftlichen Situation „Konzert" o. ä., so, dass die eigene Menschheitlichkeit (= Teilhabe an einer gebildeten und wertbewussten Menschheit) als eine Art Selbstempfinden von den Hörenden (mit-)vollzogen werden kann. Die sog. „Entwicklung der Sinfonie" als solche Lebensform in einer möglichst allgemeingültigen und übertragbaren Weise und ihre Formulierung aus einem realen menschlichen Sujet heraus haben miteinander zu tun; letzteres ist eine Bedingung für ersteres. (Und als ein Sujet mag für die Sinfonie Nr. 61 durchaus die Figur des Hamlet als Vorlage gedient haben…)

6. »Ich bestärke mICH, indem ich höre«. Zu einigen Sinfonien ab 1782

Haydns Sinfonien wurden bereits seit den 1760-er Jahren in Europa verbreitet, heimlich (z. B. von Schreibern oder Musikern in Eisenstadt oder Eszterháza) kopiert und an Drucker in Paris, Amsterdam oder London unautorisiert verkauft. (Mit Abschriften zu handeln, war damals selbstverständlicher Brauch.) Bis 1790 überwiegen (nach Finscher) die handschriftlichen Kopien, ab dann die oft miteinander konkurrierenden Druckauflagen, zu denen vor allem auch die aus Wien (u. a. von Artaria) kommen. Dabei bedienten sich Klöster und Hofkapellen eher der handschriftliche Kopien, während die großstädtischen Konzertveranstalter auf das gedruckte Material zugriffen.

Da Haydn 1779 einen neuen Dienstvertrag erhalten hatte, in welchem die Klausel, dass er seine Kompositionen einzig für den Fürsten und den Hof vorzuhalten habe, nicht mehr vorkam – vielleicht hatte der Fürst von sich aus eingesehen, dass die Verbreitung von „Werken" *seines* Kapellmeisters ihm eben zusätzliches Prestige einbrachte –, konnte Haydn nun mit Verlegern über den Druck verhandeln. Und Haydn war dabei offenbar ein durchaus selbstbewusster Geschäftsmann.

Es wird angenommen, dass Haydn seine Sinfonie-Entwürfe nun durchaus auch im Hinblick auf ein größeres „Publikum" außerhalb seines unmittelbaren Wirkungsbereichs plante. Dies schließt aber keineswegs aus, ja es legt sogar betont nahe, dass diese „erst einmal" den Akademien am heimischen Hof dienten, wo sie Haydn eben auf ihre „Wirkung" hin erproben konnte. Gleichzeitig weisen z. B. die Kürze der Sinfonien 76 bis 78 oder die z. T. bedachten Tonartfolgen in den Zusammenstellungen von Entwürfen zu je drei oder sechs auf eine Planung für den Druck[1]

---

[1] Finscher sieht hier die Strategie einer Planung als Zyklus und ein Entwerfen „unmittelbar für den Markt"; *wir* betonen eher eine Ausweitung

resp. für eine (von ihm!) nicht vorauszusehende Qualifikation der Spielenden resp. Mit-Spielenden (Hörenden) hin.

Sinfonie beim vollendeten Haydn – der Komponist ist jetzt 50 Jahre alt – ist wohl mehr und mehr auf ein mehr *persönliches* Mit-Spielen hin angelegt, auf einen Mitvollzug, der auch (beständig) des Anstoßes, der initiierten Aufmerksamkeit bedarf. Haydns Entwurf ist auf ein gedankliches Mitvollziehen (1.) je im Einzelfall – keine Sinfonie gleicht der anderen – und (2.) auf eine Aufmerksamkeit weckende Realisation hin angelegt. Dabei achtete Haydn offensichtlich auf eine deutliche Unterschiedlichkeit der Entwürfe. Die eher als „leichte" Sinfonien eingeschätzten Entwürfe für ein gemischtes Publikum werden folgendermaßen eingeordnet: Die Sinfonien 76 bis 78 (von 1782) in Es, B und c gelten als für eine Reise nach London geplant, die nicht zustande kam; das Gleiche gilt für die Nummern 79 bis 81 (von 1783 / 84) in F, d und G. Die Sinfonien 82 bis 87 (von 1785 / 86) in C, g, Es, B, D und A werden mit Paris in Verbindung gebracht, ebenso wie die drei Sinfonien 90 bis 92 (1788 / 89) in C, Es und G. Die Nummern 88 und 89 (von 1887) in G und F gelten als ein kontrastierendes Paar entworfen.

Zu den Sinfonien 76 bis 78 bemerkt Finscher (S. 311), die Sinfonien seien „»leicht« in dem Sinne, dass sie zwar höchst geistreich und subtil gearbeitet seien, aber auch dem oberflächlich Hörenden durch allerlei Effekte und durch einfache »populäre« Tonfälle viel Unterhaltung bieten". Er meint, dass hier zum ersten Mal die „kompositorischen Scherze" und „die Ebene der einfachen Gebrauchsmusik" zu wesentlichen Strukturelementen geworden seien. Und mit den Sinfonien 79 bis 81 wollte Haydn „ausprobieren, wie weit man einerseits in der Anpassung an einen nicht sehr gehobenen Geschmack gehen kann". Dies wäre als eine Folge des „geistreichen" Komponierens zu interpretieren, das (auch im höfischen Bereich!) allen Adressaten gerecht zu werden hatte. Vielleicht gilt auch hier Haydns nachträglicher Bericht über das „schneiden, weglassen" etc.!?

---

der sozial-konstruktiven Vorstellung; dabei *bedienen* sich Haydn bzw. eben die Mit-Spielenden(!) des Marktes, sprich: der Verleger.

Selbstverständlich stellt sich die Frage, ob wir so etwas wie das an den je drei Sinfonien in der vorhergehenden Dekade Vermutete auf alle Sinfonien übertragen dürfen. Nehmen wir aber jene Sinfonien hinzu, zu denen ein Sujet aus dem Theater (Oper) vermutet und in Teilen die Verwendung einer Theatermusik unterstellt wird, so rundet sich durchaus das Bild, dass Haydns „Vorstellung" des Menschen (als Vertreter einer Menschheit) je auf einem menschlichen Sujet basiert, ja basieren müsse. Dies erscheint auch deshalb logisch, weil eigentlich nur auf dieser Basis der Mensch als sein eigenes Sujet glaubwürdig in das Mit-Spielen eingehen konnte! Dies bedeutet nicht, dass Haydn stets Gruppen von Sinfonien aus *einem* Sujet bezog. Doch dort, wo die Forschung mehrere nah beieinander komponierte Sinfonien ausweist, ist zumindest der Verdacht angebracht, dass sie ein gemeinsames Sujet repräsentieren, sozusagen drei menschliche Situationen, die zusammen eine Art *azione teatrale* bzw. *orchestrale* ergeben.

Dies könnte für die auch tonartlich zusammenpassenden Sinfonien des Jahres 1782 durchaus zutreffen, für die Nummern 76 bis 78, die ich gem. meinem Höreindruck in der Folge 76 – 78 – 77 reihen würde. Dass diese einen „Zyklus" bilden – wenn dieser auch nur „formal" angenommen wird – ist der Literatur vertraut. Finscher rubriziert diesen aber als einen aus Einzelwerken, formuliert nur aus „der planvollen Auswahl der Tonarten".[2]

In einem nur z. T. wörtlich überlieferten Brief an den Verleger Boyer bezeichnet Haydn (wohl!) diese Sinfonien als „schöne, prächtige und garnicht zu lange Sinfonien" sowie als „sehr leicht", was Finscher (311) als zwar in großer Besetzung, aber „ohne größere und konzertant-solistische Partien" interpretiert. Finscher hält sie gleichwohl für „höchst geistreich und subtil gearbeitet", aber „auch dem oberflächlich Hörenden durch allerlei Effekte und durch einfache »populare« Tonfälle viel Unterhaltung" bietend. „Zum ersten Mal" – so Finscher weiter – „treten hier die kompositorischen Scherze und die Ebene der einfachen

---

[2] Ähnlich sieht Finscher die Sinfonien 79 bis 81, 82 bis 87 und 90 bis 92, wobei „[fast] jeder Zyklus ein Mollwerk" habe.

Gebrauchsmusik als wesentliche Strukturelemente, nicht nur als transitorische und marginale Effekte in Erscheinung." Dies muss man in dem Sinne, dass Haydn Erwartungen der Mit-Spielenden (= Hörenden) zu befriedigen hatte, nicht ganz ausschließen; doch trifft dies wohl keineswegs das Selbstverständnis der Musik im Kern, aus dem Haydn seine Sätze entwarf. Denn die Frage, warum so, warum jetzt so, die beantwortet sich wohl nur aus einem anzunehmenden Sujet, das wohl allen dreien als ein inhaltlich bestimmter Zyklus gemeinsam zugrunde liegt.

Wenn wir davon ausgehen, dass „Sinfonie," vor allem als Begriff für den je ersten Satz verstanden, im Verständnis der Zeit den Mit-Spielenden zu je Wesentlicherem hinleiten soll, dann erfüllen zwar alle ersten Sätze dieser drei Sinfonien diese Aufgabe, indem sie eine „Situation" entwerfen, eine Art äußere und innere Konstellation, die über einer (nun zu folgenden) Handlung schwebt und deren realen Beginn als ein „Auftreten" wir je mit dem zweiten Satz verbinden. Doch im Besonderen leistet solches der erste Satz (*Allegro*) der Es-dur-Sinfonie (Nr. **76**) [3], der sich anfangs nicht nur wie eine Operneinleitung gebärdet, sondern der in seiner kontrastreichen Motivik auch auf eine kommende Dramatik hindeutet, die die folgenden elf Sätze fassen werden.

Der „Eröffnung" der Sinfonie 76 mit deutlich hinleitenden Passagen kommuniziert in gewisser Weise der Schlusssatz der Sinfonie 77, ein Sonatenrondo mit „leichter", liedhafter Melodie: wie eine Art „Merksatz" im Vaudeville-Charakter mit einer Lebensweisheit als Quintessenz einer damit abzuschließenden „Handlung". Zwischen beiden gestalten sich drei für eine „Handlung" charakteristische Situationen, je mit dem Auftreten einer charak-

---

[3] Was an diesem Satz und an den drei Sinfonien insgesamt auffällt, das ist ihre „Nähe" zu Mozart: Es ist, als hätte Mozart aus ihnen profitiert, z. B. in der kontrapunktischen Konstruktion gewisser Passagen und im Einsatz der Bläser innerhalb thematisch-motivischen Fortschreitens. Diese Verbindung stellt sich auch beim zweiten Thema ein, bei dem man sich der „Entführung" erinnert. Doch: wie kann es sein, wenn beide, „Entführung" und diese drei Sinfonien, im gleichen Jahr 1782 entstanden sind? Hat Haydn Mozarts Singspiel in Wien erlebt? Hat Mozart Haydns Sinfonien zu Gesicht bekommen?

teristischen Person, einer Aktion der Anderen und einer wie ausblickenden Situationsbereinigung(?) als Schlusssatz.

Satz II der Es-dur-Sinfonie skizziert ein extrem „inniges" Auftreten, dem zweimal ein „Einbruch, je in Tonarten des Mißvergnügens (g-moll und b-moll) folgt: ein musikalisches Geschehen, das Schwermut, Fragen, Zweifel und (beim zweiten Einbruch nach einer Reprise) einen Sturm wie aus überirdischer Gewalt über dem oder die Auftretenden ausbreitet. Demgegenüber wirken die Reprisen des Hauptgedankens wie ein beharrliches Entgegentreten in Sanftmut und Ergebenheit, aber auch in Standhaftigkeit. Der Schlussreprise mit scheinbar versöhnlichem Schluss folgt das Menuet: wie ein Kontratanz einer Art Rechtfertigung(?), mit einem Trio, das ein „Einreden auf" und den Versuch eines Überzeugens vergegenwärtigt. Und so erscheint der Schlusssatz mit seinem einfachen Thema erst einmal wie ein Ausweis, dass alles wie „in Ordnung" sei und eine Art Schlussjubel verdiene. Doch die Durchführung verändert die Szenerie, wie absichtsvoll den Eindruck zerschlagend; in beständig dramatischer Modulation mündet sie in ein Innehalten der Ratlosigkeit und dann in einen relativ konzessionslosen Schluss der Reprise, – als ob ein Spuk vorüber sei!

Dass dem nun der Beginn der C-moll-Sinfonie (Nr. **78**) gleichsam „zugehörig" folgen könnte, das erinnert schon an Mozarts G-moll-Sinfonie innerhalb der letzten drei Sinfonien. Der erste Satz beginnt hier aber mit einem dramatischen Unisono, das in eine *piano*-Passage übergeht und wiederum leidenschaftlich ausbricht, stets mit innehaltenden Momenten – in der Durchführung bis zu einer Art *Adagio*-Takt – und mit dramatischer „Arbeit" abwechselnd. Der II. Satz bringt nun, in Dur(?), ein zögerndes Auftreten im Sinne eines „Eintretens in eine Fremde", mit ausgesprochen „leidenden" Partien, mit dramatischen Einbrüchen, schließlich in einen Halteakkord und in *piano*-Passagen mündend. Demgegenüber erscheint der dritte Satz, Menuetto (Dur) wie eine „Lösung" im Sinne einer Hilfe (ein Aufzug?), mit tonartlichen Rückungen, wie von unterschiedlichen Seiten auftretend (oder in sie gerichtet?[4]): das seltsame Echo verhallt wie in einen leeren Raum hinein? Dem fügt sich das Trio gleichsam erklärend(?) und rechtfertigend an (wie eine „Erscheinung" i. S. eines Balletts?). Das Da capo bricht jedoch recht unvermittelt ab; und es hebt mit dem vierten Satz eine Art turbulente Szene (in Moll) an, die nicht wirklich löst, sondern nach einem Dur-Couplet, neue dramatische Arbeit einführt, mit Zögern und Stehenbleiben. Schließlich erklingt nochmals das Couplet, wiederum mit Innehalten, wie ein Offenbleiben ohne Lösung, und einem plötzlichen Schluss. (Der Satz erinnert ein wenig an Glucks „Orfeus".)

Solchem gleichsam II. Akt gegenüber erscheint der erste Satz der B-dur-Sinfonie (77) wie eine vollkommen verwandelte Szenerie. Obwohl „*Vivace*" überschrieben, kommt er optimistisch (und fast gemütlich) daher. Auch das zweite Thema gibt sich gefällig, schön, zart und lieb. Dramatisch dagegen erhebt sich die Durchführung; „rechthaberisch", beständig modulierend, mündet sie in das zweite Thema (?), das kontrapunktisch mit Mollfärbung den Schlusssatz aufnimmt, um nochmals mit dem zweiten Thema zwischenzeitlich wie nachdenklich stehen zu bleiben. Ist das letztlich eine Rekapitulation eines Vorhergegangenen in eine neue Konstellation hinein? Der zweite Satz, im 3/4-Takt!, erscheint wie eine Arie als Serenade; wie in Nachdenklichkeit und Reflexion. Doch der B-Teil wirkt problematischer und mündet gleichsam in einen fragenden Entschluss – wieder mit Echo. Die Wiederaufnahme vervielfacht das Anfangsmotiv, gefolgt von tonartlichem Ausweichen, Führen zum Trugschluss und zur Übereinanderstaffelung. (Hier scheint Haydn dem späteren Mozart am nächsten!) Das Menuetto bewirkt als „Tänzchen" eine Veränderung der Szenerie; Leichtigkeit kommt ins Spiel. Geht es um eine Botschaft, die die Lösung vermittelt? Dem fügt sich nun der Schlusssatz als eine Art Vaudeville an, wie oben angesprochen.

Geht es hier um den „Stoff" einer der Opern Haydns als situationsstiftende „Handlung"? Zu untersuchen wären sowohl „La

---

[4] Offensichtlich gibt es in der Oper „La fedeltà premiata" ein C-moll-Finale (im II. Akt?) mit einem Opferkondukt.

fedeltà premiata"[5] als auch „L'isola disabitata" (→ Echo → Leere
→ unbewohnt). Aber dazu müsste man diese Opern irgendwo
erfahren können...

Auch im Bezug zu den zuletzt angesprochenen Sinfonien ist
nochmals anzumerken: Wenn wir auf ein mögliches Sujet weisen,
dann meinen wir die Formulierung von Sinfoniesätzen mit der
Beachtung bestimmter formaler Vorgaben (die Haydn auch selbst
weiterentwickelt). Doch das „Material" (im weitesten Sinn), mit
dem er diesen Vorgaben gerecht wird, das orientiert sich an wesentlichen Stationen einer (menschlichen!) „Handlung": die Erfindung von Themen, der Ausdruck eines Satzes, dessen innere
Dramatik, die besonderen Solostellen und Instrumentierungen...
Das Vorgehen Haydns passt ja zur Feststellung Finschers im
Zusammenhang der Opernbesprechungen (246): zur „Neigung
[...], Texte aus ihrem Kontext herauszulösen und den Text als
Ausdrucks-Chiffre unabhängig von der dramatischen Situation
ernst und auch zu ernst zu nehmen..."; dies spricht eigentlich
genau für den Umgang mit dem Sujet im Hinblick auf das Entwerfen einer Sinfonie resp. von deren Ecksätzen: das Herauslösen
einer Situation aus dem Zusammenhang...[6]

Und dazu fügt sich nun, *für uns gleichsam augenöffnend,* jene
Arbeit ein, die Haydn für das Domkapitel in Cadiz entwarf, der

---

[5] Die Tatsache, das Haydn auch mit seiner Sinfonie 73 („La Chasse") in D
(bzw. real mit dem Schlusssatz) auf die Oper zurückgegriffen hatte, hindert nicht, wenn wir annehmen, dass Haydn diese drei Sinfonien – wie
die Literatur annimmt – tatsächlich für eine Englandreise entworfen
haben sollte: in diesen Stoff war er eingearbeitet, mit den Situationen
vertraut, aus ihnen konnte er schöpfen.
[6] Vgl. auch Finscher, 247, zur „Konstruktion der Arie der Amaranta
»Vanne, fuggi, traditore« aus zwei kontrastierenden Themen, deren erstes
den wütenden Textanfang und deren zweites, kantables das Zögern und
die Unsicherheit »Ma non trovo in me quel core« verkörpert und die beide
mit ihren Texten fast wie in einem Sonatensatz exponiert, verarbeitet und
wiederholt werden, so dass Kontrasttechnik und motivische Arbeit der
quasi-autonomen Instrumentalmusikform und der Tumult in Amarantas
Seele einander tragen und steigern, der Formprozess eine neue Aus-
drucksfunktion und die Textdarstellung eine neue Art formaler Konsi-
stenz bekommt."

Entwurf einer „Musica instrumentale sopra le 7 ultime parole del nostro Redentore in croce" (*Die letzten Worte unseres Erlösers am Kreuz*). Diese Arbeit, eine der beiden von außen kommenden „Aufträge" der Jahre 1784/85 (neben den sechs Sinfonien für die *Concerts de la Loge Olympique* in Paris), entstand wohl 1786/87 und wurde (u. a. zusammen mit der Fassung für Streichquartett) 1787 veröffentlicht.

Den *Sieben Worten* stehen in sieben Orchester-„Sonaten", Sonaten sozusagen im Sinne Domenico Scarlattis, oder – wie Haydn gegenüber Griesinger gesagt haben soll –sieben *Adagio*s von 7 bis 8 (bis 11/12) Minuten Dauer zur Seite, zusammen mit einer pathoserfüllten *Introduzione* in D-moll und einem abschließenden *Terremoto*. Sie sollten je der Meditation innerhalb einer kirchlichen Karfreitagsveranstaltung dienen, in welcher der Liturg (ein Domherr in Cadiz) je eines der in den Evangelien überlieferten letzten Worte Jesu am Kreuze las und eine Betrachtung darüber anstellte, um dann, kniend vor dem Altar, in einer Meditation zu verharren. Zu dieser sollte je eines der *Adagio*s gespielt (= „mitgespielt"!) werden. Es ist anzunehmen, dass an dieser Veranstaltung zumindest das ganze Domkapitel beteiligt war, dass also die Meditation alle (im neuzeitlichen Sinn) Hörer betreffen sollte.

Haydn hat das thematische Material der einzelnen „Sonaten" je aus einer möglichen gesanglichen Deklamation des jeweiligen „Wortes" abgeleitet. Doch hat Haydn zu jedem Satz nicht nur die Tonart mit Bedacht gewählt, sondern den besonderen „Ausdruck" über *seine* monothematische Technik der Sonate, einer je eigenen Instrumentierungsfarbe sowie zusätzlichen Ausdrucksgesten und Figuren herausgearbeitet.[7] Die Tonarten sind: *Introducione* in d; *Pater...dimitte illis...* in B; *Hodie mecum...in paradiso* in c→ C; *Mulier, ecce filius tuus* in E; *Deus meus...* in f; *Sitio* in A; *Consummatum est* in g → G; *In manus tuas...* in Es; und *Terremoto* (Erdbeben) in c.

Die Tatsache, dass Haydn (möglicherweise von sich aus) die sieben *Adagio*s mit einer Einleitung und einem Extraschluss (*Ter-*

---

[7] Vgl. Finscher, S. 322.

remoto) versah, weist auf die sozial-konstruktive Vorstellung, eine Situation zu „gestalten für..."; auch die entsprechenden Tonarten weisen auf den Zweck einer »Meditation über« die vorhergehenden Worte samt „Betrachtung". Sowohl die Einzelsätze als auch der Gesamtzusammenhang sind von Haydn „konstruktiv" bedacht. Dass diese vom Sich-Sagen der jeweiligen „Worte" abgeleitet und mit den Mitteln der Sonate gestaltet sind, lässt ja (umgekehrt) den Blick auf den Sinn von Haydns Sonatentechnik zu: ein für sich selbst Bedeutungsvolles als für den Mit-Spielenden bedeutungsvoll und empfindungsreich zum Erleben zu bringen. Dazu dient die *Actio* des Selbst-Aussprechens, das in eine Art innere Szene gefasst ist: Wenn Haydn in der ersten „Sonate" vor allem mit dem „dimitte"-Motiv arbeitet, dann hebt er das Moment des Bittens um Vergebung heraus, das von den Mit-Spielenden empfindungsmäßig mitvollzogen werden soll... Im Vordergrund steht dabei nicht das „Drama Jesu", wie Finscher (323) mutmaßt, sondern der *auf sich selbst bezogene* Vorstellungsvollzug des Mit-Spielenden = Meditierenden.

Die „Sieben Worte" wurden sehr bald europaweit gedruckt; auch u. a. in einer Streichquartettfassung (in Haydns eigener Bearbeitung). Dazu kam 1795/96 eine Oratorienfassung, die Haydn herstellte, nachdem er eine solche Bearbeitung des Passauer Domkapellmeisters Frieberth (eines ehemaligen Kapellmitglieds in Eisenstadt) gehört hatte.[8] Die „Sonaten" lassen den Gedanken nach dem zeitgenössischen Sinn aufkommen, den die Mit-Komponierenden (= Hörenden) ihrem Hören zeitgemäß geben können. Finscher erinnert (322) in diesem Zusammenhang an Friedrich Schlegels Frage, ob „die reine Instrumentalmusik sich nicht selbst einen Text erschaffen" müsste, da das Thema so in ihr entwickelt werde, „wie der Gegenstand der Meditazion in einer philosophischen Ideenreihe". Verstehen wir das Zitat so, dass Schlegel keine Lyrik, sondern ein inneres *quasi* sprachliches Vorgehen, adaequat einem Denken als Vorgang meint, dann würde dies unserem pädagogisch begründeten Vorgehen und

---

[8] Vgl. Finscher, S. 325 ff.

auch unserem Gedanken des folgerichtigen Mit-Denkens des musikalischen Gedankengangs entsprechen.

*

Auch die Sinfonien 79 bis 81 betrachtet die Forschung als Zyklus. Dabei unterstellt Finscher absichtsvolle Unterschiedlichkeit: „Wieder sind die drei Werke so verschieden voneinander wie möglich, aber gleichzeitig hat man den Eindruck, als wolle Haydn hier ausprobieren, wie weit man einerseits in der Anpassung an einen nicht sehr gehobenen Geschmack gehen kann und wie weit man andererseits mit seinem spezifischen Sinfonie-Typus, vor allem mit den Sonatensätzen experimentieren kann." (Finscher, S. 317 f.) Und auch hier halten wir (mit gleichem Recht) dagegen, dass die Unterschiedlichkeit schlicht einem gemeinsamen Sujet in drei Akten entstammen könnte, das hier aber seine Besonderheit aufwiese. Denn die Tonarten weisen eher auf eine Natur- oder Landschaftsszenerie statt auf eine dramatische „Handlung". Schon das Hören legt aber die Reihenfolge eher auf 81 → 80 → 79 u. d. h. auf G-dur → D-moll → F-dur fest; der im Zyklus auf diese Weise „eingeschlossene" I. Satz der Sinfonie 79 erklärte also seine relative Harmlosigkeit – Finscher über ihn: „Es beginnt sehr harmlos, vielleicht allzu harmlos…" (S. 318) – aus seiner Binnenstellung, eine neue und nun befriedete Situation resp. Konstellation in einem größeren Zusammenhang skizzierend. Die eigenen Hörprotokolle widersprechen also der landläufigen Meinung, Haydn habe „die beiden »opera« von je drei Sinfonien für seine Englandreise bzw. für Londoner und andere Verleger geschrieben[…]" (S. 319). Vielmehr scheint mir auch hier ein gleichsam „heimatlicher" Anlass vorzuliegen; und diesen könnte man mit der endgültigen Fertigstellung von Schloss Eszterháza im Jahr 1784 in Zusammenhang bringen. Die drei Sinfonien rekapitulieren sozusagen eine „Handlung", die wir mit „Der Fürst und sein Schloss" überschreiben könnten.

Entsprechend beginnt die Trias mit der G-dur-Sinfonie (Nr. **81**) und diese mit der Skizze einer Konstellation, die einer bestimmten „Natur" u. d. h. einer Landschaft gleichsam „ohne etwas" gewidmet ist, über einer „Ebene" der pochenden Achtel, ohne etwas, was (gem. Finscher, 319) eine Konventionalität überschreitet, ja mit einem „betont simplen Seitensatz" und einer Durchführung ohne „normale thematische Arbeit", der solche eher verstärkt. In diese Konstellation hinein tritt mit dem II. Satz „jemand" auf: doch weist das *Andante*, hier im Dreiertakt und gleichsam ein Menuett, auf eine Gruppe, vielleicht auf den Fürsten und seine Höflinge, die in den Variationen des Hauptsatzes sich die Idee des Schlosses ausmalen und im B-Teil Einwände und deren Entgegnungen erwägen? Der zögernde Beginn des eigentlichen Menuetts, das betont ländliche Trio mit seinem Moll-Übergang zum Dacapo, sie deuten nicht auf eine (schnelle) Lösung. Und auch das Finale, in einem „Ton, der nichts von irgendeiner Finaltypik hat, vielmehr einem Kopfsatz gut anstehen würde" (Finscher, S. 319) verweist darauf, dass es offensichtlich (noch) nichts zu feiern und zu bejubeln gibt. Doch scheint man entschlossen; und die lebendige Durchführung bestärkt eine Art Aufbruchstimmung trotz eines „*ma non troppo*".[9]

Welche Szenerie dagegen der erste Satz der folgenden D-moll-Sinfonie (Nr. **80**) entwirft, das hat Finscher (S. 318) eigentlich trefflich beschrieben. Wir können ihn für unser Sujet beim Wort nehmen:

„Die d-Moll-Sinfonie I:80 verlagert den Übergang von Moll zu Dur schon in die Reprise des ersten Satzes; dafür steht das Menuett in Moll, nur das Trio in Dur, und das Finale ist durchweg in Dur. Der überaus merkwürdige Kopfsatz beginnt mit einem ausgedehnten und heftigen, aber thematisch kaum konturierten und harmonisch unruhigen, im Ton düsteren Komplex, in dem die F-Dur-Ebene und der erste auf ihr erscheinende quasi-Seitensatz keine Chance haben (geradezu unheimlich, die Zerstörung dieses unscheinbaren Gebildes T. 29–33). Ein »echter« Seitensatz in der Tonikaparallele erscheint erst in den letzten sieben (!) Takten der Exposition, er nun in einem fast grotesken

---

[9] Empfindet man diese Symphonie als „Akt", dann könnte dieser in jenem Jagdschloss spielen, das dem Schloss Eszterháza vorausging.

Gegensatz zu allem, was vorhergegangen ist, eine behaglich sich wiegende Ländlermelodie simpelster und »populärster« Faktur. Die Überraschung wird sogleich noch gesteigert, indem nach dem siebenten Takt der Melodie zwei Takte Stille eintreten, so als sei das Stück [??] erschrocken über den Abbruch nach sieben statt acht Takten; dann beginnt die Durchführung mit einer Wiederholung der Melodie – jetzt in der gänzlich unwahrscheinlichen Tonart Des-Dur[10]. Von da an wird der überscharfe Kontrast von Moll-Dramatik (ohne thematische Kontur) und populärer Dur-Melodie ausgearbeitet, wieder mit durchaus unheimlichen Effekten. Der Konflikt löst sich erst mit dem Eintritt des ersten Seitensatzes in D-Dur, und am Schluss wird das letzte übriggebliebene Problem gelöst, indem die siebentaktige Melodie zum regulären Achttakter erweitert wird."

Ist das eine Abrissszenerie, eine der Mühe und Aussicht auf? Und auch hier stellt sich die Frage: Wer tritt im II. Satz real auf?; der Bauherr mit seiner „Voraussicht" und dem Zweifel inclusive der problemlösenden Überzeugung, die die Molleintrübungen nach Dur hin auflöst bzw. in steigenden Modulationen nach oben führt? Aber vielleicht ist dieser Satz auch als ein Gebet (des Fürsten?) gemeint, dass das Werk gelingen möge...

Auch der III. Satz reagiert entsprechend: mit einem schwerschrittigen Menuett scheinen die Allen nun anzupacken. Und dann kommt das Finale: auch es – so Finscher – „steigert dessen Tendenz, auf konturierte Thematik zu verzichten, ins Aberwitzige". Hier scheint (mir) regelrecht eine „Augenmusik" am Werk: „ein synkopierender Rhythmus mit minimaler melodischer Bewegung" (Finscher, S. 318) – er erscheint in der Partitur (und im Hören?) tatsächlich wie ein Mauern im Verband. Fleiß und Trubel hier als „Abbildung" von Bauarbeit intensiviert offensichtlich noch die Durchführung: sie „wird nur mit dem »minimalistischen« Material des Hauptsatzes bestritten und ist ein

---

[10] Schubart: „Ein schielender Ton, ausartend in Leid und Wonne. Lachen kann er nicht, aber lächeln; heulen kann er nicht, aber wenigstens das Weinen grimassieren."

wahre tour de force thematischer Arbeit. Haydn hat einen so radikalen Versuch, einen ganzen Schlusssatz auf einen einzigen und noch dazu bizarren Einfall zu stellen[...] nicht noch einmal unternommen." (S. 318 f.)[11]

Nach solchem Zu-Werke-Gehen des Finales erscheint der Beginn der F-dur-Sinfonie (Nr. 79) nun betont gefällig; doch signalisiert ein Kontrast das erwachende Leben und die Modulationen bringen Steigerungen ohne große Konflikte hervor. Entworfen wird eine Konstellation eines gleichsam beruhigten „So-ist's", eines Rechthabens im Fertigsein? Und im zweiten Satz, wer tritt auf? Die Fürstin? Das äußerst Graziöse weist auf eine entsprechende Gestalt; die auffallend unsymmetrischen Phrasenbildungen signalisieren Bewunderung und in der je angehängten Verlängerung ein Nicht-genug-Bekommen. In die mit variativen Arabesken der Umspielung ausgestattete stille Bewunderung bricht plötzlich ein *Allegro* mit einem Rondothema ein – ein unmittelbares Münden des stillen Bewunderns in den Ausbruch des Feierns (wie wir Finalrondi allgemein rubriziert haben). Das Menuett, hier als das formal-höfische Fest, es bietet Gelegenheit der Zurschaustellung, bevor das Finale eine Art Lobgesangs-Ritornell eröffnet. Doch bleibt das endliche Feiern nicht ohne Reminiszenzen an die Mühen und (im Couplet II) mit dem schwerfüßigen Tanz an jene, die hier die Mühen verrichtet haben.

Selbstverständlich bleibt solche Interpretation im Hörakt reine Spekulation, ebenso aber wie jene Annahme der Literatur, Haydn habe die drei Sinfonien extra für eine Englandreise komponiert. Denn aus der Tatsache, dass Haydn die beiden Zyklen als „leicht" anbietet, folgert ja kaum zwingend, dass er sie als „leichte" extra so entworfen haben müsste. Im Falle der zuletzt hier angesprochenen drei Sinfonien spricht ihre Problematik der (vermeintlichen!) „Anpassung an einen nicht sehr gehobenen Geschmack" (Finscher, S. 317) gerade dafür, dass Haydn hier (aus vielleicht nicht ganz selbst verantworteten Gründen?) einem Sujet folgte,

---

[11] Vom Sujet her gedacht: sicher; ein zweites Eszterháza war ja auch nicht mehr zu erstellen...

das der konkreten Menschheitlichkeit tendenziell entraten musste. Dabei bleibt die Frage nach einem überzeugenden „Schluss"
des Zyklus, wie wir ihn von einem anderen Zyklus (mit einer Art
„Feuerwerk" in Sinfonie 33) angedeutet haben, sicherlich unbe-
antwortet. Anderseits stellt sich die Frage, ob es für das Schloss
(und seinen Vorgänger) nicht auch einen Entstehungsmythos
gibt, so etwas wie eine Sagenfigur, die hinter der Gründung an
dieser Stelle zu suchen wäre.

Immerhin bliebe eine der folgenden sechs Sinfonien, von denen
zwei, die in C (82) und die in D (86), durchaus als finaler Abschluss infrage kommen könnten: die erstere ihres festlichen
Glanzes mit Trompeten und Pauken und ihrer besonderen Bor-
dun-Passagen (vor allem im letzten Satz) wegen, die letztere als
Ausgleich zum D-moll in der Mitte der Trias.[12] Während in dieser
die langsame Einleitung für einen pomphaften Einzug mitsamt
dem Zitat der sog. Abschiedssinfonie, das Schauen, Staunen und
Wahrnehmen des II. Satzes und die gleichsam Gratulationscour
des Menuet für eine mögliche Ursprungsfunktion sprechen könnte, glänzt die C-dur-Sinfonie mit dem überaus seriösen Anspruch
und dem „offiziellen" Charakter ihres dritten Satzes. Einsichtig ist
aber, dass diese Sinfonie in ihrer Eigenheit mit Paris wohl kaum
etwas zu tun hat und dass – auch wenn Haydn plötzlich einen
lukrativen Auftrag für sechs Sinfonien aus Paris bekommen haben sollte – diese keinesfalls nur „für Paris komponiert", sondern
eher für Paris zusammengestellt und möglicherweise ergänzt
worden sind.[13]

---

[12] Natürlich widersprechen im ersten Moment die mit 1786 datierten
Autographen der Sinfonien. Doch könnte das auch wiederum dafür sprechen, dass Haydn die Sinfonien für die Zusammenstellung für Paris bearbeitet und neu geschrieben hat…

[13] Es gibt eben eingefahrene Denkmuster, die unsere Lücken im „Tagebuch" Haydns scheinbar selbstverständlich füllen, wie die, da käme ein
Auftrag und Haydn setze sich hin und komponiere da sechs Sinfonien
gleichsam „nur so".

7. Der große Schritt zur Abstraktion.
Die sog. Pariser Sinfonien

Doch gehören – wie angedeutet – diese zwei Sinfonien bereits zu den sechs für Paris zusammengestellten. Deren „beabsichtigte" Reihenfolge steht nicht fest. Zu ihr merkt Finscher auch eine Reihenfolge an, die Haydn den Sinfonien im Druck bei Artaria geben wollte. An dieser (sozusagen im „eigenen" Land und abweichend von jener, die er Forster in London empfahl[1]) eröffnet Haydn die Reihe mit der C-dur-Sinfonie (82) und lässt dann drei Sinfonien eng beisammen, die tonartlich zusammenstimmen und eine Mollsinfonie in ihrer Mitte haben. Letzteres, was auch Finscher an Zusammenstellungen bei Haydn hervorhebt[2], können wir immerhin als ein Kennzeichen ansehen, dass drei Sinfonien (zu denen die beiden oben angesprochenen nicht gehören) eine Art „Handlung" zum Grunde haben, in welcher in der Mitte sich eben der dramatische Konflikt abspielt. Zwar widersprechen hier möglicherweise die Entstehungsdaten, von denen die Nummern 85 und 83 auf das Jahr 1785 und Nr. 84 auf das darauf folgende Jahr datiert sind. Stellen auch sie eine Trias auf der Basis eines gemeinsamen Sujets dar, dann wären sie im Hinblick auf ein Ereignis im Jahr 1785 oder 1786 hin entworfen, in diesem Falle aber möglicherweise mit B-dur am Beginn und Es-dur am Schluss... (Wir sehen auch hier, dass ein Verständnis Haydnschen Komponierens eigentlich eine Chronik von Haydns Lebenswelt, vor allem der Ereignisse am Hofe der Eszterházys voraussetzen würde, die uns aber nicht vorliegt...)

Haydn hat den „Concerts de la Loge Olympique" die folgenden sechs Sinfonien, zur Verfügung gestellt, die in den Jahren 1785 und 86 entstanden:

---

[1] Vgl. Finscher, S. 331.
[2] Vgl. Finscher, S. 311.

1785: 83 (g, „La poule") – 87 (A) – 85 (B, „La reine")
1786: 82 (C, „L'ours" [= Der Bär]) – 84 (Es) – 86 (D)[3]

Hinter den „Concerts de la Loge Olympique" stand eine große einflussreiche Freimaurerloge, mit besonderer Protektion der Königin (Marie Antoinette), zu deren Mitgliedern u. a. Mehul und Viotti zählten. Die vor allem adeligen Mitglieder hatten weitreichende Verbindungen, u. a. zu Botschaftern in Wien, über die Kontakte zu Konzertveranstaltern und Verlagen (und natürlich Komponisten) hergestellt werden konnten.[4] Das Ensemble der Konzerte war glänzend besetzt, mit mehrheitlich Berufsmusikern (und mit bis zu 65 Personen, 49 Streichern und 16 Bläsern). Entwürfe von Haydn hatten schon vorher große Erfolge in den Konzerten der „Concerts spiritueles" erzielt; nicht nur mit dem *Stabat mater*, sondern vor allem mit Sinfonien. Nach Finscher war Haydn der bei weitem meistgespielte Sinfoniker in Paris, gem. den Aufführungszahlen ab 1783 stets mit über 50 Prozent der aufgeführten Sinfonien, zeitweise bis zu 80 und 90 Prozent.

Haydns Sinfonien wurden (nach Finscher, S. 332 f.) immer wieder gespielt (wie später in London). Obwohl Konzerte eigentlich auf stets neue Produkte ausgerichtet waren, bildete sich (u. a. und scheinbar in besonderer Weise!) mit Haydns Sinfonien wohl erstmals(?) ein „Repertoire" heraus, das Bestand hatte; dieses wurde zum „Besitz" der Spielenden und Mit-Spielenden. Wir können darin etwas Entscheidendes in der Vollendung der Epoche sehen. Zwar musste Haydn (und wohl auch Mozart z. B. mit seinen Klavierkonzerten) immer wieder neue Entwürfe vorstellen. Trotzdem stieg die Zahl der Wiederholungen; die „Werke" bildeten einen (freilich noch vorübergehenden) Besitz des gebildeten Standes in Frankreich. Wenn Finscher betont, der „Zyklus" der Pariser Sinfonien sei ein Verbund von deutlich unterschiedenen „Individualitäten", dann gab es das früher auch schon; dies

---

[3] Haydns Reihenfolge innerhalb eines empfohlenen Gesamtopus: 87 – 85 – 83 – 84 – 86 – 82; diese entspräche den Entstehungsjahren; für Forster wählte Haydn eine andere Reihenfolge (vgl. Finscher, S. 331). Die Beinamen gelten alle als später hinzugefügt; sie sind unerheblich.

[4] Vgl. Finscher, S. 320.

war schließlich mit ein Zweck des im 18. Jahrhundert üblichen „Sechserpacks". Trotzdem können wir davon ausgehen, dass Haydns Sinfonien – und dies ist ja eine der Voraussetzungen für die Repertoire-Bildung! – tendenziell zur „untypischen" Einzigartigkeit streben.

Wenn unsere Annahme einer Musik als Tätigsein – hier: des Spielens und Mit-Spielens (Hörens) – und die aus der Entwicklung der Musik der Frühen Neuzeit folgernde Annahme, dass Haydns Sinfonien je Sujets zugrunde liegen, die letztlich für die Individualität jeder der Sinfonien verantwortlich sind(!), einigermaßen den historischen Gegebenheiten entsprechen, dann lassen uns solche Annahmen vielleicht auch diese sechs für Paris komponierten bzw. zusammengestellten Sinfonien in ihrem Zusammenhang plausibel erscheinen. Davon ausgehend, dass Haydn mit jeder Sinfonie einen situativen Akt eines Menschen innerhalb einer möglichst eigenen Szenerie entwirft, wird es einsehbar, dass solche Akte *zu unterschiedlichen Folgen gereiht* werden können, zumal sie ja selbst von einem realen Handeln (gerade in sprachlicher Hinsicht) weitestgehend abstrahiert sind.

Als Beispiel können wir hier annehmen, den sechs Sinfonien diente eine Handlung als Hintergrund, wie wir sie z. B. aus Mozarts „Entführung" kennen und wie sie im Kern ein Geschehen um die „wahre Liebe" darstellt. Dies ist nur insofern keine rein hypothetische Annahme, als den Kern der sechs Sinfonien die Trias 85–83–84 (B→g→Es) bildet, um die die anderen gruppiert sind und die zusammen eine Liebesthematik zum Sujet haben könnten. Aus solcher Annahme resultierte dann – in der Reihung, die Haydn Artaria gegenüber festgelegt haben wollte – die einleitende A-dur-Sinfonie (Nr. **87**) als eine der „Hoffnung", entsprechend etwa der A-dur-Arie des Belmonte (Nr. 4) in der „Entführung". Die folgende Trias wäre dann als eine Folge von „reinem Liebesausdruck" (entspr. dem B-dur der Konstanze in Nr. 6) auffassbar, der die G-moll-Sinfonie als Klagehaltung und als Ausdruck der „Traurigkeit" (entspr. der Arie aus Nr. 10 der „Entführung") folgte, gleichzeitig die Situation eines „Gefangenseins (wie in einem ummauerten Garten) mit einem immer wieder Bewusstwerden der eigenen Situation, dem aber (im Menuet) so etwas wie Trost und im letzten Satz Hilfe in Aussicht gestellt erschiene. Schließlich fügte die Es-dur-Sinfonie mit langsamer Einleitung eine Szenerie hinzu, die gleichsam auf die Kerkerszene des Florestan mit einer optimistischen Vision (I), auf ein liedartiges Gespräch (incl. eines Rechtens [mit Gott?] und doch wieder um so innigeren Bittens) vorausschaute und die optimistische Ankündigung sowie Verwirklichung von Hilfe und Befreiung andeutete (II, III + IV). Die D-dur-Sinfonie (Nr. **86**) entspräche schließlich dem Mut zum Kampf (entspr. der Arie des Pedrillo, Nr. 13, in der „Entführung") oder mehr noch einer Feier eines endlichen Wiedersehens (entspr. dem Quartett, Nr. 16, ebenda); in letzterer fände so das *Capriccio* als ein Satz des Schauens, Staunens und Sich-Wahrnehmens eine plausible Interpretation. Und die abschließende C-dur-Sinfonie (Nr. **82**) – entspr. der Rahmentonart der „Entführung" – bildete die offizielle Feier des Happy-Ends mit einem Anspruch von Großartigkeit, aber auch mit Reminiszenzen (in der Durchführung des ersten Satzes); auch das „Tänzchen" des II. Satzes und der Eindruck eines offiziellen „Verkündens" im Menuettsatz schlössen sich zu einer Gesamthandlung zusammen, die sich als ein „Konstanze und Belmonte auf dem Dorfe" deklarierte, mit den fröhlichen Bordunklängen im Schlusssatz der Sinfonie 82.

Dies widerspräche auch kaum der Annahme, dass diese Sinfonie 82 vorher vielleicht als Abschluss einer anderen Trias gedient haben könnte. Wenn Haydn dem englischen Verleger Forster gegenüber die Reihenfolge umstellte, dann konstituierte er anhand der menschlich typischen Situationen, die die einzelnen Sinfonien repräsentieren, *eine neu zusammengesetzte „Handlung"*. Und dies dann vielleicht sogar im Rahmen eines eher religiös vorgestellten Vorgangs. Wohlgemerkt: es geht hier nicht um eine *bestimmte* Vorstellung, sondern darum, dass Haydn (und möglicherweise sehr wenige seiner „Kenner") aus den menschheitlich-typischen Situationen unterschiedliche Situationsfolgen zusammenstellen konnten, die den Mit-Spielenden jeweils eine eigene

„Handlung" im Geiste erlaubten. Bilden also die Sinfonien **85–83–84** einen durch ein gemeinsames Sujet verbundenen Kernzusammenhang, dann wäre die von Haydn gegenüber Artaria geforderte Druckreihenfolge eine, die eher einer Tonartencharakteristik als einer Tonartenmathematik folgte. Der Trias wäre die D-dur-Sinfonie angehängt und die festliche C-dur-Sinfonie als krönender Abschluss hinzugefügt. Wenn Haydn diese Forster gegenüber als Eröffnung der sechs Sinfonien plaziert haben wollte, dann interpretierte er die Folge im Sinne einer „Handlung" neu, oder er verunklarte die ursprüngliche „Handlung" absichtsvoll.

Wesentlich erscheint dazu der Grad der *Abstraktion*. Letztere bildet eine Art Markenzeichen und führt letztlich zur Auffassung einer autonomen Instrumentalmusik, – nicht zuletzt durch die von Finscher (332 f.) pressemäßig dokumentierten Versuche, Haydn „nachzuahmen". Gem. den zeitgenössischen Beobachtern ergibt sich: „Haydn hat Genie, und er ist ein Genie; er hat Grazie, neue Ideen, Melodie; er ist nicht imitierbar, weil es mit der Nachahmung von ungewohnten Modulationen, unregelmäßigen Phrasen und ungewohnten Melodien nicht getan ist, und – dies ein bemerkenswertes Vor-Echo der Londoner Pressestimmen der 1790-er Jahre – er ist unnachahmlich in der Kunst, aus einem einzigen Gedanken (»*sujet unique*«) die reichsten und verschiedenartigsten Entwicklungen abzuleiten[...]" Für Finscher (ebda.) sind die Pariser Sinfonien „Haydns erster Sinfonie-Zyklus, in dem sich Einheit und Mannigfaltigkeit auch auf der Ebene der Organisation des ganzen opus in großem Maßstab verbinden[...]". Letztlich sieht Finscher die „Orientierung des Gattungsstils auf eine Öffentlichkeit hin" als wesentlichen Beweggrund. Dies, eine Entwicklung, die wir nicht unbedingt abstreiten, deren Entwicklung wir aber in einer fortschreitenden (Fähigkeit zur) Abstraktion handlungstypischer Konstellationen bzw. menschheitstypischer Situationen sehen und nicht in einem Bemühen um eine Gattung im Besonderen. Grundsätzlich bleiben (für uns; vgl. zum folgenden Finscher, S. 334 ff.) die Besonderheiten der Instrumentation (die Behandlung der Bläser sowie deren oktavierende Koppelung an Streicherstimmen), die sog. strukturellen Überraschungen und eine stellenweise „Affinität zum »populären« Ton" mitsamt „blitzschnellem Wechsel der Perspektive", und schließlich auch der Umgang mit der langsamen Einleitung (des ersten Satzes) in drei der Sinfonien und dem (unserer Meinung nach) eben nicht „planvollen Wechsel von Satzformen und Formdetails" nur auf einem konkreten und je unterschiedlichen(!) Sujet-Hintergrund plausibel.

Auf Finscher gewendet, können wir argumentieren: Entsprechend verleiht die Aufwertung der Bläser dem Orchester nicht nur Glanz, sondern diese spielen in abschnittsweiser exquisiter Auswahl auch eine strukturelle Rolle. Hinter den Struktur-Eigenheiten, die Finscher „Überraschungen" nennt, steht mehr als ein äußerer Effekt. Die Individualisierung läuft vielleicht auf ein bezeichnend „Menschheitliches" hinaus, auf den Entwurf eines „logischen", weil zu menschlicher Typisierung strebenden Gedankengangs: weil jeder Mensch anders ist und jeder Gedankengang unterschiedlich – und doch muss jeder auf seine Weise „perfekt", in sich geschlossen, als menschlich einsehbar sein. Und weil alle Menschen letztlich gleich sind, so gleichen sie sich in ihrer je „unlogischen" Folgerichtigkeit, mit Versuchen, Unterbrechungen, plötzlichen Einfällen, Innehalten, eintretenden Erinnerungen. Das Einstreuen von Passagen mit „scheinbar naivem und »populären« Ton" (S. 335) können wir auch als sozusagen Vereinfachung des Gedankens ansehen. Dies gestaltet Hören zu einem subjektiven Abenteuer in Bezug zu den eigenen Empfindungen des Hörers: Nicht die unterschiedlichen Satzformen, -charaktere und –folgen, sondern das, was sie auslösen, das bildet je das Abenteuer!

„Haydn wiederholt sich nicht", stellt Finscher (S. 336) fest; „und die Fülle der immer neu kombinierten und differenzierten Aspekte gibt dem synthetischen Hören und Verstehen unerschöpfliche Nahrung, während sie dem selektiven Hören an der Oberfläche freundlich-verbindlich entgegenkommt." Die Variabilität aber lässt das Vollziehen als immer wieder neues Abenteuer erscheinen; sie versetzt den Hörer in eine Aktivität, durch die er sich immer wieder neu als „Mensch" (→ der denkt, der Empfindungen hat, der sich als Körper in einer Rolle spürt...) wahrnimmt; er fühlt sich ernst genommen und aufgewertet. Und dies im Land eines Rousseau und Diderot und Holebeque; dies wäre in Wien noch nicht im gleichen Maße möglich gewesen!

Drei der sechs Sinfonien haben eine langsame Einleitung, – nur Sammlung von Aufmerksamkeit und Erzeugen von Spannung? Vielleicht für das selektive Hören; aber für das andere, das ich Mit-Spielen i. S. eines Mit-Komponierens resp. Mit-Denkens und -Empfindens nenne, bedeutet es: die Zeit „davor" zu markieren, vor dem „Eintritt in...", also nicht nur als Vorbereitung zu dienen, sondern auch das Unpräzise und Diffuse vor einem Eintritt in das „Eigentliche" (= eigentliche Denken) erlebbar zu machen. Der gemeinsame Nenner ist das Sich-Wahrnehmen als „typisch menschlich" i. S. eines sich erlebenden und eines immer wieder neu sich „als..." wahrnehmenden Wesens.

Dem oben Gesagten eignet das immer wieder Neue, Eigene jedes Satzentwurfs.[5] Dies betrifft auch die langsamen Sätze und die Menuette. Finscher spricht (340) von einem „dialektischen Spiel von Typus und Individualisierung". Dies können wir annehmen, doch halten wir dies für ein Gesamtmoment des Spielens in der Frühen Neuzeit! Finscher betont dies vor allem an den Menuetten, die einem bereits entwickelten Formtypus gehorchten. Das Menuett, nun entfernt vom Tanzmenuett vergangener Zeit, gewinne mehr Gewicht durch zusätzliche durchführungsartige Abschnitte incl. Coda. Aber genau darin liegt ja das „Andere" des entworfenen Tätigseins! Und auch die Rondo-Finali gewinnen nun an Gewicht dadurch, dass sie Merkmale der Sonate aufnehmen, also den Menschen als ein handelndes Wesen repräsentieren.

---

[5] Doch wäre eben zu definieren, inwieweit dies für den einzelnen Suitensatz in Bachs Partiten „nicht" auch zutreffen sollte? Wenn man dies nicht kann, dann liegt das Wesentliche nicht in diesem „Eigenen", sondern im jeweils entworfenen Tätigsein und Selbsttätigsein der Spielenden und der Adressaten!

„Die Pariser Sinfonien" – so Finscher, S. 348 – „waren Haydns erstes im emphatischen Sinne klassisches sinfonisches Opus gewesen." Dies begründet Finscher (1) in der Durchorganisation des Zyklus, (2) der Differenzierung von Werk und Satzcharakteren (3) auf der Basis eines einzigen Typus, in der (4) kaum zu erschöpfenden und bei jedem Hören sich anders [je neu!] ordnenden Fülle der Details und (5) in der Vermittlung von hohem und popularem Stil. Doch ist die Reihenfolge der Sinfonien als „Akt"-Folge zu interpretieren, gleichsam als eine „Handlung" konstituierende Folge menschheitstypischer Situationen anzusehen, deren „Ursprung" keine Rolle mehr spielt bzw. (für Haydn und das ernste Publikum!) spielen darf. Sinfonie als Entwurf einer Erlebniszeit und Erlebnisgestaltung, einer Daseinsform Mit-Spielen (= Hören) bleibt uns an die Zeit der Frühen Neuzeit, also an die Epoche eines *teatrum mundi* gebunden. Aus ihr wird sich Haydn nicht lösen; in ihr aber wächst er *im Geiste einer Abstraktion* hin zu einem – aus dem Blick seiner Zeit! – *menschheitlich Typischen*. Dies widerspricht nicht unbedingt der herrschenden Meinung, wie sie Finscher formuliert. Nur: Wir leiten die „Klassizität" aus einer anderen Richtung her, aus der Richtung eines Sinfonie-Konzepts (als „dramatische" Situation bzw. Konstellation i. S. e. „Typus") und einer fortschreitenden Abstraktion (von einem zugrunde liegenden Sujet, was zur „Differenzierung" und einer „kaum zu erschöpfenden Fülle" führt).[6]

*

Dass die Sinfonien 88 und 89 eine Art Gegensatzpaar darstellen, das ist in der Literatur allgemein festgestellt. Auch in der Rezeption scheint dies spürbar, indem die Sinfonien sich unterschiedlicher Beliebtheit erfreuen: Nr. 89 scheint jene von Nr. 88 bei weitem nicht zu erreichen. Manchmal wird als einer der Gründe

---

[6] Solches Sich-Erleben-als wird mit Beethoven der wesentliche Ausgangspunkt; wir können uns so plausibel machen, wie ein Sich-Artikulieren durch ein Hören (von „Spielen" und schließlich auch „Singen") durch Beethoven und Schubert in die Welt kommen konnte!

vermutete, Haydn habe die Nr. 89 als Gelegenheitsarbeit und in Zeitnot verfasst; deshalb habe er in den zwei Sätzen, II. und IV., auf Sätze eines Konzertes für die Leier (für den König von Neapel) zurückgegriffen. Auch dies sei für den vergleichsweise „traditionellen" Ton dieser Sinfonie verantwortlich, wobei aber der erste Satz durchaus als ein „Meisterstück" herausgestellt wird.

Offensichtlich erscheint, dass wir es hier mit einem absichtsvollen, gleichsam „programmatischen" Kontrast zu tun haben, der möglicherweise eine weitgehende Abstraktion beinhaltet. Hypothetisch anzunehmen wäre – und diese Annahme resultiert vor allem aus meinem Hörprotokoll der Sinfonie 88 – dass der Gegensatz in dem einer städtisch-aufgeklärten Welt der beginnenden Intellektuellen zu einer ländlich-adeligen Welt besteht, die in einem eher konservativen Verhalten befangen bleibt. Letzteres begründete denn auch den möglicherweise absichtsvollen(!) Rückgriff auf die Sätze aus den Konzerten für Leier. Ist dies einigermaßen korrekt, dann besteht der Fortschritt in der Abstraktion darin, dass die jeweils (im II. Satz) „Auftretenden" als typische Vertreter ihres „Standes" erscheinen, nicht (mehr) als (wenn auch literarisch oder theatermäßig erfundene) Menschen.[7]

Obwohl die Sinfonien wohl in der Reihenfolge 89 – 88 gedruckt wurden und auch so evtl. gehört werden sollten, scheint es erst einmal sinnvoll, sich zuerst mit der G-dur-Sinfonie (**88**) zu beschäftigen. Deren langsame Einleitung dient als Vorbereitung auf eine „ernsthafte" Situation, während der *Allegro*-Teil allgemein als Skizze eines auch geistig lebendigen Lebens entworfen sein mag. Zentral für die Interpretation gibt sich aber der II. Satz, ein *Largo*, wie der Auftritt eines in eine „heilige" Handlung Eintretenden. Man fühlt sich in Mozarts „Zauberflöte" versetzt, und man interpretiert das gleichsam „heilige" Melos, wiederholt unterbrochen von Forte-Einbrüchen mit einer Art pochendem und wie anklopfendem Motiv, wie eine Initiation in eine (sagen wir einmal) Ge-

---

[7] Das träfe gewissermaßen auch auf die Sinfonien 79 bis 81 zu; nur steht bzw. stand dort (unserer Hörassoziation nach) ein reales Geschehen im Vordergrund.

meinschaft der Freundschaft, die durch das gleichsam „rituelle" Menuetto verstärkt erscheint. Schließlich feiert der IV. Satz das erreichte Ziel, der sozusagen alle „Lebenseindrücke" als vergangen integriert.

Dieser G-dur-Sinfonie – auch jene später sog. „Oxford-Sinfonie" verwendet diese Tonart G-dur! – folgt als Nr. **89** (in F-dur) oder, besser, steht notwendigerweise (gemäß der Reihenfolge im Druck) die „Feier" der höfischen Welt gegenüber. Auch für sie skizziert der erste Satz (ohne langsame Einleitung) eine eher statische Situation mit einem deutlich kontrapostischen Thema und einer auffällig »populären« Melodie als zweitem Gedanken, der in einem synkopischen Voran erreicht wird. Der II. Satz, wie ein gefälliges „Tänzchen" im 6/8-Takt, mit einem die Melancholie verstärkenden Moll-Abschnitt, ähnlich einem Trio. Der Hörner-Beginn des „Menuets" (→ Jagd?) und das Trio weisen auf eine höfisch-ländliche Welt, während im Finale, selbst ein Kontratanz, in der Durchführungsarbeit im Mollabschnitt etwas heraufzuziehen scheint, gegen das aber das „Tänzchen" sich wieder durchsetzt, bevor im Codawirbel (incl. einer Figur aus dem Mollabschnitt?) die Sinfonie zu Ende geht.

Die Tatsache, dass die G-dur-Sinfonie mit einer langsamen Einleitung beginnt, die F-dur-Sinfonie aber nicht, sollte nicht zur Annahme verleiten, Sinfonie 88 „gehöre" selbstverständlich an die erste Stelle: gerade die Tatsache des betont ernsthaften Beginns dieser Sinfonie gewinnt zusätzliches Gewicht aus dem Gegensatz zur vorausgehenden Nr. 89; und das eher rondoartige Thema im ersten Satz der Sinfonie 88 bildet so etwas wie einen „relativen" Anschluss: da scheint etwas vorbei und abgelöst? Wenn uns unser Höreindruck nicht täuscht, dann muss Haydn sehr hellsichtig bzw. informiert gewesen sein, diese beiden Sinfonien 1787 bzw. Anfang 1788 zu entwerfen und sie nach Paris zu schicken. Dass sie – die Geschichte der beiden Sinfonien ist einigermaßen undurchsichtig, da der Überbringer Tost möglicherweise eigene Geschäfte mit ihnen zu machen versuchte – im Juli 1789 in Paris und London und anschließend auch in Wien und anderen Städten erschienen, zu einer Zeit, da in Paris die Bastille erstürmt wurde, erscheint so nicht als bloßer Zufall. Trotzdem nehmen die beiden Sinfonien nicht etwa die Revolution vorweg; aber sie kennzeichnen zwei Gesellschaftsmuster: ein vergleichsweise „altes" der Gefälligkeit innerhalb einer geschichteten Gesellschaft und ein vergleichsweise „neues" der Rationalität innerhalb einer eher integrierten Gesellschaft. Ist es Zufall, dass die Sätze II. bis IV. der F-dur-Sinfonie jene Taktmuster verwenden, mit denen Mozart die Bühnenensembles seiner Tanzszene im *Don Giovanni* aufeinander türmte?[8]

*

Die Sinfonien Nr. 90 (C), 91 (Es) und 92 (G, Oxford) entstanden 1788/89 und wurden für den Comte d'Ogny in Paris und gleichzeitig für den Fürsten Oettingen-Wallerstein entworfen, wobei Haydn für letzteren in die Kopien der zwei Rahmensinfonien offenbar Stimmen für Trompeten und Pauken hinzufügte. Die Sinfonie 92 wurde möglicherweise 1791 in Oxford bei der Verleihung der Ehrendoktorwürde an Haydn gespielt. (Geschah dies auf einen Wunsch von Haydn selbst?)

Möglich ist, dass auch die Sinfonien 90 bis 92 eine eigene Trias bilden, die gar nicht (zusammen mit 89 und 88) zum Sechserpack ergänzt sein wollte. Die Tonarten C – Es – G, die als je einzelne für sich stehen, und die Entwürfe je mit langsamer Einleitung und ohne eine Moll-Sinfonie repräsentieren möglicherweise eine Tradition europäischen Schlagwortdenkens in eingeführten Begriffsdreiheiten, wie wir sie mit „Glaube – Liebe – Hoffnung" aus dem religiösen Bereich kennen und wie sie mit „Liberté – Égalité – Fraternité" im sozialpolitischen Bereich eine unbedingte Aktualisierung in Haydns Zeit erfährt. Gibt es Hinweise, die eine solche

---

[8] Aber: *Don Giovanni* erklang in Wien am 7. Mai 1788 zum ersten Mal; kannte Haydn die Szene aus der Arbeit Mozarts davor? Oder kannte Mozart Haydns Sinfonie?
In diese Zeit fällt Haydns Absage, eine Oper für Prag zu schreiben, und sein Plädoyer für Mozart. In diese Zeit fällt aber auch Mozarts Komposition seiner drei letzten Sinfonien, für den auch ein Sujet-Zusammenhang angenommen werden kann.

Annahme stützen könnten? Dass G-dur für Haydn etwas mit einer Idee der Brüderlichkeit im Geiste der Freundschaft, vielleicht auch der Hoffnung zu tun haben könnte, das haben wir bereits bei Nr. 88 vermutet. C-dur liegt als Tonart der Freiheit, aber auch eines naiven gleichsam unschuldigen Glaubens nahe. Und Es-dur erscheint in den Charakteristiken als eine mit menschlicher und göttlicher Liebe verbundene Tonart. Dabei sollte man nicht übersehen, dass die drei französischen Schlagworte vom Ende des 17. Jahrhunderts (von Fénelon) stammen, also noch nichts mit der Revolution zu tun haben können; sie sind Begriffe eines bürgerlichen Denkens und zentripetal besetzt: zur Schaffung einer durch rationales Denken, durch Empfindung füreinander und durch eine persönliche Religiosität bestimmte aufgeklärte Welt.

Zusätzlich erscheint die Zuordnung äußerst schwierig, denn Haydn, das haben wir bereits mehrmals betont, entwirft „Sinfonien" im ausdrücklichen Sinn, die in ihrer Struktur menschlichen Handlungs- und Formulierungsmustern gehorchen. Erst in diese hinein werden Besonderheiten einbezogen, wobei affektive und gestische Nuancen eine Rolle spielen, die für sich gesehen bzw. eben hörend wahrgenommen keine konkrete Bedeutung besitzen. (Das ist wie bei den „Figuren" des 17. Jahrhunderts!) Erst in Verbindung mit einer investierten Vorstellung der Mit-Spielenden können sie für die Menschen Bedeutung entfalten. Doch bleibt auch diese vage, zumal Haydns Entwürfe von sich aus bereits von investierten Vorstellungen weitgehend abstrahieren. Dass damit „erfundenen" Vorstellungen Tür und Tor geöffnet werden, dies zeigen die vielen Namensbezeichnungen seiner Sinfonien, die diesen erst durch das Hören und entsprechender Umstände mit der Zeit zugewachsen sind.

Wenn wir den drei Sinfonien also Begriffe zuordnen, hinter denen je tendenziell ein typisches Verhalten von Menschen steht, dann können sie kaum aus einem „Heraushören" aus Haydns Musik resultieren. Das ist nicht möglich. Aber sie resultieren aus gewissen Eigenheiten, die in Hörprotokollen sich niederschlagen und die zusammen mit gewissen Kenntnissen der Zeit und der möglichen Einschätzung dessen, was Haydn aktuell widerfahren sein mag, von uns zu kondensieren sind. Am Ende der 1780er-Jahre liegt da die Betonung von Aufklärung als eine europäische geistige Bewegung nahe, an der Haydn eher rezeptiv und sozusagen am Rande teilhatte. Umso zugänglicher erschienen ihm Begriffe, die er mit menschlicher Erfahrung verbinden konnte (ohne sie im Einzelnen zu problematisieren). *Sie heute zu investieren, betrachten wir als eine Möglichkeit, Haydn sozusagen aktiv zu hören*, in einer Weise, die die Wahrnehmung von Struktur aus einem tendenziell unbewussten Teilhaben an Bedeutsamkeit herausführt zu einem gewissen Miterleben eines *intentionalen* (wenn auch abstrahierten) menschlichen Handelns.

Haydn Sinfonien bilden, so verstanden, die (notwendige!) Voraussetzung für musikalisches Tätigsein als ein *selbstartikulatives*, wie wir es für das 19. Jahrhundert als entstehend und grundlegend vorgestellt haben und wie es eben vor allem auch für das Hören gilt.[9] In diesem geht es fortschreitend darum, sich als Einzelner (vor sich selbst!) in dem, was und wie man sein will, zur Geltung zu bringen... Haydn ist also in den scheinbar „lustigen" Eigenheiten unbedingt ernst zu nehmen. Gerade jene auf ein weitgehend abstrahiertes Sujet weisenden Besonderheiten einzelner Sätze – man nehme etwa die große Pause im IV. Satz der C-dur-Sinfonie – als „Gag" zu klassifizieren, erscheint (mir) höchst sträflich.

Tatsächlich kann man unter der Voraussetzung, man investiert eine entsprechende Vorstellung (die man selbst teilt und nicht nur „theoretisch" anlegt), diese C-dur-Sinfonie (Nr. **90**) eventuell mit dem Begriff der „Freiheit" in Verbindung bringen: aus dem *Adagio*-Beginn mit dem Paukenwirbel, eine Situation des Gefangenseins evozierend, kommt mit dem *Allegro* assai und seiner verzögerten Tonika geradezu eine Art „Erhebung" heraus, die nach dem markanten Melos des zweiten Themas im Schlusssatz sich gleichsam final „feiert". Gerade die Durchführung und die stark

---

[9] Vgl. hierzu: D. S., *Von Mozart vor und zurück...*, S. 208 ff.

veränderte Reprise heben dieses zweite Thema wie ein „Ergebnis" heraus: sie bereiten den Auftritt des Menschen im II. Satz vor, der regelrecht Schritt für Schritt in die skizzierte Situation zu gehen scheint, nicht ohne Zweifel und Ratlosigkeit im B-Teil (→ F-moll, sich aufhellend). Beide werden variierend durchgespielt, wobei die dritte Aufnahme des A-Teils aus einem trugschlüssigen Innehalten durch ein entschlusshaftes Unisono herausgeführt erscheint und in ihrer Coda sozusagen alle Welt (bis nach Des) einzuschließen scheint.

Für solchen „Entschluss zu" bedarf es entsprechender Bestrebungen auch „der Anderen", die im „Menuet" gleichsam Unterstützung versprechen. Der Zuspruch mündet in ein „Tänzchen" des Trios, wonach das Dacapo mit Trompeten und Pauken die Gemeinsamkeit beschwört. Diese findet ihre Bestätigung im deutlichen „Aufbruch" des Finalsatzes, in dessen persönlicher(?) Überwindung von Schwierigkeiten (durch kontrapunktische Arbeit) sich der Satz zu einer Art Fanal entfaltet. Das plötzliche Stehenbleiben zum Ende lenkt die Aufmerksamkeit nochmals auf ein Innehalten und Lauschen, das von allen Seiten ähnliche Fanals aufnimmt, bevor der Satz im Feiergetümmel schließt. Solche Stellen, wie eben dieser Schluss, stellen möglicherweise wesentliche Anker im Sujet dar, die den Mit-Spielenden innerhalb eines Aktes, den die Sinfonie entwirft, auf die Idee „dahinter" aufmerksam machen können. Vorstellbar wäre, diese Sinfonie auch unter dem Thema „Glaube" als etwas dem Menschen Entstehendes und von der Welt feierlich Angenommenes (I.) zu hören, in den der Mensch eintritt und für den er sich nach Überwindung von Zweifeln entscheidet (II.).[10] Der „Zuspruch" des III. Satzes sowie das fanalgestützte Ausbreiten, – möglicherweise meinen sie mit dem

---

[10] Man kann versuchen, die Sinfonien auch unter der an der *Zauberflöte* orientierten Begriffsdreiheit von Mündigkeit (→ als Vermögen zur Selbstbestimmung und Eigenverantwortung), Verschwiegenheit (→ als Fähigkeit der Selbstbeherrschung) und Standhaftigkeit (→ als Leidensfähigkeit in Verbindung mit dem Einstehen für übergeordnete Werte) zu hören. Doch hat sich mir ein solches Hören nicht überzeugend erschlossen.

Widerhall von unterschiedlichen Seiten seine Veränderung hin zu einem persönlichen Standpunkt?

Einen entsprechenden „Anker" bildet im ersten Satz der Es-dur-Sinfonie (**91**) sicher auch das „Thema" im doppelten Kontrapunkt (in der Oktave, die sozusagen eine Art Gleichberechtigung garantiert). Geht es in ihm um „Gleichheit" oder „Liebe"? Nach dem feierlichen und wie besiegelnden einleitenden *Largo* mit seinen Kadenzen unterstützt das Thema solche Vorstellung einer Verbindung Gleicher (auch solche der „Gleichheit" eines „oben" und eines „unten") mit dem beständigen Hinauf und Hinab der Themenabschnitte, aus dem in einer „großartigen" thematischen Arbeit vor dem Schlussgedanken ein eigener melodischer Gedanken, zweimal zusätzlich angehoben, wie ein vorauszusehendes „Ergebnis" resultiert. Solches Anheben finden wir auch in der Durchführung und in der Reprise; dort aber führt es zu einer Bestätigung durch Verarbeitung und Verknüpfung mit dem Hauptgedanken.

Der II. Satz signalisiert ein sicheres „Auftreten" (ähnlich einem „Auftrittslied"), in welchem sich der „Singende" das Melos aus einem Kopfmotiv bildet. Auch hier erscheinen „oben" und „unten" in der Satzformulierung vereint; und dies besonders in den Variationen, in denen das „Thema" im Fagott von der Violine umspielt erscheint, und im Moll-Abschnitt und anschließenden Aufnehmen des Hauptmotivs in unterschiedlichen Instrumentierungen, wie „arm" und „reich", schließlich betont im Bass. Die in den Stimmen entstehenden Triller, – stellen sie einen Ausdruck der „Freude" dar? Dem Verklingen das Satzes gegenüber erscheint das „Menuet" fast als eine Deklaration, als Verkünden einer besonderen Zeit durch die „Allen". Auch hier wirkt das Trio wieder wie ein „Tänzchen" (im Fagott mit Tanzbegleitung), im zweiten Teil durch Horn und dann umspielenden Flöten sekundiert. Und der Schlusssatz: schließlich enthält auch er in seinem „Feiern" Anzeichen hin zu einem Verändern mit Vereinen von „oben" und „unten" in seinen Abschnitten sowie in modulierenden Tendenzen. Die Durchführung läuft explizit auf einen „Doppelpunkt" hinaus, der nochmals die „Deklaration" herausfordert.

Am wenigsten Affinität zur begrifflichen Idee etwa der „Brüderlichkeit" offenbart sich dem Hörenden in der G-dur-Sinfonie (**92**). Das Einleitungs-*Adagio* erscheint in seiner Klangfaktur wie ein eigener langsamer Satz, durchaus thematisch; auffallend der Terzengang und die Sehnsuchtsfiguren, aus denen das „*Allegro spiritoso*" gleichsam entspringt: ein Aufbruch in die Lebendigkeit, ähnlich einem Finalsatz. Doch weist die starke thematische Arbeit eher auf einen solchen des Diskurses, der ganz unvermittelt ein einfachst kadenzierendes Melosgebilde einschließt, fast im Ton des „Papa-geno"! Wird hier kurz das durch geistige Arbeit zu Überwindende eingeführt? Dafür „arbeitet" die Durchführung, in der die kontrapunktische Arbeit betont als eine solche geistiger Art erscheint. Auch die Reprise scheint eher einen Gedanken des Zu-Entwickelnden hervorzuheben.

Das „Auftreten" als *Adagio* (II.) gibt sich als ein hymnischer Gesang, fast wie ein „Bundeslied", gleichzeitig wie überlegend und eine Art Ergebnis erreichend. Der energische Widerstand des Mollabschnitts in Forte-Akkorden, fast wie ein Pochen auf eine (falsche?) Wahrheit und in den Bläserhöhen auf ein „Höheres" weisend, wird durch die Wiederaufnahme des A-Teils abgelöst, in welchem Innehalten und wiederholte Versuche des Fortsetzens auf die Mühen aufgeklärten(?) Denkens und nun ihrerseits mit den hohen Bläserpassagen auf den hohen Gedankenflug weisen, bevor der Satz, nicht ohne „Überhöhung", in einer Art Trauerschluss endet. Gerade diesem gegenüber wirkt der Eintritt des „Menuets" wie ein „Dennoch", das gegen die Melancholie einer möglichen Vergeblichkeit gesetzt erscheint. Doch auch hier findet sich die Durchführungsarbeit nicht ohne Innehalten des Bedenkens. Geht es darum, das im Trio auffällig synkopisch Verschobene der Hörner – wir erinnern uns an Sinfonie 89 – gleichsam im *Dacapo* auch gegen den Widerstand geradezurücken?

Der *piano*-Beginn des Finales, erst überm Orgelpunkt, um sich dann von diesem zu lösen, weist zwar auf Tanz und Feierjubel, doch markiert die betont kontrapunktische Arbeit auch im letzten Satz die Notwendigkeit geistiger Arbeit, als deren Frucht dann gleich einer Morgenröte eine „Melodie" als Ergebnis der großen (auch modulatorischen) Anstrengung hervortritt. Eigentlich klingt das Unisono im Schlussabschnitt eher wie eine Frage, die offenbleibt, auch wenn der Satz notwendigerweise (im emphatischen Sinn) schließen muss.

Ist diese Sinfonie eher ein Repräsentant einer „Hoffnung" des Menschen? Eine entsprechende Trias „Glaube – Liebe – Hoffnung"[11] würde durchaus zu den Tonarten (und auch zum Hören der Sinfonien) passen. Vielleicht ein Statement des von einer persönlich aufgeklärten Religiosität geprägten Haydn zu jener Begriffstrias der französischen gesellschaftlichen Entwicklung? Immerhin: unter dem Dach des zeitgenössischen Freimaurertums erscheinen „Brüderlichkeit" und „Hoffnung" (auf eine zu verändernde Welt) nicht so weit voneinander entfernt…

---

[11] Dass man im eigenen Hören der Streichquartette op. 50 bis op. 64 sozusagen auf die gleiche Begrifflichkeit stoßen kann, könnte damit zu tun haben, dass das Denken Haydns (oder seiner Umgebung) in den Jahren 1788 bis 90 von entsprechenden Begriffsfeldern bestimmt gewesen war.

8. Haydns persönliche »Revolution«.
Vier Sinfonien für den ersten Londoner Aufenthalt

Von den sechs Sinfonien des ersten London-Aufenthalts sind die Sinfonien 93 (D), 94 (G, The Surprise = *mit dem Paukenschlag*), 95 (c) und 96 (D, The Miracle) wohl 1791 entstanden; von diesen wurden Nr. 93 und Nr. 94 erst 1792 aufgeführt. In das Jahr 1792 werden die Sinfonien 97 (C) und 98 (B; mit Annotation zu Mozarts Tod?) datiert. Die Sinfonie Nr. 95 ist die einzige Moll-Sinfonie unter diesen, während die Nrr. 96 und 93 beide D-dur als Haupttonart haben. Davon ausgehend, dass Moll-Sinfonien dort möglicherweise Brückenfunktion zukommt, wo eine Trias auf einem gemeinsamen Sujet sich gründet, stellt sich auch hier die Frage nach einem diese drei in der Folge D – c – D Verbindenden.

Haydn, kurz vorher in die Freiheit „entpflichtet" – am 28. 9. 1790 war Nikolaus I. gestorben und dessen Nachfolger Paul Anton hatte Hofkapelle und Opernensemble umgehend aufgelöst –, war wohl sehr bald nach Wien gezogen. Und dort besuchte ihn der englische Geiger und Konzertunternehmer Johann Peter Salomon und schloss mit ihm bereits im November einen Vertrag zu einem Besuch in London und zur Komposition u. a. einer bestimmten Anzahl von Sinfonien und einer Oper für Konzerte in England ab. Am 1. Januar 1791 bereits betrat Haydn in Dover englischen Boden; er hatte sich einen lang gehegten „Traum" erfüllt. Doch: schüttelt man in einem nicht unproblematischen Alter die fast 30 Jahre Dienstzeit bei „seinem" Fürsten so einfach ab? Die erste Vermutung zur nun entstehenden Trias von Sinfonien ging denn auch in die Richtung, ob Haydn seinem verstorbenen Brotherrn eine Art „Homage" komponiert haben könnte. Doch ließen weder die Tonarten noch im Besonderen die Hörprotokolle eine solche Vorstellung zu. Vielmehr drängte sich der Gedanke auf, dass Haydn hier mit der favorisierten Tonart D-dur und dem Wechsel zu C-moll (eigentlich keine Trauertonart!) sich selber als „Handelnden" thematisiert haben könnte und dies sozusagen in den Situationen der Freiheit und Trauer (Nr. 96), der Entscheidung und des Abschieds (Nr. 95) zu einem neuen Ziel sowie des Reflexes der Neuen Situation in dem ihm fremden Land (Nr. 93).

Auffallend sind sie schon, die beiden D-dur-Sinfonien, so nah beieinander. Doch spielt in der ersten der beiden (Nr. **96**) die Tonart D-moll eine außergewöhnlich große Rolle: Schon die *Adagio*-Einleitung signalisiert mit ihren ab- und aufsteigenden Dreiklängen und dem sofortigen Wechsel in die Mollvariante ebenso eine gleichsam disparate und unentschiedene Situation, wie der *piano*-Anfang des *Allegro*s sozusagen vor dem Beginn und jene Passagen in der Durchführung, die auf ein Sich-Entfernen und anderseits auf ein Erreichen weisen. Da scheinen äußerst disparate Empfindungen beieinander, einerseits der „Siegjubel" des neuen Beginns mit dem auffallenden Trompetensignal (gerade auch am Schluss des ersten Satzes) und das Feierlich-Schmerzliche des Endes einer Lebensära. Und beide bestimmen auch das „Auftreten" im II. Satz (*Andante*) mit dem vorherrschenden rhythmischen wie Schicksals-Motiv im an sich „lieblichen" *Andante* und dem durchführungsartigen B-Teil in Moll, voll von kontrapunktischer (Trauer-?)Arbeit. Auch die Wiederaufnahme des A-Teils mündet in ein *Ritardando*, in einen „Doppelpunkt", wie vor einer Kadenz im Instrumentalkonzert. Eine solche folgt nun auch als vor allem Bläsersatz und als solistisches „Hindurch" zur Aufhellung hin in Dur, nicht ohne einem tragischen Unterton. Auch das „Innehalten" und der „Abschied" mit den Trillern in Flöte und Fagott bewirken ein besonders bemerkenswertes Enden. Ist dies eine Homage an die Doppeldeutigkeit der Situation, die den durchaus bedachten Abschied von „seinem" Fürsten mit dem Weg zur „Freiheit" verknüpft?

Das Menuetto, es erscheint dem gegenüber wie eine Huldigung (der Allen), die in ein Bläserfanal mündet. Und das scheinbar zum Alltag zurückkehrende Finale, mit markantem Perpetuum-mobile-Charakter, durchläuft in seiner Durchführung dramatische Moll-Episoden, in die sich schließlich Trompeten einmischen, um in der Reprise nochmals innezuhalten und mit den Bläsern und deren Aufgipfelung (einschl. Pauken) wohl nochmals die Dichotomie der Situation anklingen zu lassen: eine sich verabschiedende „Hommage an" ebenso wie den Triumph einer „Befreiung zu".

Freilich käme nun alles darauf an, die C-moll-Sinfonie (**95**) als „Folge" einzuordnen. Die „Freiheit", die muss erworben werden! Ohne langsame Einleitung beginnt der erste Satz: mit einer Art motivischem „Imperativ" im Unisono des Orchesters, gefolgt von einer Explikation der Bangigkeit und des Zweifels. Schließlich resultiert aus der thematischen Arbeit mit dem imperativen Motiv ein Seitensatz in Es-dur, im Vorschein die positiven (und vielleicht auch zukünftig positiven) Momente der Situation hervorkehrend. Doch bleibt das Kopfmotiv für den Satz bestimmend, wenn auch dazwischen (nun in B-dur) das Thema der „Hoffnung" aufscheint. Und dem wieder bestimmenden und motivisch verlängerten Imperativ schließt sich sein Kontrapost der Bangigkeit an, doch nun zusammen mit der Motivverlängerung *diminuendo* ersterbend, um darauf wiederum in das Thema des Seitensatzes überzugehen, – hier nun nach C-dur gewendet: im *pianissimo*, wie eine Aussicht aus der Ferne; und klanglich fast wie ein Abschiedsständchen der Freunde. Danach treibt das imperative Kopfmotiv auf den Schluss zu, in C-dur bleibend, quasi wie zum Aufbruch auffordernd.

Das „*Andante cantabile*" in Es-dur, es erscheint als regelrechtes Wiener Auftrittslied, das aus einem Reflex auf sich die eigene Situation mit weltinterpretierenden Einsichten verbindet. Anderseits ist das Melos auf 6/8-Doppeltakte in einem „lieblichen" aber auch (in der durchbrochenen Begleitung wie zögernden) Habitus veredelt. Sein vielleicht typischer Vordersatz hängt einem rhythmische und melodische Thematik formulierenden und zur Dominante führenden Viertakter zwei zweitaktige Ergänzungen an, die zur Tonika zurückführen. Der Nachsatz überbietet solche Veredelung, indem er nicht nur den Themenkopf umdreht und dadurch sowohl ein Seufzermotiv als auch einen verdeutlicht ansprechenden Charakter gewinnt, sondern indem er in seiner Verlängerung auf 12 Takte (= 6 Doppeltakte) und mittels verdichteter thematischer Arbeit an Überzeugungskraft zulegt. Die jeweils wiederholten Halbsätze erscheinen in der Fortsetzung in differenzierter Weise variiert und dabei z. T. auf ihren harmonischen Gang hin vereinfacht, der anderseits kunstvoll umspielt sich gibt. Und nun tritt – formal gesehen – eine Art Durchführung ein und mit ihr eine Art Zugeben der eigenen Bangigkeit im Wechsel nach Es-moll, – ein Leidensausdruck in der die thematische Arbeit durchziehenden Chromatik. Auch der zeitweise positive „Ausblick" kann daran nichts ändern und bleibt schließlich offen. Der Wechsel zum erneut variativ hergerichteten Melos, nun wieder in Es-dur, gibt sich wie ein Beruhigen; doch bleibt die Chromatik im Beginn der Coda gegenwärtig, einer Coda, die akustisch gleichzeitig ein (inneres?) Sich-Entfernen andeutet.[1]

Das Menuetto, nun wieder in C-moll, aber bereits im Vordersatz nach Es-dur modulierend, klingt vor allem im Nachsatz-Beginn wie ein Beschwören, gepaart mit Herzlichkeit. Doch hält das Beschwören in der entfalteten Dominante plötzlich inne, um nach 7 Vierteln Pause mit dem Neapolitanischen Sextakkord (u. d. h. gleichsam in Des!) fortzusetzen, wie, um aus einer weitest entfernten Gegenwelt (der Gedanken?) zurückzukommen und den Satz zu beschließen. Das C-dur-Trio, – meint es in seinem ununterbrochenen Achtelfluss die Vorschau auf eine glückliche Reise (= Zukunft)? Nach ihm rekapituliert das Dacapo nochmals all die Versicherungen der „Allen". Und das Finale, es verlässt die Sehnsuchtstonart endgültig und begibt sich, nun vollkommen in C-dur, in die Feier (der Abreise?) um nach den kontrapunktischen Fährnissen der Durchführung erst einmal in E-dur aufzulaufen, wie als Vorausschau eines vollen Genusses.[2] Und die Reprise? Ist es ein Zufall, dass sie in jenem die vorhergehende Sinfonie bestimmenden D-dur aufläuft, hinter dem die Rückmodulation

---

[1] Carl Maria v. Weber hat in der Verzweiflungsszene des Max (im *Freischütz*) diese Technik aufgenommen, um mit ihr im Sich-Auflösen der äußeren akustischen Tanzbestandteile den Weg nach innen zu verdeutlichen.

[2] Wir erinnern uns an Beethovens Klaviersonate op. 7!

nach C mit dreimaligem Bläserfanal den endgültigen Aufbruch markiert?

Dass die Sinfonie **93** sich gewissermaßen an die C-moll-Sinfonie anschließt, das demonstriert bereits deren *Adagio*-Einleitung des ersten Satzes. Sie eröffnet ein zweimaliges Unisono-D/d, wie die Ankündigung eines „Beginns" (in genereller Hinsicht) und einer Entwicklung des Spielens gleich einem Eröffnen von etwas Wunderbaren, das vorläufig nur den Vorschein jener im Es-dur mitschwingenden Erwartung des II. Satzes der C-moll-Sinfonie anspricht. Denn die Tonart erscheint erst einmal ausschließlich als Sextakkordklang und damit als noch nicht „wirklich". Das *Allegro* im beschwingten 3/4-Takt signalisiert eine freundliche Welt. Und dessen Seitengedanken steigert mit seinem je um einen Takt verlängerten Anlauf die Erwartung. Die Durchführung widmet sich dem vom Seitengedanken abgeleiteten Motiv. Und die Reprise (ebenso wie die Exposition) schließt ganz im Eindruck einer Ouvertüre einer nun erst anzuhebenden „Handlung".

Der II. Satz, ein *Largo cantabile* in G-dur, erscheint wie ein Eintreten in eine neue Welt, mit Vorsicht und Ehrfurcht, vielleicht ganz bildhaft mit Ehrenbezeugungen des Auftretenden. Die entsprechende (Ver-)Neigefigur bestimmt den rahmenden Hauptteil des Satzes. Dazwischen scheint ein Ausweichen nach G-moll schnell nach B-dur verschoben; und aus einer Kurzreprise entwickelt sich eine Art „Ereignis", sich wieder beruhigend. Doch auch der nächste Reprisenversuch gleitet ab, auch diesmal in den Bereich der B-Tonarten, in welchem die thematische Arbeit wieder B-dur erreicht, hier wiederum ein dramatisches Ereignis repräsentierend. Die Rückmodulation führt zur (in der Begleitung variierten) Wiederaufnahme des Anfangsgedankens. Doch auch diese führt zu einer *forte*-Aufgipfelung und einer gleichsam geheimnisvollen Passage, die in vier „*ten*."-Terzen *c"-e"* stehenbleibt, bevor ein *ff*-Fagott-C zum *Forte*schluss des Gedankens auffordert und zu einem Abebben ins *pianissimo* zurücksinkt. Wenn wir hier auch Haydn selbst als „auftretend" denken, dann mag man im Verlauf sein Auftreten in den unterschiedlichen

Situationen seiner ersten Konzertsaison mitsamt des von seiner Seite wohl relativ sprachlosen Auftretens in der englischen Welt annehmen.

Die thematische Kontur des Menuettos wird von aufwärts gerichteten Schleifern bestimmt, die vielleicht eine Art Zustimmung und Akklamation der Gesellschaft meinen. Diese erreicht im Trio mit seinen „verkündenden" Trompetenfiguren ihren Höhepunkt. (Darf man da an „Oxford" denken?) Und das Finale, von einer emphatisch ausrufenden Sexte bestimmt, „feiert" erst einmal, nicht ohne einen chromatisch-schmerzlichen Ausflug nach D-moll. In der weit ausholenden Durchführung mit ihrer scheinbar absichtsvoll fast trivialen thematischen Arbeit stößt solches auf ein (in der Begleitung fast auf die Sinfonie 101 vorausweisendes) Seitenthema in der Dominante, an dessen Fortspinnung die Spielenden resp. Feiernden sich nach Cis-dur gleichsam verirren, wo sie stecken bleiben und mit einem *fortissimo-D* in die richtige Bahn des Hauptthemas gebracht werden. Aber wieder geraten die Spielenden auf Abwege, um erst einmal auf einem Dominant-septakkord zu B fortzufahren, von wo sie in einiger thematischen Arbeit und einigen Modulationsgängen schließlich wieder auf das Seitenthema stoßen, nun in der Tonika. Danach streben sie in einer Art anhaltendem „Taumel" zum Schluss hin.

Man kann sich fragen – auch wenn Finscher sich (S. 364 ff.) bemüht, diese Sinfonie bewundernd zu beschreiben, weil ihr Erfolg überwältigend gewesen sein soll –, ob Haydn hier nicht *ironisierend* verfährt und seine Situation in England eher kritisch kommentiert, überspitzt formuliert nach dem Motto: „Die spinnen, die Engländer; aber sie sind äußerst liebenswert." *Und in eben diesem Sinn ironisiert er wohl sich selber und seine Situation!* Es scheint (mir), als gelte die hier gesteigerte Uneindeutigkeit als ein wesentliches Moment, das die Mit-Spielenden (Hörenden) in eine (fast) vollkommene Freiheit entlässt, ihrem Hören Sinn zuzumessen, in der sie aber ab und zu in die „richtige" Richtung gelenkt werden müssen.

Ist es tatsächlich so, dass Haydn mit den ersten drei Londoner Sinfonien (96 – 95 – 93) *sich selbst als einen in einer bestimmten Situation auftretenden Menschen* thematisiert hat, dann bildeten diese Sinfonien eine ganz wesentliche Brücke zur Musik des 19. Jahrhunderts. Sich selbst (und vorläufig bewusst!) als Vertreter einer Spezies „Mensch" wahrnehmen, – dies ist nur einem in allem (im ausdrücklichen Sinn) kulturell Erwachsenen möglich. Das Gleiche aber gilt wohl auch für den Hörer als Mit-Spielenden!

Und dies bedeutete wahrlich eine „Revolution". Diese besteht nicht darin, dass Haydn etwa in seiner C-moll-Sinfonie die auch in London spürbaren Auswirkungen der Französischen Revolution in sein Komponieren aufnähme; vielmehr besteht sie darin, dass er selbst sich als unabhängigen und sich selbst verantwortlichen Menschen entdeckt: Haydn hat sich selbst „befreit"; er hat dem Komponisten (in seinem „Amt" als Kapellmeister der Welt) ein neues „Recht" formuliert, nicht als Deklaration, sondern als kompositorische Praxis. Denn dass das Sujet nun aus der Beobachtung des Menschen selbst gebildet erscheint, nicht aus einer durch Dichtung modellierten Situation, Figur und Handlung, das ist es, was den Komponisten (u. a. gegenüber dem Dichter!) endgültig als autonom erscheinen lässt.

Ob Mozarts Sinfonie-Trias in Es, g und C dabei eine Rolle gespielt hat, erscheint mir vorläufig nicht so wesentlich, wie die Tatsache, dass Haydn nun die „Menschheitlichkeit" seiner Musik aus der eigenen (auf sich selbst blickenden) Beobachtung des Menschen unmittelbar ableitet: auch so – scheint mir – kann man den Begriff „autonome Musik" verwenden! „Autonome Musik", das sollte für uns eine aus einem autonomen Handeln des komponierenden Menschen herrührende Musik sein. In diesem Sinn können wir möglicherweise im Zusammenhang von Haydns Londoner Sinfonien von „autonomer Musik" sprechen. Dies schließt aber keinesfalls aus, dass auch diesen je ein Sujet (des Komponisten) zugrunde liegt, – nur ist dieses in Allem aus der eigenen menschlichen Erfahrung, dem eigenen Dasein, gebildet und verantwortet (ohne dass der Komponist „sich", als Person und Schicksal, zum Sujet seines Komponierens machte!).

Seine „Revolution", die findet ihre Entsprechung im Finale der mittleren Sinfonie: im C-dur dieses Finales, das als Tonart vielleicht nur die Sehnsucht des C-moll vom Beginn erfüllt, das aber in den *ff*-Trompeten-Fanalen des Schlusses solche „Befreiung zu" geradezu feiert, – auch wenn es im Moment kaum mehr als den endgültigen Entschluss bedeutet, in die neue „Welt" aufzubrechen. Wenn Finscher (S. 362) die Sinfonie 96 mit den auch in London spürbaren Auswirkungen der französischen Revolution in Verbindung denkt, dann entspricht dies einem kunstwerklichen Denken, das den Komponisten eher von der handwerklichen Seite an einem gesellschaftlichen Umbruch teilhaben sieht. Doch wenn man Musik als eine jener besonderen Tätigkeiten betrachtet, durch die der Mensch sich als der, der er je ist, zur Geltung bringt, dann erscheint Haydns persönliche(!) „Revolution" zu diesem Zeitpunkt einerseits als altersgemäßer Zufall, der mit jener in Frankreich nichts zu tun hat, und dann doch eben wieder nicht: sie ist Ausdruck seiner selbstverständlichen Teilhabe an den gesellschaftlichen Veränderungen, die Haydn gleichsam unwillkürlich (und altersgemäß) vollzieht. Gleichzeitig spielen die begleitenden Bedingungen, der Schritt in die relative Unabhängigkeit, die handfeste Anerkennung durch die Welt sowie der Aufbruch in eine neue „Rolle" als „primär" Komponist so etwas wie Geburtshilfe. Es erscheint durchaus wesentlich, dass Haydn diese Sinfonien in und nach seinen ersten Monaten der Erfahrung in London komponiert hat!

*

Wenn wir die drei weiteren Sinfonien durchhören, die der Komponist während seines ersten Londonaufenthalts entwarf, dann können wir als Hörende noch weit weniger über mögliche Sujets der einzelnen Sinfonien spekulieren, als wir das vielleicht vorher vermochten. Dies bedeutet aber auf der anderen Seite, dass wir dann, wenn wir von einer möglichen Sujet-Grundlage im Prinzip überzeugt sind, auch die Freiheit und das Recht besitzen, von den je möglichen Sujets eine eigene Vorstellung zu entwickeln. (Dass dies nicht beliebig und voraussetzungslos geschehen sollte, das gilt selbstverständlich auch hier…) Natürlich wissen wir nicht, ob Haydn sich in den folgenden Sinfonien selbst „zur Sprache" bringt. Dies ist auch nicht entscheidend und von uns gemeint; als wesentlicher nahmen wir an, *dass Haydn die jeweilige Vorstellung vom in einer Situation handelnden Menschen nun selbst formuliert,* auch weil diese von seiner eigenen abgeleitet ist…

Für die Sinfonie **97**, die zuletzt (also nach den Sinfonien 94 und 98) in London entworfene, liegt das insofern nahe, als sich einige formale Eigenheiten – man lese Finschers treffliche Charakterisierung, S. 370 ff. – aus dieser Richtung einsichtig machen lassen. Auffällig erscheinen im I. Satz zwei Momente: das eine ist ein Motiv des Überziehens eines langen Wertes in den nächsten Takt, das wir als eine Art „Hingezogensein" interpretieren können und das sowohl Einleitung als auch Durchführung und schließlich Coda je fortspinnend zitieren. Es stellt ein Art Grundmotiv der Situations- oder Konstellationsskizze dar. Das zweite Moment ist das Unisono-Motiv mit dem das *Vivace* nicht nur beginnt – auch die langsame Einleitung wird mit einem Unisono-C eröffnet –, sondern mit dem dessen Coda auch endet: wie ein „Schlussstein", eine Aufforderung, es genug sein zu lassen. Die Verwandtschaft mit jenem Beginn der Sinfonie 95, die wir als eine Art „Imperativ" bezeichnet haben, er ist überaus deutlich wahrnehmbar!

Tatsächlich beginnt das *Adagio* des ersten Satzes wie eine Erzählung, wie etwas, was einem in den Sinn kommt, nennen wir es „Erinnerung", und die, bevor sie noch zu Ende formuliert ist, den „Entschluss" des *Allegro*-Einsatzes herausfordert, den unerbittlichen Gedanken eines „Jetzt ist es Zeit", der hier regelrecht einbricht. Die achttaktige Ausformulierung des Kopfgedankens gibt sich wie eine bewusstseinsmäßige Überprüfung und Bestätigung, der einige innere Fragen nachfolgen, die aber (Takt 40 ff.) vom apodiktischen Kopf des Themas (fast durchführungsartig) weggewischt erscheinen. Eine „wilde" Unisono-Modulation über As und Es führt schließlich zu einem Innehalten in der Doppeldominante; und nach einem Takt Stille spiegelt der Seitengedanke einen ländlerartigen Vorschein eines zu Erwartenden. (Ist hier das heimatliche Wien gemeint?) Nimmt man die Annotation betr.

Rebecca Schroeter hinzu, wie sie die Literatur andeutet[3], dann wird die Gegenüberstellung des imperativen Kopfgedankens in Es und dann in D – letzteres erinnernd an die Sinfonien vom Beginn seiner Londoner Zeit und damit unserer Interpretation nach an ihn selbst – als Konflikt zwischen einer „Liebe" (Es-dur!) und dem „Ich" lesbar. Genau dieser scheint nun fortgesponnen mittels eines Motivs, das wir als ein „Hingezogensein" charakterisierten, – nur wissen wir nicht, in welche Richtung. Die Reprise gibt noch keine Antwort, denn deren Fortspinnung des Hauptgedankens wechselt plötzlich nach As, einer überaus problematischen Tonart, in welchem dieser Gedanke mit *sforzandi* verstärkt auftritt, um in der „wilden" Unisono-Modulation zurück zur Dominante geführt zu werden.[4] Entsprechend folgt nun jener ländlerartige Seitengedanke (in C), der hier aber nicht zu einem befriedigenden Ende geführt ist, sondern in einer aufsteigenden Chromatik innehält. Und nun setzt eine in die B-Tonarten modulierende Fortspinnung mittels des Motivs des „Hingezogenseins" ein, das schließlich mittels wie „flüchtender" Streicherfiguren über an das Kopfmotiv erinnernden Klangauffächerungen zur Dominante strebt, hinter der schließlich der Hauptgedanke den Satz beschließt. Die formale Besonderheit dieses Satzes könnte also durchaus aus der sujetbedingten Situation stammen, die hier skizziert wird, aus der Konstellation eines Zwiespalts, eines Hingezogenseins in eine Richtung, die durch ein solches in eine andere in Zweifel gezogen wird, schließlich aber durch das demonstrative Kopfthema am Schluss zugunsten der ersteren entschieden scheint.

Der II. Satz, ein „*Adagio, ma non troppo*" in F-dur, steht in unserer Vorstellung für ein „Auftreten" eines Protagonisten, hier: im

---

[3] Vgl. Renate Ulm, *Symphonie in C-Dur, Hob. I:97. Überschäumende Lebensfreude*, in: Dies. (Hrsg.) *Haydns Londoner Sinfonien. Entstehung – Deutung – Wirkung*, München u. Kassel etc. 2007, S. 116.

[4] Selbstverständlich ist es nicht untypisch, dass die Überleitung zum Seitengedanken innerhalb einer Reprise sich von der in der Exposition unterscheidet. Doch die Art, wie dies hier geschieht, über ein Zitat im „Gräberton", dies stellt wohl einen jener Anker dar, die auf das zugrunde liegende Sujet weisen.

Sinne eines „Lebewohl!", das als Motiv gesteigert von der Versicherung eines „es war so wunderschön" o. ä. ergänzt wird. Daraus baut Haydn erst einmal einen zweiteiligen Liedsatz, dessen Wiederholungen ausgeschrieben sind und dessen zweiter Teil in sich je durch eine sich aufschwingend ausschreitende Linie (auf letztlich 14 Takte) erweitert sich gibt. Gleichzeitig erscheinen die „Versicherung" verdoppelt und die Zeilenwiederholungen durch zunehmende Stimmfülle aufgewertet. Die für Haydn (nun schon) typische Variation intensiviert die „Herzlichkeit" der „Aussage" und „Versicherung" durch Umspielen der Oberstimme bei gleichzeitiger Reduktion des anderen stimmlichen Geschehens auf seinen harmonischen Kern. Diese Technik des Variierens entspricht hier gewissermaßen einer sprachlichen Maßnahme in der Instrumentalmusik: nämlich in der Explikation des Auszusprechenden um einen wesentlichen Grad persönlicher bzw. intimer zu werden. Dies leistet, noch um einen Grad angehoben, im Weiteren die Variation 3 mit ihrer Umspielung in Sechzehntelfiguren statt der Triolen. Doch folgt der ersten Variation eine zwischengeschaltete Mollvariante, die zwar vom Vokabular des Themas ausgeht, dieses aber zu einer neuen dramatischen Gestaltung führt, gleichzeitig von F-moll nach As-dur sich wendend. Solche Modulation erlebt man zwar (auch) als „Aufhellung", doch durch die dazu herangezogene Chromatik als möglicherweise schmerzlich. Da wir (grundsätzlich) von der Annahme eines zweiten Satzes als ein „Auftreten" und (Sich-)Äußern eines Menschen ausgehen, können wir vermuten, dass gerade die neu eingeführten *fortissimo*-Figuren eine drohende, unangenehme und möglichst zu meidende Aussicht „ansprechen", ein – benennen wir es einmal mutig sprachlich! – „ein notwendiges Lebewohl, weil…, denn, wenn nicht, dann…". „Also" folgt das umso intensivere „Lebewohl" der dritten Variation gewissermaßen konsequent! Und diese setzt sich mit Sext- und Quintschleifern wie ein isoliertes „Versichern" fort, ins *diminuendo* versickernd und doch nochmals in dramatischen, tremologestützten *sforzato*-Ausrufen und in einem betonten und wiederholten verkürzten Sept-Non-Akkord mit verminderter None, – einem in alle (vier Himmels-)

Richtungen „auflösbaren", aber hier durch den demonstrativen Orgelpunkt *f* gezügelten Akkord! – kulminierend und erst dann im *diminuendo* gleichsam gestisch Abschied nehmend. Von wem? – von England, von London oder von Rebecca Schröter? Wir müssen es nicht wissen; aber wir haben die Freiheit, uns im Hören eine Möglichkeit vorzustellen.[5]

Wenn wir auch hier das Menuetto als Reaktion der „Anderen" oder „Allen" ansehen, dann erscheint der dritte Satz hier erst einmal fast wie eine „Lobeshymne" der Allen (auf Haydn?), und das Trio mit dem Solopart der Violine im Besonderen als ein „Dank" Salomons. Eingestreut sind Passagen mit verkürzten (und entsprechend durch Pausen abgesetzten) Notenwerten. Repräsentieren sie ein durch emotionale Bewegtheit bedingtes relatives Sprachloswerden? Und der aus einem Motiv des Anfangsthemas gebildete Nachsatz betont mit seinen abwärts gerichteten Figuren die Ehrenbezeugungen; vielleicht flicht er mit seinem auseinandergelegten C-moll *en passant* eine Klage über den bevorstehenden Abschied ein.

Und das Finale, – sicher „feiert" es ein allgemeines „Vivat". Aber man kann es auch differenzierter sehen: als ein typisches Abschieds-„Thema", das in seiner inneren Korrespondenz des ersten Achttakters abstrakt „konkret" wird: als bestürmende „Frage" im Sinne eines „Wann kommst du (komme ich?) wieder?" und als versichernde „Antwort" des mehr als über eine Oktave nach unten geführten Unisonos. Das angeschlagene Thema wird von Haydn erst einmal sinfonisch ausgearbeitet, wobei ein kontrastierender Mittelteil – von der Unisonopassage abgeleitet – alle „Wenns" und „Abers" anzuführen scheint, wonach die Versicherung wohl eher in einem „Vielleicht" und im *pianissimo*

---

[5] Vielleicht sollten wir uns endgültig darüber klar sein, dass Haydns langsame Sinfoniesätze so etwas wie („Rezitativ" und) „Arie" (im allgemeinen Sinn) ersetzen. Dabei spielt Variieren eine (von Haydn im Laufe der Zeit für sich entdeckte!) wesentliche Rolle, weil es die Intensivierung (in unterschiedliche Richtungen) erlaubt, wobei der typische Minore-Abschnitt einem den Gegengedanken vertretenden B-Teil entspricht, der die Wiederaufnahme des Ausgangsgedankens als eine Art Resultat rechtfertigt.

versickert. Dem folgt ein erstes Couplet, dessen rahmende Passagen überm Orgelpunkt auf die besondere Ehrerbietung (der englischen Gesellschaft) weisen, während das innere Geschehen diese „Korrespondenz" in einer Art „Wahrhaftigkeit" austrägt, mit vielen auf Unsicherheit weisenden Fauxbourdonklängen in den absteigenden „Versicherungen". Anderseits – und dies passte ja zu unserer Interpretation des II. Satzes – geht die folgende Kurzreprise schon in der zweiten Aufnahme des „Frage"-Teils in eine Modulation nach Es-dur über und entwickelt sich ungewöhnlich dramatisch als gleichsam Bestürzung und fast verzweifelte „Beantwortung". Schließlich, nach einem *fortissimo*-Auflaufen in der Dominante B und einem Innehalten, hebt das Spielen zu einer erneuten nun anders charakterisierten Fortführung an: wie ein Sich-Begreiflich-Machen eines Unabänderlichen, das das „Versprechen" schließlich in parallelen Sexten und Terzen erneuert, nun ohne Fauxbourdonanklänge. Ein chromatisch getönter Übergang führt zur Reprise, die im Schlusssatz vorerst (und zweimal!) wie in einem heiligen Schwur retardiert, bevor die aus dem Thema herausgelöste motivische Wendung das sozusagen „Komm wieder" beschwört, abgeschlossen von einem chromatischen Aufstieg eines unbedingten (aber wohl schwierig einzulösenden) Entschlossenseins.

9. Zwei Londoner Sinfonien »ad hominem«?
Zum Gedenken Mozarts und zum Bedenken seiner selbst

Die Tatsache, dass wir die zuletzt im ersten Londonaufenthalt komponierte Sinfonie ebenso auf Haydn als Sujetträger beziehen können, wie die ersten drei, gibt zur Annahme Anlass, dass auch die beiden anderen ihr Sujet seiner persönlichen Vorstellung und seinem Umgang mit sich(?) in London verdanken. Wann die Sinfonie 98 in B-dur entstanden ist, das steht nicht fest. Der Herausgeber der Sinfonie in der Gesamtausgabe (Robert v. Zahn) nimmt an, dass sie „in Grundzügen wohl schon im Sommer 1791 konzipiert wurde, als Haydn mehrere Wochen auf dem Landgut des Bankiers Nathaniel Brassey in Roxford (Hertfordshire) weilte".[1] Wenn dies so wäre, dann schlösse die B-dur-Sinfonie unmittelbar an die Trias 96-95-93 an; und dies würde u. U. Sinn machen, wenn wir diese Sinfonie als eine Art Dokument der (nun auch!) künstlerischen Selbstbefreiung ansähen. Anderseits spricht viel in ihren Besonderheiten dafür, dass sie (als Ganze?) aus dem Bewusstsein von Mozarts Tod geschrieben oder zumindest endgültig gefasst wurde. Damit stellt sich für uns die Frage, welche Situation es denn sei, in die Haydn jemanden/wen? „auftreten" lässt, und wer die „Allen" sind, die darauf reagieren und im Finale die „Lösung" feiern. Ist es letztlich Haydn selbst, der sich im Gefühl des die Tonart B-dur hier repräsentierenden „Großartigen" beständig in ein „Denken-an" gestellt sieht? Damit würden beide Interpretationen erfüllbar…

Sicher käme es für eine solche Interpretation wesentlich auf jene des zweiten Satzes an, bei dessen Hören man sich – auch ohne noch von Toveys Analyse zu wissen – die Notiz „Mozart" in das Hörprotokoll schreibt.[2] Ihn könnten wir als eine N ä n i e betrach-

---

[1] Zitat Vera Baur, *Symphonie in B-dur, Hob. I:98…*, in: Ulm 2007, S. 89.
[2] Den Hinweis auf Donald Francis Toveys Charakterisierung des Satzes *„It might almost be called his Requiem for Mozart"*, in: *Essays in Musical Ana-*

ten; wir hören ihn als eine *lobpreisende Klage* über den Dahingegangenen, über den Freund und Bruder im Geiste. Der Satz ist
kein „Trauergesang", sondern ein Auftreten (Haydns) im Geden-
ken-an. Dabei wird dieser liebevoll benannt (Takte 1-4), wird die
„Vorsicht" klagend nach dem „Warum?" angerufen (Takte 5 ff.),
die „einen unersetzlichen Mann in die andere Welt fordern sollte"[3], ihn, den so Unersetzlichen (10-13). Solcher wird nun gleichsam in den Worten des Trauernden nochmals „lebendig", offensichtlich auch mit seinen Mitteln „vor Augen gestellt"[4] (*dolce*, 14
ff.). Dies mündet implizit in eine Chiffre des Schmerzes, in eine
(Takt 23) das „Abwärts" der Quintenreihe vertretende engstschrittige melodische Kadenz (hier: *fis-f-as-g*, ein *b-a-c-h*-Motiv!),
der man in dieser Sinfonie in allen Sätzen in irgendeiner Form
begegnet und die ja nichts anderes darstellt, als das auf die klein-
sten chromatischen Intervalle gestauchte Anfangsmotiv, das wir
mit der geradezu zärtlichen „Nennung" als Beginn in Zusammenhang gebracht hatten. Schließlich macht sich im Wechsel zu
As-dur (25) die Anlage der Furchtbarkeit des Todes, ins *fortissimo* anschwellend, Luft, um dann doch (29) in dieser Tonart in eine
klagende Würdigung seines Verlustes durch den Tod überzugehen. Und im Zuge der Rückmodulation erscheint nun jenes ins
Chromatische gestauchte Motiv als Ausdruck des höchsten
Schmerzes, dreimal von G-dur über C-moll zu D-moll und auch
im Orchester gleichsam in die „Höhe" aufsteigend, bevor das
Geschehen, weiter im *forte* und betont in A-dur, „endet". Dieses

---

lysis. Symphonies and other Orchestral Works (1935 bzw. 1981), entnehme ich
Finscher, S. 368; vgl. dazu ebda, S. 396, Anm. 69.
[3] Zitat aus Haydns Brief an Joh. Mich. Puchberg vom Januar 1792; vgl.
Bartha 1965, S. 270.
[4] Falls es zutrifft, dass hier Bezug auf Mozarts Jupiter-Sinfonie genommen
ist, dann kann dieser sich wohl nur auf das stützen, was Haydn im Ge-
dächtnis hatte. Können wir annehmen, dass Haydn auch Mozart-
Partituren mit in London hatte? Wohl kaum! Gem. Gülke erschien die
Jupiter-Sinfonie erst 1793 im Druck. Gülke vermerkt das Zitat aus Mozarts
„Andante cantabile" (Takte 28 ff. und 76 ff.) im *Adagio cantabile* Haydns
(Takte 15 ff. und 59 ff.). Vgl. Peter Gülke, *Im Zyklus eine Welt. Mozarts letzte
Sinfonien*, Zweite Auflage. Mit einem Nachwort, München (Carl Friedrich
von Siemens Stiftung) 2015, S. 63 f.

A-dur, steht es für die „Hoffnung des Wiedersehens" (Schubart), einst, in einer „anderen Welt"?[5] Wie zurückkommend in die „Gegenwelt" des Diesseits setzt im harmonischen Gegenklang F-dur die Reprise ein, in der der viertaktigen Bildung (die wir oben mit der „Nennung" des Dahingegangenen in Zusammenhang brachten) ein „Band" des Violoncellos geflochten wird, nicht ohne schmerzliche Chromatik. In Takt 68 (entsprechend vorne, in der sozusagen Exposition, Takt 25, dem Beginn der „Anklage" des Todes) bleibt das Spielen im *pianissimo* Sextakkord des Trugschlusses stehen. Dem nun eingeschobenen *forte*-Takt, der wie eine Frage („Könnt ihr das verstehen?") einzeln bleibt, folgt in einer Art Coda nochmals die „Nennung" des Dahingegangen „wörtlich" u. d. h. das Anfangsmotiv in orchestral entfaltete und gleichwohl *dolce piano* bleibende „Großartigkeit" verwandelnd. Und in schließlich aufwallender schmerzlicher Empfindung, die sich ins *forte* steigert und auf dem Sextakkord von B abbricht, nimmt der Auftretende mit einem „stillen" Gedenken (78-81) und wie den Namen segnend nennend Abschied. (So kann man den Satz lesen, so kann man ihn hören; man muss es nicht.)

Der in der Literatur herausgehobene erste Satz als ein aus einem Thema entwickelter, *Adagio*-Einleitung und folgendes *Allegro* thematisch verknüpfend und deshalb vielbewundert, begründete solches Vorgehen (hier) mit der doppelten Rolle dieses „Themas", auch für die existenzielle Verfasstheit Haydns hier und an sich einzustehen: der Aufwärtsbeginn als „den Anfang aller Musik" demonstrierender Dreiklang, der durch eine kadenzielle Abwärtsbewegung von der Oktav zum Ausgangspunkt zur sinnvollen „komponierten" Gestalt vervollständigt erscheint. Doch formuliert diese in der Tonart B-moll eine vor-läufige Ausweglosig-

---

[5] Vgl. Brief an Marianne v. Genzinger vom 20. Dezember 1791, in welchem Haydn andeutet, ein Gerücht von Mozarts Tod vernommen zu haben: „ich freue mich kindisch nach Hauß um meine gute Freunde zu umarmen. nur bedaure ich dieses an den grossen Mozart zu Entbehren, wann es anderst deme [= keme?] also, welches ich nicht wünsche, daß Er gestorben seyn sollte. die nachweld bechomt nicht in 100 Jahren wider ein solch Talent."

keit, eine Situation des Missvergnügens, gleichsam einer „Nacht"
(um mit Schubart zu reden). „Liest" man die *Adagio*-Einleitung im
Sinne der Tonartencharakteristik der Zeit, dann wird dieser Dreiklang erst einmal nach Ges-dur umgelenkt, wie zu einer Art
„Licht" am Horizont. Und im folgenden Des-dur wird sich der
Entwerfende der Aussicht sozusagen gewiss, um von da in einem
aufwärts strebenden chromatischen „Sich-Bemühen" nach F-dur
zu lenken und in der noch deutlichen Dominante von B-moll
einen musikalischen Doppelpunkt zu formulieren, durch punktierte Akkordwiederholungen die Erwartung (bzw. den Willen)
steigernd. Tatsächlich „entsteht" („erwächst") der wie selbstverständliche Beginn des *Allegro*s in B-dur mit seiner vorläufig wie
G-moll als Subdominantvertreter einschließenden Zwischenstufe!
– und diese sich wie gewaltsam eindrängende und auf ein Moment des Bewusstseins weisende Zwischenharmonie fällt jedem
auf, der versucht, diesen Verlauf singend nachzuvollziehen![6] – als
in sich nun fertiges Gebilde, mit dessen prozessualem Vorgang
das Erreichte noch dreimal bestätigt wird, ausdrücklich „fröhlich"
kontrapunktisch begleitet. Beim dritten Mal erscheint auch die
Zwischenstufe Subdominante mit hinzugefügter Sexte (vorläufig)
harmonisch vereinnahmt. Als ob die Herausbildung des „Themas" (im doppelten Sinn) der situativ bestimmende Prozess sei;
denn den vorausgehenden thematischen Bildungen in der *Adagio*-
Einleitung eignet eben die besondere melodische und harmonische Zwischenstufe nicht.

Die „Bestätigung" des „Themas" setzt sich nicht nur in einer
Art orgelpunktgestützter Coda fort (wie um in seiner situativen

---

[6] Man kann diese Tonfolge hinter dem Dreiklang auch als Quartenfolge
(im Sinne von Dominantakkorden) lesen: als D→G→C→F→B. Vgl. Takt
25 der Durchführung, wo in eben dieser Weise chromatisch(!) von F-moll
zu Es-dur moduliert wird (f→G→C^7→F→B^7→Es), wobei die Septakkorde
jeweils als Quintsexakkorde gebildet sind und damit im Bass eine
engschrittige umgekehrte Variante aus der zweiten Themenhälfte formulieren (die ja tatsächlich einer solchen in den Obertimmen antwortet!).
Gleichzeitig kann man die unterschiedliche Artikulation der Abgangstöne
beachten, die dann auch im Allegro erst einmal einer Auffassung z. B.
einer emphatischen absteigenden Sexte (*b'–d'*) entgegenwirkt.

Ruhe zu verweilen), sondern in einem 14 bis 15 Takte lang gleichsam beschworenen Insistieren auf der Tonika B-dur, bevor sich dann doch die Modulation über G-moll zur Dominante hin in Bewegung setzt. In ihr erreicht das Spielen, über eine signifikante chromatische Figur in die Doppeldominanttakte mündend, das „Thema" (nun in der Dominante). Doch bleibt dieses nicht „stehen", sondern zieht in einer durch abwärts sequenzierende Quarten erweiterten Form weiter in ein wie stufenweises Höherstreben. Diesem folgt nun als ein wie zweiter Gedanke eine engschrittige Bildung im Bass ([*Es*→]*Fis*→*G*→*E*→*F*), über der sich im oberen Bereich synkopische Vorhaltsauflösungen vollziehen. Diese, wiederholt und durch gegenläufige *sf*-Läufe verbunden, münden über von Laufwerk kontrapunktierten und sequenzierend absteigenden, synkopischen Vorhalten in das in Pfundnoten auseinandergezogene Motiv *c"*→*cis"*→*d"*→*h'*→*c"* (des sozusagen Seitensatzes), ein Motiv, wie wir es ähnlich auch im zweiten Satz vorgefunden haben. Diese melodisch engstschrittige Kadenz, *piano* und *espressivo* überm Orgelpunkt *f*, wendet sich beim zweiten Mal zu Es-dur hin, das aber sofort verlassen wird, um in das Schlussspielen auf der Dominante einzubiegen.

Im Umgang mit dem Thema in der Durchführung auffallend ist die thematische Arbeit, die sich vor allem auf das Variieren des thematischen Abgangs konzentriert, mal in Terzen, mal nach dem *fortissimo*-Einspruch (Takt 140) in Quarten, danach aber in alle möglichen Intervalle wechselnd. Auffallend die Signale (wie von Trompeten) auf G, C und wiederholt auf D. In der Reprise (Takte 209 ff.) fällt die vermehrte aufsteigende Chromatik sowie das Herausstellen des engschrittigen Motivs in Pfundnoten auf, zweimal auf B, das zweite Mal „verdoppelt" und erst einmal nach F-moll führend. Von da gelangt das Spielen in aufsteigender und akkordisch verdichteter Chromatik (und harmonischer Alteration), also sozusagen in größter Mühe zu B-dur „hinauf", in welchem das „Thema" erst einmal gefeiert erscheint, bevor eine Coda, auf einem lange motivisch ausgesponnenen Septakkord beginnend, den Satz in B triumphal beendet.

Ist diese durch den ersten Satz skizzierte Situation eine des
Komponisten selbst, eine Situation der Hoffnung und der Mühe,
etwas zu erreichen, trotz Ablenkung durch dramatische und
emotional erschütternde Ereignisse? Wir müssen uns klarmachen,
dass es Haydn um das Entwerfen einer Daseinszeit „Hören" als
ein Mit-Spielen zu tun ist, und dies für Menschen, die sich in
solchem Prozess als typisch menschliche Situationen, Verlautba-
rungen und Emotionen Durchlaufende (= an und in sich Erleben-
de) zur Geltung bringen. (Haydn geht es nicht darum, eine
„Trauerfeier für Mozart" zu veranstalten.) Entsprechend stimmen
die „Allen" nun im Menuetto in das Streben, gleichsam über sich
hinauszugelangen (das die „Situation" des ersten Satzes skizziert
hatte), mit ein. Der Auftaktbeginn des Menuettos ist nicht einer
von der fünften Leiterstufe zur ersten und auch nicht einer der
die emphatische Sexte zur dritten Stufe anschlägt, sondern er geht
im Vorschlag noch darüber hinaus bis zur Oktav. Und solches
Streben deklariert auch das weitere melodische und harmonische
Vorangehen bis zum Takt 12, an dessen erstes Viertel sich ohne
Weiteres mit dem zweiten Viertel von Takt 18 fortfahren ließe.
Anders gesagt: zwischen den Takten 12 und 18 erleben wir eine
Einschaltung, die möglicherweise nachträglich erfolgt sein mag
oder als solche absichtlich kenntlich sein soll: ein aufwärts und
abwärts und auffallend chromatisch im piano kontrapunktisch
gestalteter stimmlicher Prozess von sechs Takten, voller Strebens-
und Leidensfiguren. Der B-Teil wechselt vom Dominantschluss in
eine Moll-Subdominante (von C-moll) mit der Terz *As* im Bass,
um nach vier Takten tatsächlich im *diminuendo-piano* nach As-dur
zu wechseln; das Denken an das „Grab" wie eine „Aufhellung"?
Nach sechs Takten beginnt das Spielen (über *As* als None des G^7-
Akkordes) zurückzumodulieren und mittels einer Streicherlinie
zur Dominante F, um in B zur Reprise anzusetzen, die bereits
nach vier Takten harmonisch und rhythmisch dynamisiert zu
einem Höhepunkt strebt. Auf diesem folgen *piano*-Einschub und
Schlusstakte. Dass das Trio die intervallische Konstellation des
Adagio-Beginns aufnimmt, das ist in der Literatur verzeichnet; es
transferiert sie in eine Art Reigen.

Das Finale, ein *Presto* im 6/8-Takt, wird in der Literatur als „das komplexeste und ambitionierteste Finale" hervorgehoben, das Haydn je entworfen habe. Doch wird man den Eindruck nicht ganz los, solche Heraushebung verdecke auch die Ratlosigkeit, mit diesem Satz wirklich etwas anfangen zu können. Und da hält sich die Beobachtung schnell an die sogenannten „Überraschungs-Coups" oder sie mündet in das Urteil, „dass hier jede normale Hörerwartung auf die Schippe genommen" werde.[7] Auch Finscher, der dieses Finale als das „originellste der Werkgruppe" bezeichnet und den Satz einer *Chasse* nahestehen sieht, hebt „an zwei strategischen Punkten [die] »agreeable Caprice«" hervor: ein „grotesk »gemütliches« Solo für Salomon in der falschen[sic!] Tonart As-Dur" am Beginn der Durchführung sowie die Coda, „die den gemütlichen Ton durch Verlangsamung (»più moderato«) wieder aufnimmt und am Schluss Haydn mit einem kleinen Solo am Fortepiano präsentiert".[8]

Natürlich haben auch wir keine „Lösung" dafür, wie der Satz intentional zu verstehen sei; doch sollten wir ihn (wie alle Sätze Haydns!) von vornherein ernst nehmen und aller voreilig unterstellten Tendenz zum „Spaß" misstrauen. Immerhin fällt schon am Hauptthema des Satzes auf, dass das Motiv der ersten beiden Takte (und folgend auch die zweite „Zeile") in eine punktierte Viertel mündet, gleich einem metrischen Zeilenende, und den Sechsachtelfluss regelrecht stoppt. Unterstellen wir (als Lehre aus den „Sieben Worten"), dass Haydns Themen tendenziell wohl in der Wurzel sprachgezeugt sein könnten, dann erscheint das Miteinander-„Feiern" des Finales hier einer „Aussage" in der Form eines Limericks zu entspringen: zwei Langzeilen folgen zwei Kurzzeilen und eine abschließende Langzeile, wobei die ersten beiden feststellen, die Kurzzeilen so etwas wie eine Handlung hinzufügen und die letzte Zeile eine Art Konsequenz zieht.[9] Wir

---

[7] Baur, S. 91
[8] Finscher, S. 368.
[9] Zwar wurde diese Gedichtform erst in der ersten Hälfte des 19. Jahrhunderts kodifiziert, doch existierte die Form (u. a. in lateinischer Spra-

kennen den Wortlaut nicht, wissen auch nicht, ob Haydn nicht ausschließlich nur die metrische Form und mit ihr tatsächlich auch eine der inhaltlichen Ausrichtung entsprechende harmonische Ausrichtung der Zeilen übernommen hat; und vielleicht hatte der Ausgangstext tatsächlich etwas mit dem Thema „Jagd" zu tun, dem beliebten Sport vor allem des englischen Adels. Denn der Wiederholung der ersten achttaktigen Bildung folgt eine Jagdmotivik, einschließlich ihrer Fortspinnung. Nach einem Abkadenzieren in F und einem Innehalten folgt ein wie zögernder Rückgriff auf das Hauptthema, um aber sofort dessen erste „Zeile" modulierend und verarbeitend weiterzuführen in eine Motivik, die wir aus dem 19. Jahrhundert als mit dem Drehen des Spinnrads verbunden kennen (Takt 52 ff.). Dies ist wohl kaum als ein Seitenthema anzusehen, eher als Durchgang zu einem ausgedehnten Spiel in der Doppeldominante, das sich anschickt, einen Zwischenschluss in der Dominante herbeizuführen und zu bestätigen. Dieser könnte in Takt 86 erreicht sein; hier schon weist sich der Expositionsteil dieses Finales als umfangreicher aus, als dies bei anderen der Fall ist, die nach etwa 65 Takten den Schluss der Exposition erreichen. Denn nun setzt ein betont einfacher Seitengedanke ein, zusammengesetzt aus einer aufstrebenden und am Ende zum Ziel abknickenden Tonleiterlinie über einem Dominant-Tonika-Wechsel. Über eine gleichsam konsequent erweiterte Kadenz von Bläserakkorden folgt eine variierte Wiederholung mit einem deutlich intensivierten „Ziel" der aufstrebenden Linien nach dem Abknicken, um dieses Mal in ein schmerzliches Innehalten der kadenzierenden und tritonusgeschärften Akkorde zu münden. Hinter einem durch Pausen abgetrennten dreifachen Bläsersignal findet das Spielen nur zögernd in das „alte Geleise", um nun dem Zwischenschluss auf der Dominante zuzustreben.

Solche Exposition beendet – und das scheint vor allem für den Übergang in die Durchführung nach der Wiederholung der gesamten Exposition wesentlich – ein zusätzlicher Pausentakt, ver-

---

che!) bereits Jahrhunderte vorher. Aus dem 18. Jahrhundert ist sie u. a. als Form von Kinderreimen bekannt.

längert durch eine Fermate auf der letzten Achtelpause. Und die Durchführung beginnt nach solchem betonten Innehalten mit *piano*-Begleitakkorden und jener Tonleiterlinie des Seitenthemas, die wir als gleichsam in die Exposition eingefügt ausgemacht haben. Doch geschieht dies zum einen in äußerst zarter Form mit der Solovioline (Salomons?) und zum andern in As-dur, mit ihrer sechsmaligen Aufnahme nach Des-dur modulierend. Ein „Scherz"? Wohl unvorstellbar! Eher ein intimer, ganz nach innen gelenkter „Gruß"! Er könnte etwas mit dem Gedenken an den Freund zu tun haben; und vielleicht geht die Vorstellung gar zu einem solchen *von ihm*, aus der „Grabestonart" zu der „Leid und Wonne" umfassenden, ja möglicherweise ein stilles „Lächeln" meinenden Tonart über?[10] Dass die Fortführung enharmonisch – aus *des* wird *cis* – erfolgt und dabei nun in durchaus „äußeren" Seufzern und von da geradezu forsch in die Hoffnungstonart A-dur gerückt erscheint, das könnte die letztere Annahme stützen. Dass in ihr die variierte und gleichsam zielbetonte Wiederholung des Seitengedankens aus Tonleitern erscheint, das lässt auf einen Prozess (des Bewusstseins?) schließen, der sich nun nach A-moll wendet und im lang andauernden Modulationsprozess auf D-dur hinarbeitet. Und nochmals wechselt die „Optik", indem Haydn nun den angesprochenen Seitengedanken in Es beginnt, ihn aber unfertig in einem aus kleinen Terzen (u. d. h. aus zwei Tritoni) gebildeten Klang und von da zur Dominante von C-moll auflaufen lässt. Auch der nochmalige Versuch, nun in C-moll, bleibt in der entfalteten Dominante zur Haupttonart stecken, um dann zögernd zur Reprise zurückzufinden.

---

[10] Ist es Haydn selbst, der sich (= seine Vorstellung) in den Londoner Sinfonien zum Ausgang für ein typisch menschheitliches Handeln nimmt, dann könnte die rechte Interpretation dieses Durchführungsbeginns zum Verständnis der ganzen Sinfonie führen. In ihr repräsentierte der letzte Satz dann die Teilhabe am Leben auf dem Lande um sich (u. d. h. – entspr. Baur, S. 89 – auf dem Landgut des Bankiers Brassey in Roxford / Hertfordshire), in das eben das Gedenken an den Freund, ja möglicherweise sogar die Vorstellung seines „Verständnisses" für ein solches Verhalten hineinreicht.

Diese Reprise fasst das Wesentliche der Exposition in gestauchter Form zusammen; sie umfasst nur 95 Takte, statt 147 der Exposition. Und sie endet wie mit einem „Hervorrufen", einer Art Hornruf in C^7 auf der Quinte und, nach einem Pausentakt in F^7, auf der Terz. Auch hinter dem letzteren findet sich eine fermatengestützte Pause. Und danach beginnt das *„Più moderato"*, wie eine zweite und „eigentliche" Reprise: Den Anfang macht das Hauptthema, aber nun in einem betonten Staccato der einzelnen Töne (= „Silben"?) und in einem zurückgenommenen Tempo, als ob nun jeder Ton (u. d. h. jedes „Wort" in der gedachten Strophe des Limericks) bedeutsam und an einen Aufnehmenden gerichtet artikuliert würde. Darauf folgend wird in einem neu konzipierten Laufwerk – die Achtel werden mit Sechzehntel gefüllt – die Tonart B-dur geradezu gefeiert, bevor das Spielen in gegenläufig aufgelöste Klänge von Tonika und Dominantseptakkord mündet, gleichsam annähernd thematisch wiederum B-dur feiernd und solche Ausgestaltung wiederholend. Im Trugschluss hält das Geschehen inne, um nach einem Takt Pause nochmals im typischen Sextakkord der Dominante Aufmerksamkeit wie zu einer Kadenz einzufordern. Und nun greift das solistische Spielen (Haydns?)[11] – wie eine Erinnerung und ebenfalls in B-dur – das Hauptthema auf, die dritte bis fünfte „Zeile" wiederholend und so die Schlusskonsequenz betonend und das Thema musikalisch in sich abschließend!, bevor das Laufwerk den Satz beendet.

Vielleicht muss man nach dem Finale nochmals von Anfang an beginnen, diese Sinfonie zu interpretieren. Denn in ihr kommt einiges zusammen: Einerseits das betonte B-dur, das wir als Tonart der Großartigkeit einschätzten; dann die künstlerische Arbeit, ja die Themenformulierung des Beginns im ersten Satz als ein Repräsentant der „Musik" selbst(?). Dazu das Landleben innerhalb der englischen Gesellschaft und schließlich das Gedenken an den dahingegangenen Freund…

---

[11] Meine Vorlage verzeichnet nicht die in der Literatur erwähnte solistische Einlage Haydns selbst!

Bleibt die Sinfonie **94**. Von dieser Sinfonie in G-dur, einer Tonart, die grundsätzlich ins Ländliche weist, ist anzunehmen, dass sie möglicherweise vom Aufenthalt auf dem Landgut des Bankiers Brassey angeregt sein könnte.

Die langsame Einleitung, ein *Adagio cantabile*, beginnt mit zwei je in sich korrespondierenden Viertaktgliedern, die, da das erste in der Dominante endet, in sich ein zur Tonika zurückgeführtes Ganzes ergeben. Der Beginn mit den zwei wie aus einer terzenseligen Hochstimmung resultierenden Bläsertakten, denen die Streicher letztlich doch wie beipflichtend entgegnen, verweist vielleicht tatsächlich auf eine (wie Finscher, S. 367, andeutet) „bukolische" Oberfläche bzw. Szenerie des Satzes (und der gesamten Sinfonie). Doch baut die Fortsetzung chromatisch sich höherschraubende Bedrohlichkeit auf, gleichsam gewaltsam forciert durch die auch je in der Taktmitte einsetzenden neuen Stufen in der durchgehenden Achtelbewegung. Die innere Steigerung, harmonisch latent über f/F→B→G→C und →A zur Dominante hin modulierend, greift, nach einem kurzen Crescendieren ins *forte*, zurücknehmend ins *piano* aus, um über eine Kette von Fauxbourdonakkorden zurückzusinken und vom betonten „Doppelpunkt" des Dominantseptakkordes aus per Violinkantilene auszuschwingen und Erwartung aufzubauen. Zwar ist diese Kantilene Überleitung, doch hält das Spielen einen kürzesten Augenblick inne, bevor es, die Auflösung der Schluss-Septe aufnehmend, sofort mit dem *Vivace assai* beginnt.

Doch auch dieser Beginn besitzt sein Eigenes, das wahrzunehmen ist: es besteht einerseits in der wie metrischen Verschiebung, besser: Unausgeglichenheit; man ist versucht, die Halbtakte um den Taktstrich zu einem Takt zusammenzuhören. Dagegen wirkt die Kraft der Harmonik: Das *h'* als Terz des (erwarteten) G-dur-Akkordes wird durch das *gis'* der kontrapunktischen Gegenstimme zur Quint eines Dominant-Akkordes zu A(-moll) umgedeutet, und eine Domiantverbindung (D→G) findet sich auch in der sequenzierend fortsetzenden Figur, bevor die letzten beiden Takte der viertaktigen „Kopf"-Bildung nach G abkadenzieren, um nun anschließend im gleichsam strebenden *forte*-Spielen dieses zu feiern. Der Satz beginnt also mit einem Streben „hin→zu", das auch in den folgenden Takten und Läufen erhalten bleibt, umkippt in die Modulation zur Dominante und erst nach 15 Takten in ein *piano* und *diminuendo* und gleichzeitig in ein wie „Zögern" abebbt. Erneut hebt der „Kopf" an, nun mit einer zusätzlich nach „oben" strebenden Gegenstimme ausgestattet. Auch er mündet unmittelbar in ein klangauseinanderlegendes Spielen, das nun deutlich in die Doppeldominante moduliert. Ein drittes Mal erscheint der „Kopf", nun aber von G^7 aus gleich in das Modulieren einbezogen und wiederum in ein *forte*-Spiel mündend. Dieses jedoch wird im Bass latent „thematisch", um in den letzten Takten wie in einer fast „triumphalen" Ergänzung zum „Kopf" in die Dominante abzukadenzieren. Ein Zwischenspiel, in einer Art Tanzrhythmus und, ähnlich wie vorher, mit einer Art möglicher thematischer Ergänzung des „Kopfes", leitet nun zu einem wie „wiegenden" Seitengedanken. Dieser geht nach seiner Wiederholung in ein vier Takte langes Spiel über, das als Topos eines „Sich-am-Ort-Bewegens" erscheint, bevor ein Schlussspiel in ein Unisono-Streben mündet, das auf dem wiederholten *h'* einerseits in die Wiederholung der Exposition, anderseits in den Beginn der Durchführung übergeht.

Letztere, die anfangs die gleichsam unentschiedene Metrik des „Kopfes" in eine eindeutigere Ordnung bringt, arbeitet mit Motiven aus dem „Kopf" und geht über ein sich klärendes Spiel widerstreitender Bewegung in ein erst mit aufstrebenden Klängen und dann mit solchen in der Gegenbewegung arbeitendes Modulieren über. Per Insistieren auf einer intervallischen Figur moduliert das Spielen dramatisch nach Fis-dur, einem Ton wohl gesteigerter Leidenschaft. Im Aufwärtsstreben mündet solches Spielen per chromatischem „Bemühen" nach H-moll und jener aus der Exposition bekannten „Schluss-„Entsprechung" des „Kopfes". Ein Insistieren auf *h* und chromatisch aufstrebenden Figuren (wohl E-moll zugehörig) leiten zur Reprise über. In ihr erscheint der Kopf" gleich in der Form seines zweiten Auftretens, geht aber in die Fortsetzung vom Beginn über. Und diese mündet in eine „Finalität" gleich dem Übergang zum „Tänzchen", das auch hier sich anschließt, allerdings wesentlich erweitert. Endend in der Dominante schließt sich erneut eine durchführungsartige „Arbeit" mit Motiven des „Kopfes" und seiner Fortsetzung an. Sie bleibt in einem aufstürmenden *fortissimo* auf dem Dominantseptakkord stehen, fällt wie zögernd ab und geht in einen Liegeton (*G*) über, über dem ein in Sextenfolge anhebender Gang zum Anklingen von Varianten des „Kopfes" hinleitet. Erst jetzt, sozusagen mit einer Art Fertigstellung des „Kopfes", setzt der Seitensatz ein, gefolgt von jenem Spiel der drehenden Bewegung, um mit einem anschließenden Schlussspiel den Satz zu beenden. Was sich ab dem Liegeton ereignet, das stellt eher eine Art Epilog dar: wie eine Erinnerung, bis vor das Schlussspiel im *piano* verharrend.

Bevor wir diesen ersten Satz interpretieren, scheint es sinnvoll, zuerst den zweiten Satz ins Auge zu fassen. Ihn können wir als „Auftreten" eines „Landmannes", vielleicht eines schöpferischen Menschen, ansehen, denn Haydn hat den Satz später in seinem Oratorium „Die Jahreszeiten" für eine entsprechende Arie verwendet. Gleichzeitig können wir davon ausgehen, dass Haydn mit dem Satz ein „Bild" entwarf, das dem Komponisten und den Mit-Spielenden (= Hörenden) gleichsam „erscheint". Darauf weist der Schluss des Satzes als ein Verlöschen, wie auf ein Schwinden oder auf eine Nachtszene. Von letzterem Verständnis her repräsentiert der Satz das „Auftreten" des Landmannes und das „Reden" von seiner „Arbeit", deren unterschiedliche Variationen als „Strophen" das in einem sozusagen „Tageslauf" zusammenprojizieren, was „sonst" in einem längeren Zeitraum auftritt. In diesem Satz „sprechen","Bilder", die wir mit unserer Fantasie füllen dürfen, ohne uns im Einzelnen festzulegen. Und es drängt sich der Gedanke auf, der Beginn habe tatsächlich (von sich aus!) mit einem „Aufwecken" durch den Orchesterakkord in Takt 16 zu tun, dem sog. „Paukenschlag", aber nicht mit dem des Publikums, sondern mit einem „Aufwachen" des „Landmannes", im Sinne eines möglicherweise zugrunde zu legenden Sujets. Denn konsequent geht der zweite Teil des Themas in eine melodische Aktivität über, die der erste Teil vollkommen vermissen lässt.

Und er kulminiert zusätzlich auf der „glänzenden" Terz – vgl. die Takte 22 bis 30 – und schließt in der Oktave des Beginns.[12]

Dieses Thema in seinen zweimal 16 Takten erscheint in der besonderen Struktur, dass es je in seinen Teilen wiederholt und darin in je inhaltlicher Unterschiedlichkeit betont wird, wobei nur in der Wiederholung des zweiten Teils (25-32) Bläser „glänzend" überhöhen. Dies bringt einen schon auf den Gedanken, dass hier nicht nur der „Landmann" gemeint sein kann, der hiermit sein Tagwerk beginnt, sondern dass hier der schaffende Mensch sich in seinem „Aufwachen" und Tätigwerden gespiegelt sehen kann. Bezugnehmend auf unsere „Revolution" Haydns könnten wir sogar vermuten dass der schöpferische Mensch (= Haydn?) hier gleichsam selbst „auftritt" und eine Art Selbstbiographie entwirft, aber im Ganzen ein „Bild" wie ein Traum, das letztlich wieder verschwindet (und doch „Wirklichkeit" bleibt?).

Wolfgang Stähr hat in seinem Essay zur Sinfonie 94[13] einen solchen Gedanken angedeutet: der Satz sei wie „ein musikalischer Bildungsroman [aufzufassen], der den Helden in widersprüchlichste Episoden und Prüfungen verwickelt und seinen menschlich zielstrebigen Aufstieg nachzeichnet (vom Bauernjungen zum König mit Triumphmarsch und melancholisch getöntem Epilog)". Man kann die nun folgenden Variationen zu „lesen" versuchen und die erste Variation als aus einer „fordernden oder fragenden These" und einer „tätigen Antwort" zusammengesetzt auffassen, die per Überstimme der Violine über das Hier und Da hinausweist. Die zweite Variation in C-moll, – „spricht" sie von der „unglücklichen Sehnsucht", die unversehens in eine „Erfüllung" (Es-dur) umschlägt, aber darauf doch in dramatische Umstände der Schwermut (F-moll) und schließlich in die Weite des Landes

---

[12] Und wenn die Legende tatsächlich davon spricht, dass Haydn einen Teil des Publikums damit hätte „aufwecken" wollen, oder, etwas glaubwürdiger, dass Haydn sich mit einem solchen „Novitäten-Coup" von Pleyel hätte absetzen wollen, dann tappt die Interpretation wieder in jene Dilettantenfalle, die Haydn in seinen Erzählungen aufgerichtet und Mozart benannt hatte…

[13] Wolfgang Stähr, *Symphonie in G-Dur, Hob. I:94 (»Mit dem Paukenschlag«)*, in: Ulm (Hrsg.), S. 105.

(G-dur) führt? Der Weg aus den dramatischen Fährnissen in dieser durchaus in der Struktur veränderten Variation führt über eine chromatisch durchsetzte „Auflösung" zum Septakkord von G-dur und einem Einmünden in die Variation 3, deren erster Halbabschnitt durchaus über die onomatopoeische Brücke mit dem Bild des Reisens in Verbindung zu setzen ist. Doch verweist der Hauptteil der Variation auf eine signifikante Veränderung: alles scheint „aufwärts" zu gehen, auch die Punktierungen deuten solches als sprunghaft an (vgl. Takt „22" dieser Variation), während der zweite Teil den „Ruhm" des „Auftretenden" auszurufen scheint. Das kurze gleichsam triumphale Nachspiel hält im verkürzten Dominantseptnonakkord inne, um dann im bescheidenen *piano* und folgend *dolce* und *diminuendo* überm Orgelpunkt C das bescheidene Thema zweimal in einer sich verdichtenden und wieder lösenden Dominante ausklingen zu lassen.

Vielleicht können wir mit Recht vermuten, dass Haydn sich in solcher „Biographie" eines „Landmannes" selbst ironisch (als vom Lande kommend) spiegelt: als einmal „aufgeweckt", aufgestiegen und durch Mühen gegangen, welches Bewusstsein von sich (und damit vom Menschen als typisch!) ihm vielleicht jener Aufenthalt im Sommer 1791 auf dem Lande bei dem Bankier Brassey vermittelte, über den er in seinem zweiten Londoner Tagebuch berichtet.[14] Wir könnten diesen Satz als einen (frühen) Vorlauf zur romantischen Ironie ansehen: indem Haydn den chronologischen Aufstieg eines Jungen vom Lande diesen (als „Auftretenden"!, der von sich „singt") als „Traum" andeuten lässt, ohne dem zu widersprechen, dass solcher auch Realität (geworden) sein könnte. Durch den Landaufenthalt reflektiert er seine eigene Situation; und die Tatsche, dass er möglicherweise sich selbst meinte, begründet ja erst eigentlich sein Beharren auf der Übernahme in seine „Jahreszeiten" an der entsprechenden

---

[14] Vgl. Bartha 1965, S. 506. Die besondere Geschichte hinter der Bemerkung, „Herr Braßy fluchte einstens, das es Ihme zu gut auf dieser weld gienge", hat Haydn Dies erzählt, wonach der Bankier über Haydns Erzählungen aus seiner Kindheit und Jugend darüber vollkommen aufgebracht gewesen sei, dass er nie Kummer, Elend und Not erfahren habe.

Stelle: ‚Ich bin ein Mann vom Lande, bin aufgestiegen und durch Mühen zum Erfolg gekommen; aber ich bin doch ein Kind des Landes geblieben, jenes, dessen Identität diese Art Kinderlied definiert und im Laufe des Satzes einerseits zur „Großartigkeit" erhebt, andererseits aber diese aufrecht erhält. Und da könnte es eben sein, dass das Hervorkehren des „Aufweckens" bzw. „Aufwachens" durchaus mit dieser Ironie zu tun hat. Dieses haben wir deshalb als ein philosophisches Bemühen ernst zu nehmen; es verbietet sich, die entsprechende Stelle als „Jux" anzusehen.

Vielleicht kann man sich darauf einigen, dass Haydn, angeregt durch den Aufenthalt auf dem Lande, diesen zur im I. Satz entworfenen Szenerie eines „Auftretens" macht, in welchem er sich zwar ironisch spiegelt, welches „Auftreten" aber nichtsdestotrotz als „Bild" erscheint und der Sinfonie als „Auf dem Lande" (→ G-dur), oberflächlich betrachtet, keinen Abbruch tut. Dies zeigt das Menuett, ein sozusagen durchaus „ländliches" stampfendes Auftreten der „Allen"; und auch das Finale… Aber vor allem ist vom zweiten Satz her der erste Satz als „Situation" bzw. Rahmenkonstellation des „Auftretens" zu interpretieren: vielleicht als eine Art Lebenszeit des Menschen, gekennzeichnet durch sein Streben. Die Tatsache, dass im ersten Satz die Reprise so deutlich zweigeteilt erscheint: zum einen wie selbstverständlich zur Durchführung gehörend und als endliches Ziel und Ergebnis der „Bemühung" davor aus ihr resultierend; zum andern aber mit einem deutlich abgesetzten zweiten Abschnitt, in welchem der Seitensatz eher durch Relikte des Hauptthemas eingeleitete Hauptsache innerhalb eines *piano* gehaltenen Epilogs gleich einer „Erinnerung" erscheint. Dies lässt vermuten, dass dieser Satz kaum eine Naturszenerie entwirft. Leben ist Streben „hin-zu"; und in diese philosophische „Situation" (Satz I) tritt im II. Satz der Mensch auf: als ein Strebender, der für ein solches Streben vielleicht „aufzuwecken" ist, sich einerseits kunstvoll und mit Ernst und Vermögen wandelt, andererseits (im „Thema") seine Identität aufrecht erhält.

Kommen wir zum Menuetto zurück! Auffällig sind bereits sein „*Allegro molto*" und sein wie stampfender Beginn sowie am Ende der ersten beiden Viertaktphrasen der Sprung nach oben in den oktavierten Endton. Doch gibt sich die Fortsetzung verwandelt, wie eleganter. Und die zweiten acht Takte sind nicht nur untereinander linear korrespondierend verbunden, sondern sie werden durch eine aufstrebende Linie sozusagen bis zu einer Kadenz „auf der Spitze" (*d'''*) verlängert. Von dieser Linie leitet sich der Mittelteil ab, korrespondierend anhebend, bevor mit einem (metrisch und richtungsmäßig) umgedrehten Motiv eine tonlich absteigende Modulation (mittels je Dominantseptnonakkorden) gleichsam zu einem Tiefpunkt führt. Doch führt das Spielen mittels der Anfangsphrase quasi eine Wende herbei, die die „Spitze" im *piano* gleichsam voraussieht und die Reprise (u. d. h. den neuen „Aufstieg") in Erwartung stellt. Diese bleibt in den zweiten vier Takten stecken, sie hält inne. Die Versuche einer Fortsetzung gelingen schließlich, doch anders als zu erwarten war: die aufsteigende Linie erscheint umgebogen in eine Art Epilog hinein überm Orgelpunkt *G*; solche Tonart hat hier wohl symbolische charakteristische Bedeutung und weist vielleicht auf ein „zufriedenstellendes Ergebnis" hin. Von diesem ausgehend, artikuliert das Trio vielleicht ein „bescheideneres Landleben", mit z. T. betont absteigenden Linien und gleichwohl Höhepunkten.

Möglicherweise feiert das Finale (*Allegro di molto*) genau eine daraus resultierende „Einsicht" in das „Leben": ein durch die besondere Phrasierung betontes „Streben" im A-Teil sowie den Auf- und Abstieg im Mittelteil des thematischen Blocks, schließlich die zwischendominantische Verstärkung in der Wiederaufnahme des Anfangsgedankens. Doch bleibt diese eben unvollendet und geht in ein lose mit dem Auftaktmotiv verknüpftes modulierendes und wild verarbeitendes Spielen zu einem wie unter einer Fanfare (auf *a''*) aufscheinenden „Verkündigung" eines „Erfolges" über. Doch kippt diese erst einmal in eine absteigende Chromatik. Und der erneute Versuch des „Aufstiegs" hält im Pausentakt inne, um dann ein „Tänzchen" zu beginnen, also einen Seitengedanken mit einer aus dem Auftaktmotiv abgeleiteten Bassfigur auf dem Orgelpunkt *d* und einem Melos darüber, das gerade aus dem melodischen Abstieg das „Streben" gewinnt.

Dem folgt eine Art Schlussspiel, mit einem auflaufenden Enden auf der Dominante, einem Takt Pause und einem erneuten „Memento" auf dem Unisono-C. Doch wird der Schein der „anderen Sphäre" sofort zerstört, indem dieses C nachträglich als Septe der Dominante und als Übergang zu einer Reprise identifiziert erscheint. Diese nimmt aber nach acht Takten die Figuren des Themas sofort zum Anlass, in einer modulierenden Arbeit letztlich über E(-moll) und Fis zu H-moll zu gelangen, zu einem Ton also (nach Schubart) der Geduld und der Ergebung in göttliche Fügung. Aus dem in den Themenauftakt aufgelösten Sextakkord „entspringt" (mittels des „kleinen" Übergangs von *fis'* zu *g'*) das Hauptthema, das aber nach acht Takten aus der dann angeschlagenen Mollvariante nach Es-dur ausweicht. Doch bleibt das erneut „arbeitende" Modulieren mittels motivischer Bausteine nicht in dieser Tonart, sondern es gleitet nun in ähnlicher Weise aus dem auseinandergelegten D-moll-Akkord in eine erneute Reprise hinüber, diesmal bis in den sequenziell aufstrebenden Mittelteil vorstoßend. Aus ihm heraus gelangt das Spielen in die – wie wir das oben nannten – fanfarengestützte „Vollendung". Auch dieses Mal bleibt das Spielen auf der Dominante stehen. Und nach einer Pause folgt der Seitengedanke (in der Tonika). Aus ihm entspringt nach vier Überleitungstakten eine Art finales und wie „siegreiches" Spielen mit den Motiven des „Kopfes", nochmals nach Es-dur sich wendend und über A und F zur Tonika G zurückfindend, um nun in einer weit angelegten Schlusskadenz mit der Motivik des Themas triumphal zu enden.

Man kann solches Hörprotokoll (mit Hilfe der Tonartencharakteristik und der je unvollendeten Strebethematik innerhalb des Satzes) durchaus im Sinne eines Sujets „lesen": vielleicht steht der Satz für eine (vaudeville-ähnliche) „Lehre", die die Allen und der Aufgetretene zusammen ziehen: wie eine „Darlegung" dessen, welche Hürden und Bedingungen menschliches Streben zu durchlaufen bzw. zu berücksichtigen hat, um zu einem menschheitlich befriedigenden Ziel zu gelangen. Wir können auch darin, dass Haydn sich selbst zum Beispiel einer menschheitlichen Typik nimmt, eine wesentliche Vorbereitung zu einem selbstartiku-

lativen musikalischen Tätigsein sehen, wie es (unserer Vorstellung nach) die Musik des 19. Jahrhunderts kennzeichnen wird.[15]
Wohlgemerkt: noch bringt Haydn im Kompositionsakt nicht *sich* zur Geltung… (Noch geht es darum, dass die Mit-Spielenden sich im Hören als gleichsam vor-bildliche Menschen erleben können.)

---

[15] Vgl. D. S., *Von Mozart vor und zurück…*, S. 55 ff. und S. 208 ff.

10. Der Mensch, sich spiegelnd in »seiner« Gesellschaft. Zu den Sinfonien 99 und 101

Im Juli 1792 hat Haydn London wieder verlassen; die für 1793 geplante Rückkehr aber verzögerte sich. Die Zwischenzeit zwischen den beiden Londonaufenthalten gilt im Allgemeinen als „unauffällig". Erst am 5. 1. 1794 kam Haydn erneut in London an. Fertig im Gepäck hatte er nur die Sinfonie 99 (Es-dur); von Sinfonie 100 (G-dur, sog. *Militärsinfonie*) waren der zweite und der dritte Satz, und von Sinfonie 101 (D-dur, *Die Uhr*) der zweite bis vierte Satz komponiert.

Dass Haydn ausgerechnet eine Es-dur-Sinfonie (Nr. **99**) für London entwarf, das muss wohl einen besonderen Grund haben. Zu diesem gehört auch die Tatsache, dass er diese Sinfonie bereits in Wien (oder Eisenstadt?) fertigstellte, was soviel heißt: die primäre Intention war wohl nicht (nur) auf die nächste Konzertsituation in London bezogen, sondern unmittelbar aus seinem Leben in Wien resultierend. Im Allgemeinen wird zumindest der zweite Satz dieser Sinfonie mit dem Ableben der Marianne von Genzinger in Verbindung gebracht, einer begabt klavierspielenden Briefpartnerin und gleichsam Vertrauten Haydns in Wien (aus deren Nachlass wir zahlreiche Haydnbriefe erhalten haben, auch solche aus dem ersten Londoner Aufenthalt). Doch bringen mich meine Hörprotokolle und die Durchsicht der Partitur zur Überzeugung, dass diese Sinfonie eher aus dem nun gerade in Wien nochmals und tiefer bewusst gewordenen Verlust des Freundes Mozart heraus entworfen sein könnte.

Die *Adagio*-Einleitung des ersten Satzes beginnt ganz im Stil einer Ouvertüre mit einem Es-dur-Akkord, der in seiner Klanglichkeit – ist dies der Grund für die hier erstmals aufgenommenen zwei Klarinetten? – sofort an den Beginn von Mozarts „Zauberflöte" erinnert. Nimmt man die charakteristische Sechzehntelfloskel hinzu, ganz in das „Haydn"-Thema des *„Vivace assai"* eingebaut, dann scheint Haydn hier, nach seiner Rückkehr nach Wien, eine

Situation der Erinnerung an den Freund aufzubauen. Die Einleitung in Es-dur, hier als Tonart der „Andacht" und d. h. des „Denkens an" verstanden, beginnt mit Gesten des emotional aufgeladenen Ansprechens und moduliert mittels einer Motivik aus Seufzersekunden relativ schnell zu B-dur, um hier in einem Abweichen ins Unisono-*Ces* stehen zu bleiben. In enharmonischer Verwandlung dieses *ces* zu *h* gelangt das Spielen mittels des an ein „Erinnern" gemahnenden Anfangsmotivs zu G-dur, zur Tonart hier wohl der „aufrichtigen Freundschaft". In ihr nimmt es die Seufzermotivik auf und bleibt schließlich im über drei Oktaven wiederholten Unisono-*G* feierlich stehen. Ein ebenso feierlich gesetzter B⁷-Akkord leitet zum *„Vivace"* in Es mit der figürlichen Anspielung an die Zauberflötenouvertüre. Ein Zufall? Oder geht es hier in der ersten Sinfonie nach der Rückkehr nach Wien tatsächlich um eine Hommage an den gestorbenen Freund? Auch die Thematik kombiniert hier das „Einfallen" des „Denkens an" mit einem wie „Nach-oben-Richten" (21 ff.). Und die Tatsache, dass hier (im Gegensatz zu anderen „Sonatensätzen") das Spielen sofort nach dem Wiederholen und Bestätigen des Themas in ein Modulieren einsteigt, ohne ein Verweilen in der Tonart (und dies in einer durchaus Mozart'schen Weise!), erscheint ebenso auffällig wie jene, dass das Spielen immer wieder auf das Thema zurückkommt, einmal angedeutet in der Dominante im kontrapunktischen Gang von B-moll und wieder zu Es sich aufhellend, um im gleichsam kadenzierenden Enden und wie extra gesetzten Septakkord der Doppeldominante einen Seitengedanken aufzurufen. Diesen, wie mit Absicht gleichsam an den Schluss verschoben, vernehmen wir mit seiner kleinen Auftaktsekunde und dem abfallenden Dreiklang wie ein wehmütiges Nachrufen. Von den 49 Takten der Durchführung geben sich fast zwei Drittel diesem Seitengedanken hin, während das an die Zauberflötenouvertüre erinnernde Motiv des Hauptthemas diese in Nachdenklichkeit zu initiieren scheint. Und die Reprise, sie verkürzt das expositionelle „Darlegen" des Eingangsgedankens, erst von Es aus und dann über Es-moll (und Fes) nach B modulierend und von da wieder zu Es zurückkehrend. Mit einer kurzen Reminiszenz an das erste Thema schließt der Satz.

Überraschend wechselt Haydn im zweiten Satz, *Adagio cantabile*, in die Tonart G-dur. Wir können sie hier als eine Tonart der „aufrichtigen Freundschaft" interpretieren. Ob sie nun auf Mozart oder auf die verstorbene Freundin M. v. Genzinger gewählt ist, die am 26. 1. 1793 verstorbene Briefpartnerin, lässt sich (isoliert) kaum entscheiden. Wenn wir annehmen, dass Haydn hier wiederum selbst gewissermaßen „auftritt" und „zu Wort kommt", dann scheint mir auch hier Mozart näherliegend. Der Grundton-Beginn, sozusagen verlängert, das Ausholen zur exclamativen Sexte und die Verlängerung in den starken Vorhalt sowie dessen „Auflösung" über eine Folge von Fauxbourdon-Akkorden abwärts, um in den Vorhalt über der Dominante und dann von der Auflösung nach oben in figurativer Umspielung auf der Dominante nach oben, also gleichsam „fragend", abzuschließen: eigentlich ein „Ansprechen" in Schmerz und ein Stehenbleiben in der unbeantwortbaren „Warum?"-Frage. Letztere wird von den Bläsern nochmals aufgenommen und so die erste thematische Zeile zu einer sechstaktigen Größe ergänzt. Kann man sie als eine (gegenüber einer acht Takte umfassenden Zeile) als „zu kurz" verstehen? Oder bildet die Wiederaufnahme eine Verlängerung? Die Angliederung einer die erste variierenden zweiten Zeile, die zusätzlichen „Schmuck" einbaut und in einer Art „Höhepunkt" in ihrem vierten Takt als Einheit wiederum nach sechs Takten auf der Tonika endet, weist eher auf ein „zu frühes" Abbrechen. Der auftaktige und durch Punktierung intensivierte Gang in den Vorhalt im Thema stellt ein Motiv dar, mit dem Haydn „arbeitet", überraschenderweise nun aber in einem kontrapunktisch gearbeiteten Nur-Bläser-Satz (17-27), mit *dolce* bezeichnet. Dieser mündet in eine Art „mildes" Seitenthema, wie in einen nun wieder beruhigten Epilog, der die Sicht freimacht auf die Besonderheiten des/der Dahingegangenen. In dem in ein wie „nachsinnendes" Nachklingen resolut nachgereichten Schlussakkord (dieser dreiteiligen Exposition) bestätigt gleichsam der „Auftretende" sein bisher Geäußertes. Aus diesem Nachklingen speist sich der Be-

ginn der Durchführung, nach D-moll eingetrübt, der in einer
crescendierenden Taktfolge nach C-dur moduliert und darin den
Seitengedanken aufnimmt. Von ihm verfällt das Spielen in ein
umso dramatischeres „Beklagen", je mit von „hoch" lang abfallenden Linien, um schließlich in H-dur-Akkorden, gleichsam wie
nach einem Zornesausbruch, aufzulaufen und innezuhalten. Die
Rückkehr zum Anfangsthema in dem (nun gegenklanglichen) G-
dur erscheint auch hier verkürzt und leitet nach sechs Takten in
das Verarbeiten des exclamativen Kopfes über. An dieses schließt
sich der Seitengedanke an, nun in der Tonika. Doch das oben sog.
„wie nachsinnende Nachklingen" schaukelt sich crescendierend
zur *fortissimo*-Dramatik auf. Dieses, als ein nochmals gleichsam
schmerzvolles Außer-sich-Geraten sich auftürmend, geht in eine
Beruhigung in den sozusagen „Lobpreis" des variierten Seitengedankens über, der aber nun seinerseits auf seinem „Grund" der
wiederholten und damit bekräftigenden Sechzehntel regelrecht
erblüht. Möglicherweise haben wir wiederum einen Satz vorliegen, den wir als eine *Nänie* interpretieren können, der aber in
seinem G-dur und in seiner groß sich ausbreitenden Großartigkeit
schließlich wie ein Versprechen einer bleibenden Freundschaft
erscheint.

Das Menuetto, zunächst in der Tonart der „An-dacht" (Es-dur),
erscheint (1.) ausgehend von unserer Haydn unterstellten „Konzeption" als einer Reaktion der „Anderen" oder „Allen" auf das
vom „Auftretenden" Geäußerte und (2.) von unserer Interpretation des II. Satzes als eine *Nänie* recht gut „lesbar". Es beginnt mit
seiner Abwärtsgeste wie das Äußern Einiger im Sinn von Zustimmung, die von den „Allen" sofort bestätigt und „wortreich"
ergänzt wird. Ein „Tänzchen" auf dem Orgelpunkt *B* feiert gewissermaßen solche Übereinstimmung. Im B-Teil gelangt das Spielen
über eine Modulation, auffallend über Ges-dur! – Schubart charakterisiert dieses als „Triumph in der Schwierigkeit", aber auch
als „Nachklang einer Seele, die stark gerungen, und endlich gesiegt hat" –, in einen figürlich gestalteten und modulierenden
chromatischen Aufstieg zu latent G-moll (einer Tonart der „Un-
behaglichkeit"?), aus der sich eine verkürzte Reprise löst. Diese,

wieder in Es und gleich die Fortsetzung des Themas im figürlichen Aufsteigen bis zum Innehalten auf der Dominante steigernd, mündet schließlich über harmonische Umwege ins themenorientierte Schlussspiel. Das Trio wechselt, in zwei Extratakten als Vorbereitung die Terz *g* zur Quinte umdeutend, nach C-dur und in eine dem Menuett verwandte Motivik. Diese entwirft einerseits ein „tänzchen"-artiges Spiel, z. T. überm Orgelpunkt; anderseits ist dieses mit oft chromatisch akzentuierten Vorhalten aufgeladen, so, als sei in ersterem eine starke Leidenschaftlichkeit beteiligt. Auch schließt sich den beiden Abschnitten zu 10 und dann 20 Takten ein eigener und motivisch zu B^7 modulierender Abschnitt von 18(!) Takten an, den verkürzten Dominantseptnonakkord ([*G*-]*h-d-f-as*) latent zur verkürzten Dominante von Es ([*B-*]*d-f-as*) umdeutend und damit ins Dacapo überleitend. Das C-dur dieses Trios stellt sich also nicht einfach als ein Tonartwechsel dar, sondern eher als ein musikalisch inszeniertes Hervorrufen von „Unschuld" und „Naivetät" (wie Schubart C-dur charakterisiert), der nichtsdestotrotz Leidenschaftlichkeit innewohnt: als ob – von welcher Seite auch immer – in die „Zustimmung" ein „wahres Bild" einflösse, das dem des letzlich in der Äußerung des II. Satzes Gemeinten entspräche.

Probleme für die Interpretation gibt sicher das Finale auf. Eine Vorstellung dessen, was als eine Art „Handeln" ihm zugrunde liegen könnte, stellt sich nur unter Beachtung der Besonderheiten solchen (anderseits) eben nicht untypischen letzten Satzes ein. (1.) Das Hauptthema besteht eigentlich aus 8+4+8 Takten, die so als durchgehende Einheit aber nicht aufgenommen werden. Stattdessen werden die ersten 8 Takte wiederholt; und es werden anschließend die 4+8=12 Takte als Einheit wiederholt. Erst im Laufe des Satzes, in den Takten 113-132 u. d. h. an einer Stelle, die man kaum „Reprise" nennen kann, erscheint es als entwaffnend einfach „vollständig". (2.) Der thematische Block erstreckt sich ungewöhnlich lang(?). Und er ist durch mehrseitige Korrespondenz geprägt. Schon die ersten zweimal zwei Takte bilden ein sich in der Horizontalität beantwortendes Auf und Ab; gleichzeitig korrespondiert vertikal den Taktfiguren ein absteigendes Motiv, in

Terzen geführt. Aber auch den ersten zweimal zwei Takten korrespondiert eine den zweitaktigen Beginn variierend weiterführende Ergänzung zu vier Takten, die aber hier zielführend in der Dominante endet. Die im Mittelteil durch Läufe stattfindende Rückmodulation, ebenfalls durch das absteigende Motiv kontrapunktiert, führt in eine Wiederaufnahme des Beginns. Dieser aber wiederholt erst einmal die ersten beiden Takte in vertauschten Rollen, indem die kontrapunktierenden Motive über der thematischen Linie liegen, und führt das Thema nun in neuer aber regulärer Partverteilung zum Es-dur-Schluss. Der doppelte Kontrapunkt hebt also die zusätzliche vertikale Korrespondenz hervor. (3.) Noch einmal, nach der verkürzten und in sich „vollständigen" Nennung (113-132) wird der Beginn des Themas angedeutet, hält aber im zweiten Takt inne und „buchstabiert" die letzte aufsteigende Figur nochmals im *pianissimo* und als *„Adagio"*-Takt, so als bliebe diese unvollendet und als Frage im Raum stehen. Das diesem folgende Spielen nimmt zwar nochmals den sog. Seitengedanken auf; und es erscheint jetzt zwar weiterhin „bewegt", doch hat man den Eindruck, es sei nun relativ „leer", ohne das, was das eigentliche Thema gewesen ist oder darstellte. Mit diesem Spielen verglichen gleicht das vorherige Thema einem „Gespräch" unter Freunden, die in extreme Übereinstimmung gelangen, angesichts des Geklingels der Übrigen. (4.) Und in diesem Zusammenhang erscheint der Seitensatz wie ein Beispiel einer „leeren" Musik, die sozusagen übrigbleibt, wenn *der andere* nicht mehr da ist. Denn der eigentliche Durchführungsabschnitt stellt eine überaus lange Auseinandersetzung der das Thema konstituierenden Korrespondenzen in kunstvoll kontrapunktischer Weise dar. Wir können ihn als eine Art Gegenwelt einer Musik der „Kompositionswissenschaft" (wie Haydn das einmal nannte) auffassen. Dem gegenüber gibt sich der zweigeteilte Seitengedanke davor in seiner ersten Hälfte mit seinem Klopfmotiv als einfallslos und in seiner zweiten Hälfte mit den „eingesprungenen" Vorhalten als irgendwie gewaltsam. Wohlgemerkt: Haydn entwirft seinen „Haydn'schen" Schlusssatz; und gleichwohl bringt er mit diesem Seitengedanken möglicherweise Kritik an einer herrschenden

Kompositionsroutine ein, die sich in der Überleitung (ab Takt 76) als relativ leeres Spielen derer ausweist, die ihr Handwerk verstehen, mehr vielleicht aber nicht. Solchem erscheint nach einer sich beruhigenden Überleitung das „vollkommene" Thema (113 ff.) gegenübergestellt, das seinerseits danach in eine Überleitung nach As und von da in die 60 Takte lang andauernde Durchführungsarbeit sich wendet.

Vielleicht können wir aus solchem Satz, der einerseits den Charakter des finalen Kehraus' bewahrt, der anderseits aber an der Sonatenform anknüpft, einen Grund dafür ausmachen, warum Haydn in seinen Sinfonien fortschreitend mehr den letzten Satz zu einer gewichtigen Entsprechung des ersten Satzes ausbaute. Es ging ihm vielleicht darum, im Finale jene alternative Situation resp. Konstellation zu entwerfen – und diese ist hier nun eine ohne den genialen Freund –, die durch das „Auftreten" und die „Reaktion der Anderen bzw. Allen" nun entstanden ist. Auch dies stellt eine Abkehr von einem theatermäßigen Sujet dar, zugunsten eines aus der eigenen Anschauung selbst verantworteten.

*

Von der Sinfonie **101**, möglicherweise vor der Nr. 100 entworfen (bzw. begonnen), sind nach Überzeugung der Forschung der zweite bis vierte Satz in Wien (bzw. Eisenstadt) entstanden, während der erste erst in London komponiert wurde; er ist mit „London 1794" datiert. Es käme also einiges darauf an, den II. Satz (u. d. h. einen der in der Vergangenheit beliebtesten Sätze Haydns) mit einer begründeten Vorstellung zu versehen, die vielleicht auch die Reihenfolge des Komponierens irgendwie einsichtig machte.[1] Hinzukommt: der II. Satz hat der Sinfonie ihren „Na-

---

[1] Die Tatsache, dass die beiden Sinfonien (100 und 101) von den Innensätzen her entworfen nachweisbar sind, können wir als Hinweis auf den möglichen Entstehungsprozess der Haydn'schen Sinfonien allgemein betrachten: vom II. und III. Satz her. Das meint nicht unbedingt den wirklichen Kompositionsprozess, sondern eher das Vorausdenken jeweils eines solchen Zyklus. Und dieses geht wohl von einem sinnstiftenden Zentrum aus, vom langsamen und in der Regel II. Satz.

men" gegeben: das über weite Strecken bestimmende (und scheinbar wie mechanische) Hin-und-her-Pendeln in Terzen und durchgehenden Achteln vermitteln eine Hörassoziation einer Uhr, weshalb diese Sinfonie auch den Beinamen „Die Uhr" trägt.

Eine solche Assoziation erscheint aber hier derart gebietend, dass wir in unserer Investition einer Vorstellung durchaus von ihr ausgehen sollten. Dabei ist zuerst festzuhalten, dass der Satz eben mit diesem „Pendeln" beginnt, bevor im zweiten Takt erst das thematische Melos einsetzt. Und dieser Vortakt bleibt auch in den späteren Aufnahmen des Melos erhalten; er ist hier substantiell. Aus ihm erst entspringt sozusagen die melodische Reaktion (das Melos aus den oberen Tönen der Terzen heraus bildend). Und der erste Takt des Melos, der anfangs wie eine Einheit mit dem Vortakt erscheint, macht sich selbständig, strebt zu einem eigenen Höhepunkt, geht wieder zurück und findet zur Einheit mit dem Pendeln, wonach das „Spiel" erneut anhebt.

Wenn wir konstatieren, dass der Vortakt eigentlich nicht notwendig wäre, dass das Melos eigentlich auch ohne ihn (aber auf der entsprechenden „Begleitung") einsetzen könnte, dann gewinnt der Vortakt thematische Bedeutung: den über weite Teile durchgehenden oder zusätzlich verzierten Achtelgang können wir als eine Chiffre der voranschreitenden Zeit (oder eines voranschreitenden Lebens) identifizieren. Auf dieser vorangehenden „Zeit" macht das Melos Entwicklung durch: Entstehend sozusagen aus den Tönen des Pendelns schwingt es sich zur Oktave des Grundtons auf und bildet einen über einen Dezim-Höhepunkt strebenden Bogen der Ganzheit, wobei es gleichzeitig zur Dominante moduliert. Solches Öffnen zu einer neuen Etappe realisiert sich im Aufgang zu einem nochmaligen Aufnehmen des Melos und zu einem den vorherigen Höhepunkt übertreffenden Zenit, der aber aus einem zusätzlich eingeschobenen und weiteren Ausgreifen resultiert und an dem der Abgang sich neu orientiert.[2] Der

---

[2] Aus der eigenen neuen Orientierung ergibt sich, dass Takt 9 nicht an Takt 7 anschließbar wäre, um eine reguläre Viertaktigkeit zu rekonstruieren!

Mittelteil des Satzes nimmt das Schlussmotiv auf, das im Grunde das In-sich-fertig-Sein des thematischen Gedankens bestätigend abschließt. Im Hin und Her zwischen Dominante und Tonika gelangt es gewissermaßen über sich hinaus: mit der Doppeldominante erstrebt es einen nun noch höheren Zenit, um von ihm aus abzufallen in ein mit dem Anfangsmotiv wie spielendes Hin und Her. Solches über vier Takte und gleichzeitig schließlich ansteigend und crescendierend, mündet in eine viertaktige Variante aus der Motivik der Anfangstakte, am Schluss chromatisch zur Dominante zurückführend. Von da über eine Oktav aufstrebend, verstärkt das Melos in eigener Weise das Pendeln des Vortaktes, bevor es in den A-Teil zurückkehrt, nun aber die zweite Hälfte neu formulierend. Musikalisch schließt es so den gesamten Themenblock ab; vom möglichen Sujet her gesehen, versucht es gewissermaßen mit dem Anfangsmotiv in der über eine Oktave hochschießenden Dominantsepte ein erreichtes „Hohes" und „Versprechendes" (weil scheinbar zur „Vollendung" weiterführend) zu bestätigen.

Der Gedanke liegt nahe, dass dieser Satz das Resultat einer Art Selbstbestimmung des Menschen (Haydns?) repräsentiert. Er selbst bildet, zurück in Wien, den Tod des Freundes nun wirklich begreifend (→ Sinfonie 99) und ungewiss, ob eine zweite Glanzzeit in London möglich sein wird, den Gegenstand des Reflexes, der hier in (s)einem „Auftreten" zu einem Reden über den Menschen an sich wird: der Mensch als ein aus dem Kontinuum der Zeit gleichsam heraustretendes und sich entwickelndes Subjekt… Denn erstaunlich (und zu seinem Lebenslauf passend) ist es ja, dass jetzt sofort und nicht etwa nach einer „ersten" Variation ein Minore-Teil einsetzt. Was nun, in G-moll, folgt, das ist eine Art Durchführung, ein „Arbeiten" im eigentlichen Sinn: erst im dramatischen Gegeneinander von Abstieg und Aufstiegsversuch, dann über ein wie spielendes Verweilen in ausgreifenden Figuren in B-dur und schließlich zu einer mit Ausgreifen und Abstürzen ausgestatteten Modulation. Diese, nach D-dur gehend, beruhigt sich zunehmend und mündet in ein Sechzehntelpendeln im kleinstmöglichen Intervall. Solches verbindet sich als Kontrapunkt des Vortaktes mit der Reprise, nun wieder in G-dur (Maggiore), so, als ob das auftretende Subjekt nun Teil hätte am Fortschreiten der Zeit und damit folgend an der Gestaltung des eigenen Lebens. Doch geschieht dies vorläufig im *pianissimo* (i. G. z. *piano* des Beginns!). Und im Gegensatz zum ersten Themenblock überhöht das Spielen den zweiten Abschnitt des Mittelteils sozusagen mit einer pendelnden Teilhabe am Melosverlauf in der „Höhe" des schließlich Erreichten (*d'''-cis'''*). Mit einer nun thematisch integrierten Überhöhung schließt dann auch der A'-Abschnitt ab.

Nach einem Innehalten im Pausentakt eröffnet das „Pendel" nun mit „*g-b*" als nicht sofort erkennbare Terz und Quint des Es-dur-Klanges einen erneuten Themenbeginn, der aber sofort in ein crescendierendes und dramatisch modulierendes Spielen übergeht, um dann jäh über zwei Oktaven abzustürzen und in die Sechzehntelwechselnote überzugehen. In dieser, gleichsam in der kleinstmöglichen emotionalen Bewegung, erhebt sich das Spielen ruhig (*diminuendo*) und steigt wie selbstverständlich um eine Oktave zum Vortakt der Reprise des Themenblocks auf. Die stellt sich aber nun als akkordisch volltönend und u. a. in Triolenkaskaden aufgelöst dar: wie ein „endlich" erreichtes Ziel, fast ein Triumphmarsch in einer reich ausgestatteten Weise. Im absteigenden *diminuendo*-Schluss „pendelt" der Satz aus; als ob die Zeit ins *pianissimo* hinein weiterginge und schließlich ende...

Sicher besteht in unserer Beschreibung die Gefahr, einen solchen Satz als eine Art „Selbstbiographie" zu hören. Dies würde sicher zu weit gehen. Vielmehr geht es wohl einerseits darum, einen überzeugenden *Andante*-Satz, voll von Gesetzmäßigkeit (Ordnung) und Schönheit zu entwerfen, ihn gleichzeitig mit jener Dramatik zu versehen, die ein Beginnen und Enden „um sich" rechtfertigt. Die Art und Weise, wie Haydn dies im Einzelnen entwirft, kann aber durchaus eine Art *Memento vitae* des menschlichen Lebens „ansprechen", für das der Komponist möglicherweise einen situationsbedingten Selbstreflex heranzieht. Von da können wir das *Menuetto* durchaus als eine Art Reaktion der „Allen" verstehen, im Prinzip als ein „Zustimmen", mit bedenkendem „Zwar" dazwischen, aber gerade in der Erweiterung des A'-Abschnitts zu einer unbedingten „Anerkennung" reichend. Demgegenüber mag das „Tänzchen" des Trios (in D-dur) eine andere, gleichsam je persönliche Seite der „Anerkennung" danebenstellen. Die nach dem zwölftaktigen *pianissimo* überm Orgelpunkt D sich plötzlich *fortissimo* entladende chromatische Modulation nach A, signalisiert sie das erschreckende Einfallen einer (vielleicht vergeblichen) Hoffnung auf ein „Wiedersehen"? Und die Fortsetzung in Fis und die wie gegenrhythmische und metrische Widerstände überwindende sowie in absteigenden Linien zur Dominante hin sich durchschlagende Modulation – auf dem erreichten und wie abwartend bestätigend wiederholten A-dur scheint sich eine Ungewissheit der Zukunft niederzuschlagen –, sie mündet wieder in das „Tänzchen" mit einem gleichsam gottergebenen Epilog.

Dem steht das Finale gegenüber: überraschend nicht in „Kehraus"-Dreiachteln oder -Zweivierteln, sondern im seriösen geradtaktigen *alla breve*. Es erscheint wie ein die Situation nun mit rationalem Abstand, gleichzeitig mit neuem Elan bewertendes Agieren. Als ob der im II. Satz „Auftretende" und die „Allen" ein Fazit zögen, mit einem „schwermütigen" D-moll-Minore, das sich aber sehr bald und sehr plötzlich nach F-dur wendet und nach einer thematischen Arbeit in dieser Tonart in dramatischer Weise zurückmoduliert in die Ausgangstonart, nicht aber, um in eine Reprise einzusteigen, sondern um jetzt eine im *pianissimo* sich vollziehende thematische Arbeit zu beginnen. In deren Verlauf erscheint zwar *fortissimo* und fast triumphal vorübergehend der Themenkopf (Takt 45 f.), doch mündet dieser nach 61 Takten erst einmal in ein wie bescheidenes und wie „dankbare" Befriedigung ausdrückendes fünftaktiges Themenzitat, aus dem heraus der Satz in rasantem Schlussspiel endet.

Zeigt dieses Schließen die „neue" Situation an, vielleicht ganz aktuell, nachdem nun doch eine zweite Londonreise zustande gekommen ist? Das wirft die Frage nun nach dem ersten Satz auf. Könnte er – mit Bedacht erst danach in London entworfen – „vor" diesem Finale eine Situation skizzieren, die jene aufgeschlossene und aufgeklärte Gesellschaft für ihn bereithält, die ihn ein zweites Mal nach London eingeladen hat? Und könnte er mit seiner *Adagio*-Einleitung genau jene Situation „ansprechen", die ihn in Wien (im Vergleich zu London!) umgibt bzw. eben umgab, in der er nun „sich" präsentiert in einer Weise der Anerkennung aber auch des Selbstreflexes, was ihm in Wien so nicht möglich ist bzw. war, da dort der Stand gesellschaftlicher Entwicklung dem in Paris oder London hinterherhinkte? Wir haben diesen Satz in unserer Einführung in eine Musikgeschichte für Musikpädagogen ausführlich angesprochen.[3] Dies muss hier nicht wiederholt werden. Immerhin sei darauf verwiesen, dass „der Beginn des Presto aus dem Adagio heraus[...] Aufklärungswirklichkeit im Kant'schen Sinne unmittelbar erlebbar" macht; „das Heraustreten des Menschen aus (s)einem dumpfen Verstricktsein in ein Geschehen *mit* ihm, – nun mittels des substanziellen Gedankens."[4] Es kann uns klarwerden, dass Haydn gerade aus dem möglichen Sujet heraus, in welchem er sich selbst zum Typus des eine Situation durchlebenden Menschen wahrnimmt, diesen Satz erst in England schreiben wollte: aus der (erst wieder!) lebendigen Erfahrung jener Gesellschaft, in der er darin, sich gewissermaßen (als Teilhaber an einer aufgeklärten Menschheit) mitzuteilen, auf ein so großes Verständnis stoßen konnte.

---

[3] Die Analyse des Satzes findet sich in: D. S., *Von Mozart vor und zurück. Modelle zur Musik zwischen 1500 und 2000*, Norderstedt 2011 (= ZWISCHENTEXTE 3), Ss. 45-54.

[4] Zitate von ebenda, S. 49.

11. »Politik als vermintes Terrain«?
Zur Sinfonie Nr. 100

„**D**ass Haydns Briefe und Notizen politische Überlegungen, Bekundungen, Reaktionen vermissen lassen", erstaunt die Haydn-Forschung heute.[1] Vor allem, dass es keine Anmerkungen u. a. zur Französischen Revolution geben sollte, wird einerseits einer konservativen Haltung, anderseits einer „vorteilhaften, vorgeschützten »Neutralität«" zugesprochen. Doch geht solches Urteil von einem kulturell entwickelten Menschen der Neuzeit aus, den es zu Haydns Zeit nicht gab! Und vielleicht war er schlicht zu sehr Musiker, der die Welt um sich als in gewisser Weise „gegeben" wahrnahm und der seine Empfindungen und Reaktionen auf Ereignisse einzig auf der menschlichen Ebene konstatierte. Diese hat er möglicherweise kompositorisch und – so, wie es aussieht – wohl über eine im Prinzip sprachgezeugte Thematik inclusive von deren menschlich-handlungsorientierten Verarbeitung umgesetzt.[2]

Vielleicht aber haben wir in der Sinfonie Nr. **100** ein Beispiel dafür vorliegen, dass und wie der späte Haydn (nach seiner „Revolution", vgl. o.) auf politische Ereignisse reagieren konnte und dass er dies tatsächlich seiner Rolle gemäß und damit rein kompositorisch tat. Denn auch in dieser Sinfonie hat Haydn zuerst den II. und III. Satz entworfen, die Außensätze aber erst in London angefügt. Hört man den II. Satz (*Allegretto*), so erscheint er von Anfang an dem der vorausgehenden Sinfonie (101) verwandt. Es stellt sich auch hier bald die Vorstellung eines wie durchge-

---

[1] Zum Zitat (hier und in der Überschrift) vgl. Rüdiger Heinze, *Politik als vermintes Terrain – die Finanzen als bestelltes Feld. Ein Charakterbild Joseph Haydns*, in: Ulm (Hrsg.), S. 167-173.

[2] Haben Bach und seine Musiker-Zeitgenossen sich politisch geäußert? Die Verfügung über sich war im 18. Jahrhundert noch nicht so weit fortgeschritten; sie war einerseits noch „Programm", anderseits Sache der Rolle in der Gesellschaft. Die eigene Welt als eine „richtige" oder „falsche" zu beurteilen, war Sache der Theologen, Philosophen und Literaten!

henden rhythmischen Elements ein; aus diesem assoziierte die
Öffentlichkeit eine Art Marsch, weswegen diese Sinfonie auch
den Beinamen „Militär-Sinfonie" erhielt. Doch griff Haydn für
diesen Satz auf eine ältere Komposition zurück, auf einen Satz aus
einem Concerto für zwei Orgelleiern, das er 1786/87 für den
König von Neapel entworfen hatte. (Trotzdem hat Haydn den
wohl nicht von ihm stammenden Titel selbst benutzt; auf dem
Autograph ist er aber nicht eingetragen. Er resultierte wohl vor
allem aus dem für den II. und IV. Satz gebrauchten Instrumentarium, das man als „militärisch" interpretierte.[3])

Wenn Haydn auf eine ältere Komposition zurückgriff, dann
hatte dies sicher einen besonderen Grund. Und der Grund könnte
darin bestehen, dass er auf ein bestimmtes Ereignis reagierte, u. a.
mit der Erinnerung an eine frühere Komposition. Diese bearbeitete er hier für ein größeres Orchesterensemble. Er fügte (nur diesem Satz!) zwei Klarinetten in C hinzu; und er erweiterte den Satz
vor allem im Hinblick auf eine Coda u. d. h. auf ein besonderes
„Ende" hin. Wer diesen Satz hört, der hört eher den „Ton" eines
„Ständchens"; dieser, unterstrichen durch die ausgiebigen Bläser-
partien, entspricht durchaus dem ursprünglichen Titel „Roman-
ze". Und er hört vielleicht noch etwas anderes: neben einem stel-
lenweisen „Mozartton" nimmt er den ausgeklügelten Satz vor
allem in den Bläsern wahr. Ein „Marsch"? Sicher nicht! Die Literatur argumentiert (auch) hier, der Rückgriff auf ein Concerto sei
möglicherweise durch Zeitnot begründet; dies kann wohl sein.
Doch entstand dieser eher dadurch, dass Haydn hier im zweiten
Halbjahr von 1793 auf ein bestimmtes Ereignis reagierte und auf
seine Art reagieren wollte. Erinnern wir, dass der besonders

---

[3] Die besondere Instrumentierung bezieht sich auf die sog. „Türkische
Musik", auf die Hereinnahme von Triangel, Becken und Großer Trommel,
die als sog. militärische Elemente angesehen werden (wurden?) und dem
Satz z. T. einen martialischen Zug verleihen. Entsprechend glaubte die
englische Gesellschaft, einen militärischen Hintergrund, ja sogar Einzelheiten eines Schlachtengemäldes darin wahrnehmen zu können, gemäß
Bericht des „Morning chronicle" vom 9. 4. 1794 „das höllische Gebrüll des
Krieges" (vgl. Rüdiger Heinze, *Symphonie in G-dur, Hob. I. 100 (»Militär«)*,
in: Ulm 2007, S. 165).

habsburgtreue Haydn die Concerti für Orgelleiern für einen Schwiegersohn Maria Theresias komponiert hatte; König Ferdinand von Neapel-Sizilien war im Zuge einer politisch (u. d. h. antipreussisch) motivierten Heiratspolitik mit Maria Carolina verheiratet worden, einer Schwester der Maria Antonia, inzwischen Marie Antoinette und Königin von Frankreich. Und eingedenk der sog. „Zeitnot" bietet sich als Auslöser ein Ereignis an, das kurz vor Haydns zweiter Londonreise stattfand: die Enthauptung des französischen Königspaares, vor allem die der Habsburger Kaisertochter am 16. 10. 1793.

Selbstverständlich gilt auch hier, dass der II. Satz gewissermaßen ein „Auftreten" repräsentiert, hier vielleicht wiederum das „vermittelnde" des Komponisten selber, das aus dessen Vorstellung von dem Wesen Marie Antoinettes sowie schließlich vom Eindruck der Furchtbarkeit ihres Schicksals bestimmt ist. Entsprechend sind jene Partien, die mit dem Instrumentarium der sog. „Türkischen Musik" ausgestattet wurden, nicht als militärisch, sondern als „barbarisch" zu verstehen. (Dies entspräche wohl auch dem Verständnis der Landsleute in der Heimat Haydns!) Im Besonderen gilt dies für die Hinzufügung (Takte 153 ff.), die gleichsam Aufmerksamkeit befehlende Trompetensignale (in C, das Auftreten der Herrscherin symbolisierend?) einleiten, für jene Hinzufügung mit dem crescendierenden Paukenwirbel und dem *fortissimo*-Einfallen des Orchesters in As-dur, das als Tonart den Tod anzeigte. Danach erscheint nur noch der „Kopf" des Themas, z. T. wie eine sich entfernende Erinnerung, z. T. wie ein barbarisches Zur-Schau-Stellen und, zum Schluss, ein Signal barbarischen „Sieges" verkündend.

Das Menuett, zuerst einmal dem Satztyp entsprechend, erscheint auch hier als eine Reaktion nicht auf des „Geschehen", sondern auf das „Auftreten" des Vermittelnden. Man könnte es als eine Mischung aus Unglauben und Mitfühlen der „Anderen" angesichts der meist abfallenden Gesten und der aufstrebenden Chromatik hören, das zu einem durchaus Durcheinander der „geteilten" Meinung führt und schließlich zu einem Übereinstimmen aller. Gerade der B-Teil hält möglicherweise signifikante

„Anker" bereit, das in „Seufzern" Absinken und den chromatisch im *piano* absinkenden achttaktigen Übergang zur Reprise des A'-Abschnitts. Auch das Trio erscheint zwar als „sanfte und ruhige Bewegung des Herzens" (Schubart), doch fallen sein pausendurchsetztes „Schluchzen"(?) sowie die D-moll-Passage auf, wie ein zwar „schwermütiges", aber auch entschlusshaftes „Äußern".

Wenn wir uns vor Augen halten, dass Haydn die beiden Sätze – und dabei wieder naheliegend mit dem zweiten beginnend! – noch in Wien entwarf, möglicherweise durch sein spontanes Reagieren auf die Nachrichten aus Paris „in Zeitnot", so musste er nun in London mit den anderen beiden Sätzen der Gesellschaft als jemand gegenübertreten, der sein „Auftreten" und eine finale Aktion in eine der Londoner Gesellschaft entsprechende Situation zu fassen hatte. Entsprechend beginnt das *Adagio* des I. Satzes mit einem Zwiespalt: stellt man sich die Oberstimme der Violine I in regulären Vierteln vor, dann erscheint sie als ein ruhiges, sich zuwendendes und aus der exclamativen Sexte heraus wie gedenkendes, mildes Melos. Doch dieses Melos gibt sich real „gebrochen", im gedämpften Streichersatz einem Trauermarsch angenähert und wie von einem Versagen der Stimme durchzogen. Und seine Fortsetzung als variierte Wiederholung reißt den Melosfaden richtiggehend ab, um eine Oktave tiefer zu enden. Aus diesem Ende (*d'*) resultiert ein Achtelpuls, auf dem sich mittels einer aus dem Themenmelos genommenen Motivik ein Hinweisen auf eine dramatische Situation entwickelt. Diese hebt nach ihrer scheinbar beruhigten Rückkehr zur Tonika umso „schmerzlicher" in G-moll an und läuft im C-moll *fortissimo* auf. Das Wiederaufnehmen, ins *pianissimo* und nach Es gewendet, steigert sich aber aufs Neue zu einer schmerzlichen Rückmodulation zur Dominante, die erst ins *piano* zurücksinkt, dann aber im *fortissimo* einen wie höchste Aufmerksamkeit heischenden „Doppelpunkt" auf der Dominante formuliert. Solcher gleichsam Aufforderung zur Aktivität wird im *Allegro* auch entsprochen; doch geschieht diese im *alla breve* als ein „klingendes Spiel" (in Flöte und Oboen). Zwar trägt das Hauptthema Anklänge an einen (hier) zierlichen Marsch in sich; doch scheint die gesamte Exposition nicht wirklich dramatisch angelegt. Auch der 16-taktige Themenkomplex findet erst einmal seine wie selbstverständliche Fortsetzung – u. a. mit einem zweimaligen Dreifach-„Hurrah" –, um schließlich in der Doppeldominante wie nachdenklich stehen zu bleiben. Aus einem Nachklingen von Flöte und Oboen im Quint-Sext-Akkord der Doppeldominante wird das Thema (in der Dominante) nochmals aufgenommen, doch beginnt es sich bereits nach sechs Takten aufzulösen und nach einem scheinbaren Doch-Abschluss leitet eine *fortissimo*-Dramatik in D-moll, zielgerichtet und chromatisch abwärts strebend, ein schnelles Enden in der Doppeldominante ein. Und es beginnt eine Begleitfigur, über der erst nach zwei Takten ein Seitengedanke in der Dominante einsetzt, gleich einem wie tändelnden Spiel. Dieses geht in ein wie selbstverständliches figuratives Schlussspielen über.

Die Durchführung, durch zwei Takte Pause – „Schweigen"? – eingeleitet, nimmt den Seitengedanken nun im „heiteren", „hoffnungsvollen?" B-dur auf, nun aber in thematische Arbeit übergehend, die sich zweimal (z. T. im Wechselspiel mit einer Art neapolitanischem Sextakkord) zu einer „Bedrohung" steigert, einmal nach D-moll, ein zweites Mal nach E-moll kadenzierend. Von da moduliert das Spielen mittels verkürztem Terzquartakkord (mit None) auf tief-alterierter Quinte nach H, um auf ihm wie ratlos stehen zu bleiben.[4] Der Versuch des Hauptthemas, von E-moll ausgehend auf eigene Weise sich zu vervollständigen, versickert in der erneuten thematischen Arbeit mit der Motivik des Seitengedankens, mit der das Spielen nun zur wirklichen Reprise leitet: wie aus dem Seitengedanken hervorgehend setzt fast wie zufällig (Takt 202) der Hauptgedanke ein, wie zu Beginn im dreistimmigen Satz von Flöte und Oboe. (Und die Tatsache, dass jetzt die zweiten acht Takte des Themas vom vollen Orchester aufgenom-

---

[4] Das dramatische Spiel, das auf ein Wechselnotenkontinuum *h-ais-h…* hinausläuft, wie ein sich Nähern eines Fatums, –meint es hier vielleicht jenes der schrecklichen Nachricht? Die Stelle erinnert ein wenig an eine der Beethovenschen Leonore-Arbeiten: ich habe sie als Musik gleichsam eines Sich-Näherns des Pizzarro im Ohr. Es ist jene, die heute gerne vor dem letzten Akt eingesetzt wird.

men werden, die werden wir zu interpretieren haben!) Ein nur
zwölftaktiger Übergang, gebildet aus sozusagen wie fragenden
Abbruchstücken des Themenschlusses im schließlichen Abwärts-
gang, führt zum Seitensatz, nun in der Tonika. Statt in ein der
Exposition entsprechendes Schlussspielen überzugehen, setzt
überraschend und *fortissimo* eine thematische Arbeit mit dessen
Motivik in Es-dur ein, bevor das Schlussspiel jene „Arbeit" aufnimmt, die in der Exposition dem Hauptthema gefolgt war. Dem
Abschluss geht eine kurze Reminiszenz an den Seitengedanken
voraus.

Es ist schwer, angesichts unserer Interpretation des II. Satzes
diese Skizzierung einer Situation nicht mit der Situation eines
konkreten „Bewusstseins von" in Beziehung zu setzen: Als ob
Haydn hier eine Situation skizzierte, in welcher die Vorstellung
von jemandem (Hauptthema) und das eigene Verhalten der Londoner Gesellschaft (Seitenthema) in der Weise miteinander verbunden werden, dass recht konkret die Nachricht von ersterem
bzw. eben ersterer das zweite tangiert (bzw. tangieren wird!). Die
Veränderung des Themenblocks in der Durchführung, dergestalt,
dass die zweiten acht Takte im vollen Orchester aufgenommen
werden, so, als träte das, was/wen das Thema repräsentiert, nun
in das volle Bewusstsein, sowie der plötzliche Es-dur-Einbruch im
Seitenthema als ein dramatisch einbrechendes „Denken an", sie
können wir schon als „Anker" verstehen, dass mit dem Satz eine
Situation sozusagen unmittelbar des Herannahens der „Botschaft" entworfen ist.

Und das Finale? Machen wir uns klar: Spielen ist „Bewegung",
ist Verhalten. Die Bewegung – sicher im Äußeren vom Satztypus
abhängig – ist zumindest global gemäß einem „Charakter" bestimmt, der sich u. a. aus Richtung und Tempo und Dichte konstituiert sowie aus den impliziten Veränderungen solcher Momente
innerhalb des Ablaufs eines „Themas". Doch da überschreiten wir
bereits die Grenze zu einer (vom Komponisten her) „ausdrücklichen" Arbeit mit dem Thema, mit dem, was ein generelles
menschliches Verhalten zu einem situationsspezifischen hin variiert. Dieses ist (vom Spielenden und Mit-Spielenden her) gekenn-

zeichnet durch eine Intentionalität, die ein Verhalten nicht nur sekundär moderiert, sondern auch in eine Konsequenz der Variabilität und zusätzlichen Ausstattung bringt.[5] Vielleicht wird dies hier im IV. Satz besonders deutlich, in welchem wir zahlreiche Eigenheiten finden, die den Typus des Finalsatzes auf ein mit dem Spielen bzw. Hören möglicherweise Intendiertes hin aufladen.

Der Charakter des achttaktigen und wiederholten Themas ist hier „Aufregung", als ob sich ein Gerücht, eine Nachricht, fortpflanzte, ausbreitete und Reaktionen hervorriefe, die die Situation bestimmten. Alles, was in den notiert 334 und klingend 382 Takten sich abspielt, das ist von diesem Thema und von dieser Charakteristik als Kennzeichnung einer neuen Situation abgeleitet. Die *piano*- bis *pianissimo*-Passage mit den 32stel-Vorschlägen vermag man kaum als einen Seitensatz wahrzunehmen, so insulär steht sie im Gefüge. Das schließt nicht aus, dass sie (vor allem in der sog. Reprise) möglicherweise eine wesentliche intentionale Konsequenz bildet. Denn eine entsprechende intentionale Ausdrücklichkeit des Spielens ist in diesem Satz dann, wenn wir von unserer Interpretation des II. Satzes ausgehen, gleichsam wie in einem Katalog aufgereiht: vielleicht (am Beginn des B-Teiles des Themenblocks) als in Richtung „Entrüstung" variierte Arbeit mit dem Themenkopf, dann als Wahrnehmen möglicher Folgen und immer wieder als „ungläubiges Zurückweisen" und daraus resultierender Ratlosigkeit: bis zum Beginn der Reprise (als „Entschluss" zu einem Vorstellungsergebnis?) zählen wir fünf resp. sechs einzeln auftretende Pausentakte; auch konstatieren wir möglicherweise unterdrückte Abwehr ebenso, wie aufkommenden Zorn bis zur durchbrechenden Anerkennung der schrecklichen Tatsache. Dies führt – gleichsam hinter dem (in der militärischen Interpretation als „Gewehrsalve" interpretierten) Paukentakt, der uns wie eine endliche Anerkennung des schrecklichen Fatums erscheint, zu Modulationen u. d. h. wie zu ambivalenten

---

[5] Solche Intentionalität ist in der Vokalmusik vor allem des 17. Jahrhunderts noch unmittelbar greifbar.

Empfindungen, die jeweils wie aufbrausend sich einstellen, um im nächsten Takt (= Augenblick) angesichts der nun real werdenden Vorstellung (→ As-dur, der „Gräberton") in eine „erschrockene Zurückhaltung" und danach in den Ausdruck des „Mitleidens" zu fallen. Doch auch hier endet solche Teilhabe an der Situation in „Ratlosigkeit". Und es hebt danach eine enharmonisch von Des zu Cis wechselnde kontrapunktische Partie in Cis-moll an, die man durchaus als eine Art Gebet im Sinne eines „Miserere" identifizieren kann. Folgerichtig wechselt das Spielen daraus in einen „schwermütigen" und vielleicht „vorwurfsvollen" H-dur- bzw. E-moll-Bereich; und solches „Klagen" moduliert über und unter „Seufzern" zurück zur Dominante. Nach der letzten Pause setzt die Reprise mit verkürztem und zur „Nennung" ausreichendem Themenblock ein, aus der die absteigenden Seufzerfiguren zu einem wie „Aufrufen" im Mitgefühl führen, in Es-dur und *forte* unter Bläserakkorden, gleichzeitig in gegenläufig geführten Themenmotiven, – ein von widerstreitenden Empfindungen bestimmtes „Denken an"? Dieses moduliert zurück zur Tonika und mündet crescendierend in den sog. Seitengedanken, der aber nun, durch (in diesem Satz erstmalige) Hinzunahme des barbarischen Instrumentariums als ein lautes und eindeutiges „Verurteilen" kenntlich wird. Ob das weitere Spielen, das schließlich in ein mehrmaliges Insistieren auf den ersten beiden Thementakten und danach in ein drittes Hereinnehmen des „barbarischen Instrumentariums" übergeht, so etwas wie ein „Vergeltungsbedürfnis" artikulieren soll, das können wir offenlassen. Es gehört jedenfalls zum wirkungsvollen Schluss eines typischen Finales.

Wesentlich scheint, dass Haydn mit diesem Finalsatz als Formulierung eines „Ergebnisses" uns tatsächlich die Möglichkeit eröffnet, in ihm eine Skizzierung einer (gegenüber dem ersten Satz) „neuen" Situation wahrzunehmen, eine des nun gleichsam Außersichgeratens von Menschen angesichts der Nachricht von einer unmenschlichen Tat inmitten einer aufgeklärten menschlichen Gesellschaft.

12. Der altersbedingte Blick des schöpferischen Menschen auf sich selbst. Zu den drei Sinfonien 102 bis 104

Auch im Bezug zur Sinfonie Nr. 102 (in B-dur), noch 1794 begonnen und im Januar 1795 fertiggestellt, käme wohl alles darauf an, sich eine Vorstellung vom II. Satz zu verschaffen. Dieser, ursprünglich Satz eines Fis-moll-Klaviertrios (bei Hoboken Nr. XV:26) und dort in Fis-Dur, wurde von Haydn für diese Sinfonie nach F transponiert und für den sinfonischen Zusammenhang bearbeitet. Da der Satz aus einem Klaviertrio stammt, das der Rebecca Schroeter gewidmet ist – es gibt aber in dieser Hinsicht keine Notiz in den Reisetagebüchern des zweiten Londonaufenthalts! – und dort in Fis-dur (innerhalb eines Fis-moll-Rahmens) steht, so scheint es wohl keinen unmittelbaren Zusammenhang mit dieser Pianistin zu geben. Eher steht der Satz hier (und gerade durch seine Transposition nach F-dur!) für die Bekundung einer Erinnerung, einer Erinnerung prinzipiell an eine erfüllte Zeit, wie in Dankbarkeit. Vielleicht ist er gleichzeitig Erinnerung an eine vergangene Leidenschaftlichkeit (wie sie allen Menschen eigen sein kann), ausdrücklich und untergründig. Diese tut der „Auftretende" in den z. T. pathopoeischen Umspielungen der melodischen Linie wie der Begleitung kund. Gerade die Zurücknahme nach F-dur verallgemeinert dies, rückt es ins Allgemeine einer Alterserinnerung des Menschen, in die sich eben auch Dankbarkeit und Trauer mischen. Die zweiten 16 Takte, als Frucht der Bearbeitung eingesetzt, eine variierte und vor allem extravagant instrumentierte Wiederaufnahme der ersten 16 Takte, signalisieren sie mit ihrer Hereinnahme der gedämpften Trompeten und Pauken nicht den Vorschein eines Kondukts in ihrer Klanglichkeit, wobei das Solocello auf einen Bezug zu den/dem „Sprechenden" zurückweist?

Dass der Mittelteil, eine freiere Variante des Themenblocks, nun in As anheben kann(!), dürfte vielleicht mit ein Grund für die Transposition des Satzes nach F gewesen sein: stellt er tonartcharakteristisch eine Konsequenz der sordinierten Trompeten und Pauken davor dar? Dabei mündet dieser Abschnitt, um vier Takte kürzer als die anderen, bereits nach 12 Takten mittels eines ausgeschriebenen harmonischen Doppelpunkts in eine Wiederaufnahme des Beginns (in vollerer Instrumentierung sich gleichsam bestätigend). Nach vier Takten variativ verfahrend, wechselt das Spielen nach neun Takten nach Des und moduliert dann über drei Takte zu F zurück, um den Satz „dolce" zu beschließen.[1]

Das Menuett, wieder in B-dur, erscheint einerseits wie aus einem je zustimmenden mühsamen Aufrichten und einem wie seufzenden Absteigen zusammengesetzt. Und während der Nachsatz in die andere Richtung verfahren will, wird er zweimal durch ein *forte* herausgestelltes „Klopfen" gleichsam aufgehalten. Dieses „Klopfen" der drei Unisono-Töne bildet auch das „Material" der „Arbeit" des Mittelteils (z. T. in F-moll), dabei deutlich (durch eine kurze Pause hervorgekehrt) wie als „Warnung" im As-dur-Trug auflaufend und von da das „Klopfen" als Motiv zur Überleitung zur Reprise nutzend. Diese verändert den Themenblock insofern, als dieser die eingangs (in Takt 13/14) nach oben führenden Takte nun nach unten führend belässt und als das „Klopfen", vorläufig auf *B* bleibend, dies wieder abbrechend bestätigt. Erst nach der Rückführung zur Tonika antwortet nochmals ein „Klopfen", und nach der „Reaktion" ein nochmaliges auf *H*. Und aus einem, dieses *H* zum verkürzten Septnonakkord (mit der None *des*) ergänzenden Spielen schließt eine Coda mit deutlich abwärts gerichteten Gesten den Satz ab. Das Trio bleibt in der Tonart; wie ein „Wiegen" überm Orgelpunkt, wie ein „Friede" des Alters, mit charakteristisch aufstrebenden Vorhalten? Solches „Streben" bleibt aber im Nachsatz „stehen", um sich dann genügsam zurückzuneigen. Der B-Teil, mit einem anstrebenden Teilmotiv arbeitend, verstärkt und verdoppelt das Moment des Innegehalten-Werdens auf dem verkürzten Dominantseptnonakkord, bevor er *pianissimo* abschließt.

---

[1] Benützt Haydn den Tonartwechsel, um einer besonderen Ausdrücklichkeit/Intentionalität des Auftretenden wegen?

Können wir diese Sinfonie als ein Dokument der Altersweisheit und -einsicht ansehen? Die langsame Einleitung des ersten Satzes mit dem Unisono-Beginn auf B (über dem Paukenwirbel); und der erste Satz wie der Versuch eines nochmaligen Aufbruchs? Erinnert da nicht manches an die „Zauberflöte", vor allem das „Halt" des *fortissimo* gesetzten Unisonotones im Verlauf? Wenn man das Eingangs-*Largo* als eine Einleitung aus einer Art Schmerzlichkeit aufnimmt, dann bleibt diese aber am Schluss über „schmerzliche" Intervalle dieses kleinstmöglichen Sich-Bewegens in einer Art Kreis (*f→ges→e→f*) bzw. in der vorausgeschauten „Lösung" (*e→f→e→es*) und damit auf dem F^7-Akkord (→ „Geduld"?) stehen, mit dem zu jenem B-dur hingelenkt werden soll, das wir vielleicht als ein „Hinsehen nach einer bessern Welt" (Schubart) ansehen können; und dies eben innerhalb einer nun zu skizzierenden Situation, die solches möglicherweise initiiert. Und da würde der F^7-Klang vollauf reichen. Doch löst sich aus ihm noch ein Flötenaufstieg, der den Klang über zwei Oktaven auseinanderlegt und nach dem ungeheuren Ernst der Einleitung die „Aussicht" auf eine nun positive Perspektive eröffnet.

Und diese scheint auch mit dem Beginn des *Allegro Vivace* anskizziert: von der Flötenpartie ausgehend wie ein Landen in der „Realität", in einer besonderen Art, „aktiv" zu sein. Und vielleicht ist diese Aktivität bereits von sich aus eine, die im aus absteigenden und rückgreifenden Linien und Seufzersekunden gebildeten „Kopf" die Situation des Alters schlechthin skizziert: obwohl man das Alter spürt, hindert dies nicht am Versuch des Strebens, immer wieder auf eigene Weise in Szene gesetzt, bis –, ja, bis das „Halt!" kommt, hier als *fortissimo* Unisono-A; und nach einer wie fragenden Reaktion nochmals auf D, nun die Reaktion bescheidend schließend. Das erinnert schon an eine Sprechszene der „Ausweglosigkeit" des Papageno in der „Zauberflöte", den Eingang bzw. eben Ausgang zur Weisheit suchend. Die Folge ist hier je ein Dominantseptakkord und aus ihm ein sehr bescheidenes dreitaktiges Seitenthema in D-moll und in sich begrenzenden Terzen. Beim zweiten Mal kehrt dieses nach F zurück. Ein wie „klagendes" Schlussspiel beendet die Exposition.

Die Durchführung wird von diesem Seitengedanken (nun in C-dur) eröffnet, als ob dieser jetzt weitläufig kommentiert werden sollte, und als ob zu untersuchen wäre, was angesichts der Unmöglichkeit, das Hauptthema ganz aufzunehmen, mit ihm zu machen sei. Dabei spielt mehr und mehr ein wie klagendes, über einen Tritonus linear abfallendes Motiv eine Rolle, mit dem schließlich ein ausführliches kontrapunktisches Spielen gestaltet wird. Hat Haydn (gegenüber Griesinger) nicht selbst betont, dass er dann, wenn die Kreativität sich nicht einstellen wolle, beten würde? Könnten wir solche gezielt kontrapunktische Phase als ein Sich-Vertiefen im Gebet ansehen? Als Ergebnis erscheint das Hauptthema in der Doppeldominante, um sofort in ein ergebnisloses motivisches Abarbeiten zu münden, das über C-moll weitläufig in die lang und komplex ausgearbeitete Dominante moduliert, an die dann, aber *fortissimo* („endlich"?) das Hauptthema anschließt. Auch hier mündet das „Arbeiten" in ein kadenziell gefestigtes „Ziel", bevor nun als Unisono-*D* und D-dur-Akkord (ohne Septe!) der Seitengedanke in G-moll einsetzt. Dessen zweite „Hälfte", beginnend mit Es und fortgesetzt mit dem Sekundakkord von Es[7], führt zur Tonika. Das wie in der Exposition gleichsam „klagende" Schlussspiel mündet, anders als dort, in eine wie nochmals willentlich breit vorbereitete Dominante, um sich danach nochmals mit dem Hauptthema sozusagen „zu behaupten". Doch gelangt dies nicht mehr zur Vollendung, sondern bleibt im *pianissimo* und *poco ritardando* stecken, um dann doch mit dem motivischen „Quasi-Klagen" abzuschließen.

Ist hiermit eine Situation skizziert, die letztlich aus dem Selbstreflex des Komponisten resultiert, eine Situation des Alters und der „Schmerzlichkeit" des Wahrnehmens der nun aufgerichteten Grenzen und eines „Halt! – so weiter nicht!"? Das „Auftreten" im zweiten Satz als daraus folgende Konsequenz des Zurückschauens und Sich-Erinnerns, wie ein Eingeständnis, dass letztlich kaum etwas anderes übrigbleibt, würde dafür sprechen.

Und unser interpretierendes Ansprechen des IV. Satzes würde solches als widerstrebendes Hinnehmen einer solchen Situation bestätigen. Meint der erste Satz wirklich das Versuchen eines (nochmaligen) Aufbruchs im Alter, dann kennzeichnet der letzte Satz (Finale, *Presto*) – nach der „Einsicht" der Innensätze – gleichsam eine Mühseligkeit, ja Vergeblichkeit des Bemühens. Gleich zu Beginn signalisiert die rondo-thematische Struktur eine Geschäftigkeit, die sich unversehens nach D-moll hin (wie in eine Schwermut) verfängt und erst durch die angehängten dritten vier Takte mit Mühe zur Dominante findet und diese figurativ betont. Mit der sechzehntelbestückten Figur, aus dem Beginn des Themas genommen, setzt auch der B-Teil an; das Spielen erscheint wie ein Sich-Bewegen im Kreis, stets neu das Thema beginnend bzw. mit dessen Teilen fortfahrend. Die Mühe lohnt sich scheinbar, denn die Rückkehr zum Abschnitt A' umgeht das Abgleiten und findet mit der abgespaltenen Figur zur Tonika zurück. Solches feiert nun das erste Couplet; das Spielen landet im „befreiten" C-dur. Doch wird dieses über einen langen Abstieg über den Dominantseptnon-Akkord erreicht, dessen verminderte None (als Bestandteil einer Mollsubdominante) signalisiert, dass dem nicht zu trauen ist. Tatsächlich geht das „Anspielen" des Themenkopfes sofort in ein dramatisch bestimmtes Spielen über, das sich wie „leer" im Kreise dreht und nach einem „marcato" gekennzeichneten Unisono-„Entschluss" in eine wie wütende *fortissimo*-Passage mündet. Diese ebbt in Wechselnoten-Beharrungen ab, um gleichsam aus der Wechselnote unversehens die Wiederaufnahme des Themas „entstehen" zu lassen. Doch auch hier gelangt das Thema nicht über die zwölf A-Teil-Takte hinaus; und es wechselt wieder in einen Fortspinnungsversuch, der aber offensichtlich ob seiner relativen „Leere" in ein wütendes *fortissimo* übergeht, darin über B-moll, Ges-dur und D-moll nach A-dur gelangend. In dieser Tonart beginnt Haydn eine Art kontrapunktische Arbeit mit dem Themenkopf im *piano*(!), wahrlich wohl ein (wie mit dem Schöpfer haderndes!) In-sich-Gehen. Zwar findet der gleichsam unendliche, absinkende und in ein Hin und Her wechselnde Versuch mit der sechzehntelbestückten Anfangsfigur doch noch zum thematischen Beginnen, doch mündet dieses bereits nach den ersten vier Takten in ein taktweises und wie kraftloses chromatisches Absinken. Von ihm aus folgt das oben angesprochene wie „leere"

Spielen, das nach der Unisono-Passage nach B abkadenziert. Was nun folgt, das erscheint noch disparater: der Versuch, neu zu beginnen, bleibt jeweils stecken. Und nach einem wie verzweifelten Kadenzieren nach B gelangt das Spielen nochmals in ein wie trugschlüssiges Es-moll, um von da, taktweise (geradezu atemberaubend) modulierend in der oberen Satzbegrenzung chromatisch *fortissimo* abzusinken. Auch der erneute Kadenzierungsversuch landet auf der gleichen Art von Trugschluss, nur jetzt taktweise im *piano* und folgend nach oben weiterstrebend. Und nach nun vollendeter Kadenz – die beiden modulierenden „Bewegungen" sind durchaus als extreme menschliche Verhaltensweisen in einer fundamentalen Krise mitvollziehbar! – schließt der Satz in einem wie zornigen Schlussspiel über einem 15 Takte beibehaltenen Orgelpunkt *B*.

*

Wir können davon ausgehen, dass die Sinfonie Nr. 102 möglicherweise eine lose Trias von Sinfonien eröffnet, die ein endgültiges „autonomes" Komponieren Haydns dokumentieren: Haydn tritt sozusagen selbst auf; er „spricht" als Mensch, sieht sich in seine Situation und Befindlichkeit als ein gleichsam *für alle Menschen „Sprechender"* gestellt. Und da erscheint es durchaus möglich, dass die Sinfonie 103 in Es-dur das Sujet der vorausgehenden Sinfonie gewissermaßen weiterführt, dies aber aus einer ganz anderen und möglicherweise positiveren Perspektive tut. Die beiden letzten Sinfonien, die Nrr. 103 und 104, hält Finscher (S. 381) für ein „Komplementär- und Kontrastpaar"; er leitet dies u. a. aus einer „Verdichtung orchestralen Klanges" sowie aus den beiden sich herausbildenden „Grundmustern" her, aus einem „Streichersatz mit einzelnen Holzbläser-Soli" und aus dem „kompakten, satztechnisch einfachen Tutti" in den Ecksätzen. Auch die zweiten Sätze sieht Finscher als Variationssätze und stilisierte Märsche, wenn auch mit „ganz unterschiedlicher Gestalt", verwandt; u. a. hebt er den ausgespielten Gegensatz Moll-Dur (103) bzw. Dur-Moll (104) hervor. (Ist dies von Belang?)

12. Zu den drei Sinfonien 102 bis 104

Die Sinfonie 103, in Es-dur, wird in der Literatur (und auch von Finscher, 382) im Besonderen wegen der Verschränkung von langsamer Einleitung und dem *Allegro* im ersten Satz sowie wegen der großen Rolle sog. volksmusikalischer Töne hervorgehoben; desgleichen *in puncto* Verknüpfung im I. Satz durch zweifaches Zitat, vor allem am Schluss. Finscher hält dies, S. 386, sozusagen für eine Vor-Mahler-Stelle, im Zusammenhang mit dem Begriff „Katastrophe". Doch wenn man prozesshaft und nicht „darstellend" denkt, dann erscheint das *Allegro* quasi als ein Herauskommen aus dem „Brüten" des Vorspiels, also eigentlich das Gegenteil einer Katastrophe! Das Streben am Schluss bestätigt nochmals exemplarisch solches „Herauskommen" in eine gedankliche Freiheit (dessen assoziativer Background wohl zur Sinngebung des einzelnen Hörenden gehört).

Was den langsamen Satz betrifft: wie wichtig sind sie, die vermeintlichen kroatischen Volkslieder dahinter? Sicher kann man von der sog. Zigeunertonleiter sprechen; doch ist der zusätzliche typische übermäßige Sekundschritt zwischen dritter und vierter Stufe hier eindeutig harmonisch angeeignet. Haydn arbeitet betont mit Leittönen (vgl. Takt 5), mit einem bewussten und willentlichen (wenn auch mühsamen) Voranschreiten. Auch in Menuett und Trio können wir die „tanzbodenhaften Tonfälle" nachvollziehen; uns erscheint hier vor allem ein gleichsam In-die-Vorstellung-Holen einer vielleicht einst erlebten „Gemeinschaft" am Werk. Vielleicht sollte man bedenken, dass die Musik bei Haydn nicht den Menschen als Einzelwesen meint, sondern ihn stets als Teil einer Sozietas, eines menschlichen Verbandes denkt. Das kann im Endeffekt „die Gesellschaft" sein, umfasst aber im alltäglichen Denken immer nur den sozial und räumlich zu überblickenden Nahbereich. Gehen wir von „Tanz" als „Bindung" aus, als einer Musik, die im Besonderen die Bindung in die Sozietas mittransportiert – und sei es eben der „Hof" –, dann bedeutet „Menuett" (bei Haydn noch!) stets das Erleben eines solchen In-Beziehung-Stehens, ja oft mehr noch: ein Sich-in-sie-Fallen-Lassen und In-ihr-aufgehoben-Sein. Von da gibt sich das Finale als ein „Kehraus" gleichsam in „Gemeinschaft", als befriedigende Bestätigung derselben, als eine Art „Ergebnis". Es dient dem Menschen als Vergewisserung seines real gesellschaftlichen Wesens. Erst als solcher geht er sinngenerierend in ein solches Finale.

Das wirft die Frage auf, ob nicht die ersten beiden Sätze hier (= in der vollendeten klassischen Sinfonie!) sinnvoll anschließen könnten: Wer bin ich (als real gesellschaftliches oder besser: als künstlerisches Wesen), wer sind wir, als solche, als eine zusammengehörende bzw. je zugehörige Gesellschaft. Von da definiert der erste Satz uns als je geistige, je in einer Situation befangene Wesen, der zweite als je empfindende und unsere Empfindung gedanklich Äußernde. Das anschließende Menuett bestätigt uns in der menschlichen Gemeinschaft umso mehr, als es sich selbst als „gedanklich" beherrscht ausweist. Und das Finale feiert das gemeinsame Ergebnis des Prozesses, in den uns das Mit-Spielen und immer mehr Mit-Komponieren geführt hat. Und auch hier gilt das gemeinsame Feiern umso mehr, je gedanklich reicher es geschieht. Denn das Finale beginnt mit einem Hornquinten-Motiv, das wiederholt und kontrapunktiert wird. Mit beiden, Motiv und Kontrapunkt, wird sofort eine gedankliche Arbeit vorgenommen; wir werden darauf zurückkommen. Da dieses Finale formal von allen Seiten (Rondo, Sonatensatz…) her und damit von keiner bestimmbar scheint, ist es nur es selbst; vielleicht gehört dies zur Funktion (→ Feiern einer gedanklichen Gemeinschaft). Zwar ist es auch Tanz; aber vor allem Ausgelassenheit; diese aber bedarf eines „Grundes", den der Prozess der drei Sätze vorher lieferte. Versuchen wir einen solchen uns vorzustellen!

Der Beginn mit einem (kurzen) Paukenwirbel (*piano*?); eine Unisonoführung über klangzerlegende und doch gleichzeitig harmonisch fortführende Schritte der Bässe leitet zweimal je zu einer Kadenz in den Bläsern, die erste zur Dominante, die zweite zur Tonika zurück. Das „Bemühen" der Bass-Linien wird aufgenommen und rhythmisch verschoben, wie zögernd, begleitet, die zweite Passage aber frei variierend und in ein pathopoeisch aufgeladenes Fortspinnen führend. Dieses endet in einem Abstieg zum Unisono-*G/g,* auf dem das *Adagio* enden könnte (um das

Allegro anzuschließen). Doch folgt erst ein dreifaches Ausweichen zu *As/as*: die dreifache auftaktige kleine Sekunde *As/as*→*G/g*, bestätigt durch ein Innehalten auf dem dreifach betonten *G/g*... Wir können diese langsame Einleitung als ein mühevolles Vorwärtsgehen interpretieren, dem eine Art „Lohn" in der „hohen" Bläserkadenz winkt, ein – wenn man so will – »*per aspera ad astra*«. Eingeleitet wird das „Bemühen" von einem Impuls (Paukenwirbel), der einen zwingt, sich in Bewegung zu setzten. Der Schluss mit dem Beharren auf dem *A*→*G*, wie ein Stöhnen, gleichsam ein Beharren im Sich-Bemühen (und der relativen Einfallslosigkeit?), – aus ihm bildet sich eben dann doch der Einfall: angestoßen im Auftakt – obwohl man das Thema ohne Blick in die Partitur als abtaktig hört! – bildet sich mit der Auftaktsekunde ein „Thema", einfach, aus 2 mal 2 Takten. Dieses, wiederholt, und aus der „Eingebung" („oben"!) in die Realität des Streichersatzes versetzt, wird zum Auslöser eines vorangehenden spielenden Fortschreitens. Und dann, plötzlich, wie als eine eigentlich gar nicht beabsichtigte Konsequenz (statt des Endakkordes einer Kadenz zur Dominante hin), schiebt sich das Seitenthema als eine Art „leichter" Tanz ein. Wie ein Gedanke von „außen" oder wie (erst einmal!) der Vorschein einer Teilhabe am Leben als gleichsam nicht geplante „Frucht" des eigenen Arbeitens.

Doch wie noch nicht zeitgemäß bzw. „verdient", geht das Spielen darüber hinweg: solche „Frucht" ist erst durch „Arbeit" einzuholen, durch die „Arbeit" der Durchführung. Diese setzt erst als kontrapunktische Arbeit am Kopfmotiv an; doch scheint diese nicht recht weiterzuführen. Ein Neuversuch vor allem mit der Fortsetzungsfigur (der ersten beiden Thementakte) führt in eine Kadenz auf G. Nochmals setzt das Arbeiten (nun wieder in Es) mit der Unisonofigur der Einleitung neu an, um sofort in eine z. T. sequenzbestückte freie Fortspinnung überzugehen. Diese, schließlich nach F-moll modulierend – eine gem. Schubart höchst problematische Tonart –, scheint zwar mittels erneuter Arbeit mit dem „Kopf" aus dieser herauszukommen, doch landet das Spielen schließlich im Seitengedanken in Des-dur, unserer Interpretation nach vielleicht in der Teilhabe an einem falschen Leben?

Doch gelingt von da die Modulation nach B; an dessen „Doppelpunkt" setzt die Reprise ein. Und die richtige Teilhabe am Leben (wenn man so will) als Frucht des eigenen Arbeitens geschieht nun weitaus enger und wie selbstverständlich: Der Fortspinnungsabschnitt zwischen den Themen erscheint extrem verkürzt, so, dass man den Eindruck nicht loswird, als habe Haydn um der Unmittelbarkeit willen gleichsam mit Gewalt Takte rausgestrichen. Quasi als „Ziel des Spielens" setzt nun das Seitenthema ein, eine (wie wir sagten) Teilhabe am Leben als Frucht der Arbeit. Doch mündet dieses nun gleichsam überraschend schnell in *fortissimo* herausgestellte Takte in As-dur und As-moll, ja schließlich im verkürzten Des^7, je als gemeinte Tonarten herausgestellt. Ein Aufstieg mittels in Kleinsekundauftakten auseinandergelegtem B-dur-Septakkord versickert in ein *diminuendo*- und *calando*-Umspielen und im durch doppelten Vorhalt geschärften Innehalten auf dem fermatengestützten Terzquartakkord der Dominante. Überraschend setzt Haydn mit den ersten 12 Takten des Einleitungs-*Adagio*s fort, ausdrücklich als *Adagio* bezeichnet. Aus ihm beschließt ein kurzes Schlussspiel im wieder aufgenommenen „*Allegro con spirito*" den Satz.

Dies können wir mitvollziehen als: Die Mühe der künstlerischen Produktion, sie beginnt stets von Neuem, hier vielleicht: der eine (Komponist?) oder das eine (Vorhaben?) endet am Ziel seiner Arbeit; der bzw. das andere beginnt wieder neu. „*Allegro con spirito*", vielleicht hier ein symbolischer Begriff für das Werden und Vergehen und Neuentstehens *geistiger* kompositorischer Arbeit?

Im Vergleich zu den frühen Sinfonien Haydns ist „Sinfonie" ungeheuer angewachsen an Quantität, vor allem aber an Inhaltlichkeit! Haydn ist jemand anderes geworden. Er bringt sich als jemand anderes und in einer voll entwickelten Weise zur Geltung; vor allem aber: er findet das Maß dessen, was wie zu sagen ist, mehr und mehr an sich selber! Haydn ist also sozusagen dimensional gewachsen! Aber noch ein zweiter Aspekt tritt hervor, der Aspekt der „Arbeit" im ausdrücklichen Sinn, synonym einerseits für den Umgang mit dem Thema und seinen Motiven, anderseits für instrumentales Spielen selbst. Während in den früheren Sinfonien es eigentlich noch darum ging, Musiker (immer noch unmittelbar!) „spielen zu machen", trotz eines gleichsam entpersonalisierten Spielens im sich bildenden „Orchester" – denken wir nur an die Soli für Tomasini u. a. in Einsenstadt –, so geht es jetzt (im Zusammenhang der Londoner Sinfonien) immer mehr darum, das Spielen eines dem Komponisten im Einzelnen unbekannten Orchesterapparats zu entwerfen. In diesem verrichtet der einzelne Musiker einen Dienst im Sinn von „Arbeit"; und dies explizit im Dienste dessen, was bzw. wie „mit-gespielt", also gehört werden soll. Hier wird – wenn auch noch nicht thematisiert und begrifflich benannt – ein neues Verhalten in dem, was die Musiker tun, vorbereitet: »Arbeit« im ausdrücklichen Sinn zu verrichten, hier als spezifisch künstlerisches Arbeiten![2]

Auffallend im II. Satz ist erst einmal das Melos in Moll, einem spezifischen sog. „Zigeunermoll" mit zwei übermäßigen Sekunden. Möglicherweise zitiert Haydn hier kroatisches Melos? (Dies würde mit der Vermutung übereingehen, dass seine Mutter Kroatin gewesen war.) Ist es Haydn selbst, der hier in der Rolle des „Menschen" auftritt? Und wovon „spricht" er? Es ist ja auffallend, dass Haydn die besondere Intervallstruktur des Tongeschlechts dazu nutzt, ein Melos voller „Sehnsuchts"- und Seufzer-Figuren zu entwerfen; und dies in C-moll und im Laufe des A-Teils nach Es-dur modulierend. Dabei treten, vor allem im B-Teil, die Sekundvorhalte (die wir aus dem ersten Satz kennen) in den Vordergrund. Die Rückkehr zum variierten A-Abschnitt ist mit einer aus einer verspielten und auffällig punktierten Melosfigur

---

[2] Natürlich ist dies eine „Entwicklung" hin zu einem Stand; aber eine solche tritt eben dann ins Bewusstsein (zumindest der Nachwelt), wenn ein entsprechender Stand erreicht ist und der Autor des kompositorischen Entwurfs nicht mehr selbst Teil des Ensembles ist. Die Tatsache, dass Haydn am Cembalo bzw. Pianoforte (noch!) mitspielte – vgl. das „Zitat" als Umschlagbild, wohl eine Rekonstruktion der Londoner Orchesteraufstellung aus: Simon McVeigh, *Concert Life in London from Mozart to Haydn*, Cambridge 1993, S. 212 –, kennzeichnet ja nur den Übergang; wesentliche Leitungsfunktionen hatten hier Salomon bzw. Viotti, die jeweils ersten Geiger!

gebildeten, fast liebevollen kontrapunktischen Ausschmückung versehen, im Vordersatz (gleichsam als Sehnsucht?) über dem thematischen Melos, dann im Nachsatz jenes als „Hauptsache" übernehmend. Doch ist die thematische Explikation des Satzes damit nicht zu Ende. Denn der Sphäre des wie traurigen und vor allem sehnsüchtigen „Herkommens" stellt Haydn nun eine Sphäre des wie triumphalen „Ankommens" inform eines Marsches in C-dur zur Seite. Dass er in diesem die übermäßige Sekunde trotz Wechsel in das Durgeschlecht beibehält, das liegt daran, dass das thematische Melos die Takte 3 und 4 des Ausgangsmelos bearbeitet und in das neue Tongeschlecht wendet; gleichzeitig wird der zusätzliche Leitton noch terzweise verdoppelt und damit harmonisch vereinnahmt; bedeutet dies nicht erst einmal zusätzlich eine ausdrückliche Beherrschung dessen, was er einst ererbt hat? Anderseits verharrt der Satz über weite Strecken auf einem bewegten Orgelpunkt C. Hinzukommt die ins *pianissimo* zurückgenommene Hornstelle: die letzten beiden Takte der abschließenden Wiederaufnahme des A'-Teiles enden in einer wie er-innerten Abschiedswendung. Diese wird Haydn in den folgenden Variationen (auch dieses „Marsches") jeweils durch eine fermatengestützte Pause absetzen und dadurch ihren möglichen Sinn hervorkehren!

Variation 1 (mit ausgeschriebener Wiederholung des A-Teils) hebt durch hinzugefügte taktbestimmende Seufzersekunden den Leidenscharakter hervor, während der ihr gegenübergestellte „Marsch" einen eher spielerischen Charakter durch Umspielung mittels Triolenfiguren hervorkehrt. Bei ihm tritt erstmals das Zurücknehmen am Schluss mittels Pause deutlicher hervor. Variation 2, Vordersatz im *fortissimo*, Nachsatz im *piano*, hat in den *Forte*passagen (mit Pauken und Trompeten!) durch einen z. T. in oktavgeführten Stimmen „kompromisslosen" Satz etwas wie Gewaltsames, Zwingendes. Der „Marsch" dagegen erhält durch sein Aufliegen auf einem Sechzehntelkontinuum eine innere Bewegung und Fröhlichkeit, bis zu den letzten beiden Takten: diese, wieder abgesetzt, werden wiederholt und zum Ausgangspunkt eines codaartigen Fortspinnens, das in der C-dur-Kadenz gleichsam versickert, *pianissimo* nach A^7 wechselt und von hier über eine Art Trugschluss zu B nach Es-dur gelangt. In dieser Tonart langsam in auseinandergelegten Dreiklängen *pianissimo* absteigend, formuliert eine Hauptstimme mit dem Kopfmotiv des „Marsches" eine wiederholte zweitaktige Dominant-Tonika-Korrespondenz, mittels der das Geschehen anschließend crescendierend und je über verkürzte und alterierte Septakkorde „ansteigend" zurück nach C moduliert, in welchem der Vordersatz des „Marsches" das Stück beschließt, nicht ohne die abgesetzten beiden Takte durch Wiederholung zu bestätigen. Dieser Es-Dur-Einschub, der erst zum endgültigen „Triumphmarsch" führt, meint er hier jenen vertraulichen Dank gegenüber einer Göttlichkeit, die im Charakter der Drei-B-Tonart mit enthalten ist?

In unterschiedliche Richtungen des Verständnisses weist auch das Menuetto. Es beginnt mit der einfachen Kadenz, T→S→D→T; sein Melos aber kommt mit übermäßig großen Schritten daher, und es erscheint auch noch wie künstlich rhythmisch hergerichtet. Man könnte sich im Vergleich den Verlauf ohne lombardische Rhythmen und ohne „abspringende" Zusatzintervalle vorstellen! Hinzukommt das zweifache Echo am Schluss: weist es auf einen leeren Raum? Einerseits erscheint der Verlauf mit seinen schweren Taktbeginnen uns durchaus als „typisches" Haydn-Menuett; anderseits trauen wir bei näherem Hinhören unserem Eindruck nicht; wir vermuten ein besonders Gemeintes, vielleicht die bewusst übertriebene „Darstellung" eines menschlichen Verhaltens? Vielleicht müssen wir nochmals zur langsamen Einleitung des ersten Satzes zurückschauen: diese zweimalige Unisonolinie am Beginn, – gleicht sie nicht einem Argumentieren gleich einem überzeugen wollenden Rechtfertigen, gleichsam von unten nach oben geschickt? Vor allem die durchaus eigenwilligen Richtungsabweichungen im zweiten Unisono deuten darauf: wenn diese Sinfonie mit Haydn selbst zu tun hat, mit seiner Rechtfertigung als Künstler (und damit als Vertreter der Musiker um ihn), dann vielleicht prinzipiell „(s)einem Schöpfer" gegenüber? Dies würde auch die Tonart (Es-dur) rechtfertigen. Und dies ließe die besondere rhythmische Herrichtung im Menuetto als Ausdruck eines seufzerbestückten „mea culpa" erscheinen. Auch das Ausweichen nach Ges-dur, in welchem das Melos plötzlich geebnet erscheint, ohne die „Seufzer", erklärte sich als eine Art „Vorschein" eines himmlischen Friedens, der aber schnell in die dramatische Realität zurückführt und in einer langen „Seufzer"-Reihe die Aufnahme des A'-Abschnitts vorbereitet. Auch das Trio bietet einen Spielraum des inhaltlichen Mitvollzugs. Denn einerseits erscheint es wie eine Komposition für eine Flötenuhr; und als solche wie eine kritische Stellungsnahme zur Welt als Gegenwelt der Leere und des Automatismus. Anderseits weist solcher „Spiel"-Charakter auf das kirchliche Instrument der Orgel, mit welchem eben Musiker das „vertrauliche Gespräch mit der Göttlichkeit" vollziehen.

Und der Schlusssatz, ein „Ergebnis"? Haydn beginnt mit einem Hornquinten-Motiv. Dieses setzt er dem Satz nicht nur voran; er setzt es auch durch eine fermatengestützte Pause vom Folgenden ab! Erst der Wiederaufnahme dieses „Motivs" (Takte 5 ff.) setzt das Orchester ein eigenes „Thema" kontrapunktisch entgegen, das sich gegenüber diesem in einer Weise behauptet, dass die eigentliche Fortsetzung des Hornmotivs zur selbstverständlichen „Begleitung" der „Beantwortung" dieses „Themas" wird. Letzteres bestimmt mit seiner Motivik den gesamten Satz! Wenn wir die Hornquinten als Symbol einer „Kraft" ansehen – nennen wir sie „Natur" oder „Göttlichkeit" –, dann entspringt gleichsam aus ihr, anfangs als eine Art abgeleiteter Kontrapunkt, das kunstfertige Spielen, also eine spezifisch künstlerische Musikwelt, die sich in den Vordergrund schiebt (aber im Laufe des Satzes immer wieder neu durch den Rückgriff auf ihren „Ursprung" „begründet" wird). Dies wäre dann das „Ergebnis" im Sinne eines Selbstverständnisses des Satzes: die eigene künstlerische Arbeit, sie ist anzugehen (was der Fortgang des Satzes auch sofort belegt); aber sie ist eben auch stets zu „begründen", auf einer Haltung einer „natürlichen" Musik oder eben einer Göttlichkeit gegenüber. Was sich „einfach" anhört, das ist in der Wirklichkeit dieses Satzes überaus komplex angelegt und entzieht sich im Einzelnen einer interpretatorischen Festlegung. Die Literatur hebt denn auch die

Schwierigkeit hervor, diesen Satz wenigstens formal zu bestimmen: „Die Formkategorien Rondo, Sonatensatz und Sonatensatz-
rondo verlieren hier ihren Sinn."[3] Naheliegend ist eine Art Sonatenform mit ausgeschriebenen, dabei aber je neu verfahrenden
Wiederholungen der beiden themenbestimmten Abschnitte (Exposition einerseits und Reprise anderseits, mit einer Art Durchführung dazwischen), was deshalb wenig fruchtet, weil fast alles,
was in den 386 Takten als Spielen entworfen ist, selbst durchführungsartige Arbeit darstellt. Nur die relativ klar strukturierten
Takte 5 bis 12 (und entsprechend 35-52, 158-165 und 264-271)
heben sich (zusammen mit den Takten 73-76 als verkürzter
Zugriff auf das Thema analog dem Beginn einer Art Durchführung) von der „Arbeit" vor allem mit dem Themenkopf ab. In
eine solche geht das Spielen je sofort über; das zweite Mal leitet
das reicher „ausgestattete" Spielen aus der gefestigten Dominante
unmittelbar zurück in das Motiv-Zitat (73 ff.), nun aber im oberen Register mit dem Kontrapunkt-Thema darunter! Solches Umkehren der Bedeutsamkeit(?) – was bedeutet sie für ein Handeln
von Menschen? – geht bereits vor seiner Ausformulierung in ein
betont kontrapunktisches Arbeiten über, das nun Bestandteile des
„Motivs" mit einbezieht und beide, Hornquinten-Intervalle und
rhythmisch bestimmte Themenfiguren, ineinander aufgehen lässt.
Solches Arbeiten gelangt zu einer groß ausgespielten Kadenz in
B-dur. An deren Ende führt ein korrespondierendes „Spiel" mit
den ersten vier Thementakten (schließlich immer leiser werdend)
in eine Modulation nach B-moll und von da wieder zurück nach
B-dur. Dieses, *forte* ausgespielt, mündet in eine Art zurückgenommenes „Nachspielen", um dann doch einen musikalischen
„Doppelpunkt" *forte* herauszustellen. Nach einem fermatengestützten Innehalten setzen nun ein drittes Mal, ganz im Sinne
einer („ersten") Reprise, Motiv und thematischer Kontrapunkt
ein, fortgesponnen mit der „Arbeit" vom Satzbeginn. Doch mündet solche sehr bald in ein freieres Fortspinnen mit auffallend
absteigenden Sequenzen, um schließlich von der Doppeldomi-

---

[3] Finscher, S. 388.

nante aus anschwellend in einer Modulation nach Des aufzustei-
gen. In dieser Tonart eröffnet sich ein korrespondierendes Spielen
(analog der B-dur-Passage, Takte 108 ff.). Aus solchem führt eine
crescendierende Modulation heraus, um wie am „Ziel" G (als G-
dur) stehen zu bleiben. Erst jetzt, nach einer fermatengestützten
Pause, erfolgt der Einsatz des thematischen Komplexes, nun also
zum vierten Mal, und damit den vorhergehenden Einsatz als
Scheinreprise hinstellend. Auch dieser Einsatz findet (wie alle
entsprechenden Einsätze des thematischen Komplexes) in der
Grundtonart statt.[4] Die fortspinnende Arbeit, anfangs am Beginn
des Satzes orientiert, feiert nun aber das erreichte Es-dur, um ihm
die angesprochene „Korrespondenz" anzuschließen. In dieser
weicht das Spielen zwar vorübergehend nach Es-moll aus, in
Schubarts Verständnis einer Tonart der Bangigkeit und der Verzweiflung. Und die Rückkehr zum Durgeschlecht eröffnet zuerst
nur ein Korrespondieren im neapolitanischen Sextakkord; doch
über einen zeitweisen enharmonischen Verwandlungsversuch
des *Ces* zu *H* bzw. über seine Interpretation als verminderte Quinte einer Doppeldominante findet das Spielen triumphal zu Es-dur
zurück. Eine *fortissimo*-„Erhöhung" und -Verschränkung von
Motivintervallen und Themenfigur beschließt den Satz.

Vielleicht gehen wir nicht fehl, wenn wir den Finalsatz im Sinne eines „Ergebnisses" als ein „Aufrufen" des Menschen (als
künstlerisches Subjekt) zum Gespräch mit der Göttlichkeit ansehen, aus dem nicht nur das eigene fruchtbare Arbeiten entspringen kann, sondern mit dem letztlich alle Krisen und Anfechtun-
gen überwunden werden. Die Frage, die sich (mir) mit dem Hören dieser Sinfonie stellte – ginge es in ihr eher um den biographischen Blick auf den Menschen (Haydn) oder um sein Verhältnis
zu einer Göttlichkeit? –, sie beantwortet sich mit dem Ineinander
beider Aspekte: auch hier geht Haydn (wohl) von sich selbst aus,
um aus der Selbsterfahrung auf einen menschlichen Typus des

---

[4] Das Hornmotiv, an eine feste Tonart gebunden, steht es auch für ein
Unverrückbares, das es symbolisiert?

Handelns zu folgern. Er und sein „in nomine Domini" bilden sozusagen das Sujet.

*

Die letzte der Londoner Sinfonien, Nr. **104** in D-dur, beginnt mit einer D-moll-Einleitung. Finscher (S. **389**) assoziiert gleichsam „»brucknersche« Tutti-Signale" Doch erscheint mir das „Signal" eher als eine Aufforderung und ein Ausmessen. Danach setzen nicht einfach „Seufzermotive" ein, sondern ein Korrespondieren wie zwischen einer Frage und einem achselzuckenden Nichtwissen („leider"). Dies wiederholt sich gestisch – die sog. „Frage" übernimmt nun die Geste des „Nichtwissens" (→ „was, du weißt das nicht? Nein!"). Und das dritte Signal ist dann urteilshaft; es besteht aus zwei Quinten, mündet also in die Subdominante, aus der nach einer Modulation im *pp* zur Dominante mit dem „Nein", aus der wie ein plötzlicher Einfall– nach einem Zögern – das D-dur-Thema herauskommt. Das Zögern, es besteht aus einem verkürzten Takt, aus nur einer Viertelpause, allerdings mit Fermate!, eigentlich ein Widerspruch, doch vielleicht genau im Maß eines folgenden Allabreve-Taktes...

Finscher zählt 5 thematische Gedanken und meint, eine thematische Arbeit finde nicht statt. Gehen wir davon aus, dass Takt 17 (= Takt 1 des *Allegro*) die fehlende „Antwort" im Menschen sich bekundet: diese läuft auf ein „Verstehen", auf die „Einsicht" zu, die in Takt 16, gleichsam vor dem Ende des „Aussprechens" („plötzlich") einsetzt. Man kann bzw. muss das, was vorgeht, nicht als ein Nebeneinander von Themen, sondern als einen Prozess der Fortspinnung sehen, eines quasi menschlichen gedanklichen Voranschreitens. Entsprechend erscheint das, was (Takt 50=34) sich abspielt, als Seitensatz? Wohl nicht; seinen Platz nimmt das Hauptthema in der Dominante ein. Wovon wir hier sprechen, das ist vielleicht mit dem Begriff der „substanziierten Fortspinnung" zu fassen. Auch im Bezug zum *Andante* scheint Finschers „Marschcharakter" kaum sinnvoll (390); dort geht es um ein Vorangehen, ein Schreiten in betonter Weise. Zwar liegt ein Variationensatz vor, aber das ist nicht das Entscheidende; mit

„Variationensatz" blockieren wir eher unser Mit-Vollziehen. Die Aufmerksamkeit wäre auch hier auf den Prozess mit einem für Haydn nicht untypischen Minore-Abschnitt zu richten. Was bedeutet er? Welchem Sinn haben wir ihm in unserem Mit-Spielen zu geben? Auch im Bezug zum Menuett können wir unsere Aufmerksamkeit evtl. unter dem Begriff der „substanziierten Fortspinnung" präzisieren. Doch beginnen wir unser Hören von Anfang an...

Während wir die Sinfonie 103 unter dem Sujet einer prinzipiellen menschlichen Problematik hören konnten, scheint sich die Sinfonie 104 eher auf ein Hier und Jetzt zu konzentrieren: konkret auf eine Abschiedsszenerie. Die dritte D-dur-Sinfonie innerhalb der zwölf Londoner Sinfonien entwarf Haydn für sein Benefizkonzert am 4. Mai 1795, wahrscheinlich in den Monaten März und April unmittelbar davor. Auf dem Titelblatt notierte er „[1]795 The 12th which I have composed in England Sinfonia D II."[5] Von dem Konzert (und seinem großen pekuniären „Erfolg") berichtet er auch im letzten Londoner Notizbuch.[6] Ob Haydn sich dessen bewusst sein konnte, dass dies wohl seine letzte Sinfonie sein würde, ist umstritten. Klar war ihm aber wohl, dass es in Wien damals noch kaum eine entsprechende Situation (d. h.: kaum ein entsprechendes Orchester und eine interessierte und selbstbewusste Öffentlichkeit) gab, für die eine solche „Form" und „Zeit" des Mit-Spielens (also spezifischen Hörens) zu entwerfen gewesen wäre. Wenn Finscher die Sinfonie in engem Verhältnis zur Nr. 103 sieht, dann ist das zeitlich sicher ebenso richtig, wie darin, dass beide im Grad der Souveränität (mit Komposition umzugehen) sich entsprechen. Doch scheint mir die Sinfonie Nr. 104 weitaus näher am Anlass angesiedelt, am Abschied von London: als ein solcher ist sie wohl entworfen; sie ist – wenn man so will – *wohl Haydns tatsächliche „Abschiedssinfonie"*.

---

[5] Die Anmerkung mit „D II" bezieht sich wohl auf die Tatsache einer zweiten Sinfonie in D-dur innerhalb der sechs Sinfonien des zweiten London-Aufenthalts.
[6] Vgl. Bartha, S. 553.

D-dur, die traditionelle Trompetentonart, war schon immer eine Tonart „der einladenden Sinfonie" und der „Festtagsgesänge". (Vielleicht ist sie auch – zumindest im Laufe der Londoner Zeit – Haydns „eigene" Tonart geworden?) Aber auch hier liegt der „Schlüssel" zu einem inhaltlichen Mitvollzug in der Intention, die wir vorstellungsmäßig dem Spielen des II. Satzes (*Andante*) begründet unterstellen können. Und schon die Tonart G-dur dieses Satzes weist möglicherweise auf einen Ausdruck des „Dank[es] für aufrichtige Freundschaft". Auch die Gestik unterstützt solches vielleicht etwas melancholische „Thank you", spricht es auch explizit an und erweitert es zu einer vorerst viertaktigen Ausdrücklichkeit. Daraus formt Haydn erst einmal seinen (formal gesehen) Liedsatz, in welchem der Mittelteil die Dankesgesten bekräftigt, die Rückkehr zum Ausgangsthema aber in einer tonlich anhebenden Steigerung zum sich aufrichtig entschuldigenden Versichern eines „reinen Herzens" aufläuft, bevor die je hervorgehobenen Versicherungen des Schmerzlichen des Abschieds in Seufzern auslaufen.

Der Wechsel zu G-moll, er erscheint wie eine indirekte Rede, gleichsam wie die aufgenommene Frage der Adressaten – abgeleitet aus dem motivischen Material des thematischen Satzes –, ob der Abschied denn notwendig und endgültig sei. Die daraus folgende Explikation der Gründe führt über eine dramatische Modulation dann doch zu B-dur, einer Tonart des sozusagen guten Gewissens, vielleicht auch der „wortreich" dargelegten Hoffnung auf ein Wiedersehen. In dieser – nach dem Abbrechen auf der Dominante von B – versichert der Auftretende nochmals seinen Dank. Diesen ergänzt er nochmals durch ein sequenzielles Steigern und die Versicherung einer Entschuldigung, gleichsam ein „...es tut mir leid". Diese, in einer Figuration auf der Dominante von G auslaufend, führt zur Wiederaufnahme des G-dur-Komplexes, dessen Nachsatz nun klangreich u. d. h. mit noch ausdrücklicheren Versicherungen ausgestaltet erscheint. Solche Ausgestaltung aber schweift zweimal in sozusagen besondere Gedanken ab. Das eine Mal ausführlich über C-moll und As-dur zu Des-dur, aus welchem (über die enharmonische Umdeutung zu *cis* i. S. v. Cis-moll) ein mehrmaliges wie explizit fragendes Innehalten entspringt, als ob der Auftretende im tiefen Ernst eine Frage stellte i. S. v. „Wissen wir, was wird?". Und nach der Rückkehr in den ausgeschmückten Verlauf erfolgt nochmals ein wie „Anhalten", das – in der Exposition ein bloß fermatenbestückter C-dur-Klang – das C-dur nun über drei Takte ausspielt, bevor die Schlussversicherung in den ausgeweiteten Seufzerketten den Satz beschließt.

Der Satz ist durchaus aus einer Vorstellung von einer Danksagung und einer sich entschuldigenden Argumentation um die Unumgänglichkeit des Abschieds mitvollziehbar und an sich selbst (als Hörender) erlebbar. Entsprechend erscheint das Menuett, wieder in D-dur, wie eine verständnisvolle Zustimmung. Doch signalisiert das lange Beharren auf dem Grundton als Orgelpunkt unter einem melodischen Ausweichen ein argumentatives Hinführen zur Zustimmung im Nachsatz (das man als ein In-Bewegung-Kommen miterlebt). Der B-Teil führt über die motivische Zustimmung zu einem gleichsam widerstrebenden (= gegenrhythmischen) Sich-Ergeben in das Unabwendliche, das mit einem ausdrücklichen Bedauern (Takte 31 ff.) hinzunehmen sei. Als dessen Ausdruck, konkret als einer des „Good bye", erscheint denn auch das Trio, hervorgehoben durch die ungewöhnliche Tonart B-dur. Solche Tonart (innerhalb eines Menuett-Verbunds in D-dur) weist vielleicht auf die Hoffnung auf ein Wiedersehen, möglicherweise gepaart mit einem unglücklichen Seufzen, das sich im C-moll des Mittelteils niederschlägt. Entsprechend gestaltet Haydn die zusätzlichen 10 Übergangstakte (zurück zu D-dur) als Modulation auf der Basis eines auf zweimal fünf Takte gedehnten Seufzers *b'-a'*. Es ist jener Seufzer, der schon im Mittelteil des Menuetts eine wesentliche Rolle spielte, bevor die Reprise das A-Teils einsetzte und auch im Dacapo des Menuetts nun wieder erscheint, aber vor ihrer Vollendung über ein Ausweichen nach G-dur gleich mit zwei Pausentakten innehält, bevor der nochmals aufgenommene Triller auf der Dominante – und dass er jetzt auf zwei ganze Takte verlängert wird, zeigt, wie schwer den „Anderen" der Entschluss, das endgültige Sich-Abfinden mit dem Abschied, fällt! – in die nochmals aufgenommene Vollendung des Achttakters führt, am Ende des Menuetts bedeutsam nach oben hin abgeschlossen.

Von solchem Mitvollzug eines möglichen Sujets der beiden inneren Sätze können wir uns eine Vorstellung von den beiden Rahmensätzen ableiten. Den ersten Satz charakterisiert – wie eingangs angesprochen – ein einleitendes *Adagio*: einerseits eine Art Ereigniseinleitung als Eröffnen (Fanfare), Aufmerksammachen und (wie im Bezug zur Oper) „Einstimmen auf". Und doch ist es mit seinem hohen Ernst, seiner Würde (die die „Unterstimmen" mittels der doppelten Punktierung verstärken) und seinen Seufzersekunden in den ersten Violinen mit auslaufender und sich als Ereignis abgrenzender Tonwiederholung mehr: Eine Art Themenstellung, vielleicht die Schwermut eines Abschieds schlechthin? Das Spielen vollzieht sich in drei Abschnitten: von der D-moll-Fanfare aus sich scheinbar zu einer solchen in F-dur und damit zu einem Sich-Abfinden „auflösend" und von da sich wieder dramatisch steigernd zum dritten Fanal, wieder in D, das mit einem abrupt ins pianissimo gewendeten Gang zur Subdominante und einer nachträglichen Schärfung im Sinne des Neapolitaners vor dem Gang in die Dominante eine sich eingestehende Endgültigkeit anklingen lässt.

Das *Allegro* selbst skizziert dann wohl die Situation oder Konstellation eines sozusagen gesellschaftlichen Abschieds, in der ein Gast gefeiert wird, indem man seine Anwesenheit und seine Verdienste anspricht und ihn hochleben lässt (Takt 16 ff. des *Allegro*s). Finscher (S. 389) betont an dem „glanzvoll extravertierten Sonatensatz" die Abfolge von „fünf deutlich unterschiedenen thematischen Gedanken", bevor die Stelle des Seitengedankens durch den Hauptgedanken in der Dominante eingenommen wird. Nach einer Überleitung folgt ein eigentlicher erneuter Seitengedanken, gekennzeichnet durch ein „Einreden" der Flöte bzw. der Oboe, so, als würde der, den man hochleben lässt, Einwände in Bescheidenheit erheben. Erst die Durchführung geht zur thematischen Arbeit mittels eines aus dem Thema ausgeschnittenen Motivs über, vielleicht eine Art Insistieren auf dem eigenen Urteil, das im *forte* von allen aufgenommen und erweitert wird. In die Reprise arbeitet Haydn nach dem expliziten „Hoch!" eine durchführungsartige Bestätigung des „Urteils" mittels des Durchführungsmotivs ein, bevor der Satz mit einem erneuten Aufgreifen des Hauptgedankens und des Ausdrucks bescheidener Gegenrede (Seitensatz) triumphal zu Ende geführt erscheint. Der Satz entwirft eine Konstellation, die die mögliche Ehrung situativ zusammenfasst, die Haydn in England erfahren hat.

Satz IV dagegen können wir als Konsequenz der Danksagung des Auftretenden (II.) und des Sich-Abfindens der Allen (III.) ansehen, als Skizze der dadurch entstandenen Situation. Ist diese eine des Sich-Verabschiedenden? Die angeblich kroatischen Wurzeln des Hauptgedankens überm Orgelpunkt lassen eine solche Vermutung zu. Das Thema im ablaufenden Metrum, scheinbar mit dem „schweren" Takt eines Taktpaares beginnend, scheint ein Tanz im prototypischen Sinn und findet seine Entsprechung in einer Art (erstem) Seitensatz (Takt 44 ff.) in der Doppeldominante.[7] Die Fortspinnung, wieder mit am Hauptthema orientierten Elementen erstellt, mündet in einen aus der Doppeldominante zwar herauskommenden, aber mit Fis (als Dominante von H-moll) einsetzenden schmerzlichen Modulationsgang, einen eigenen Gedanken in ruhigen Halbewerten ausbildend. Ein an Figuren des Hauptthemas orientiertes Schlussspiel, gleichsam als ein „Wegwischen" trüber Gedanken geformt, beendet die Exposition. Die Durchführung, von der Arbeit mit Motiven des Hauptgedankens ausgehend, gelangt (Takte 139 ff.) in eine eigene thematische Bildung in H-moll, gefolgt von dem (von uns so genannten) Seitengedanken in Fis-dur. Der Abschnitt, gleichsam ein Ausbruch in Leidenschaft, endet abrupt im kadenziell erreichten Fis-dur-Akkord und in einem Innehalten per Pausentakt. Und aus dem Gis[7]-Akkord (als Dominante von Cis-moll) entfaltet sich der zweite Seitengedanke, hier nach dieser in seinen Abschnitten (von 18 auf 28 Takte) ausgeweiteten Modulation in ein *piano*-in-den-Sinn-Kommen des Hauptgedankens einmündend. Dieser geht erst in

---

[7] Finscher, S. 390, betrachtet erst die Takte 84 ff. als Seitensatz.

184

seiner Fortsetzung (analog Takt 19 in der Exposition) in ein bestimmtes *forte* über. Solche Gestaltung macht im Besonderen die Rolle des Orgelpunkts deutlich, der das Thema als eine (noch nicht reale!) Vorstellung kennzeichnet, als ein inneres Vorausschauen bzw. -hören. Ein aufstrebender Übergang führt zum erneuten Zitat des (von uns so genannten ersten) Seitengedankens, nun in A (also nicht in der Doppeldominante), und nach einer kurzen Überleitung nochmals in den „schmerzlichen" (zweiten) Seitengedanken mündend. Dieser, nun von H^7 ausgehend, wird mit weithin aufstrebenden (wie tröstenden) Flötenleitern kontrapunktiert. Eine durchführungsartige Arbeit mit Motiven des Hauptthemas mündet in ein Schlussspiel, in das hinein nochmals der Themenkopf mehrfach, wie ein endgültiges „Good bye", zitiert wird. So „inhaltlich" mit-vollzogen, können wir diese Sinfonie als Haydns tatsächliche „Abschieds-Sinfonie" ansehen.

Haydn, heimgekehrt nach Wien, hat nach dieser Sinfonie keine neue mehr entworfen, obwohl (oder weil) auch die Wiener mit der Zeit seine Londoner Sinfonien aufnahmen. Der Grund ist wohl einfach der, dass keine Sinfonien mehr bei ihm *expressis verbis* bestellt wurden (resp. nach den Verabredungen mit seinem Arbeitgeber auch nicht bestellt werden konnten). Doch im Bezug zum vor allem in den letzten drei Sinfonien bestimmenden Blick von sich selbst her, sollte man die sechs Späten Messen als eine Art Fortführung sinfonischen Komponierens ansehen. Mit ihnen setzt Haydn nicht nur den Reflex einer Selbstbefindlichkeit (im Namen einer altersgeförderten Religiosität) fort, sondern auch (ein wenig und implizit) sein Reagieren auf die politischen Entwicklungen, – eben auf seine u. d. h. kompositorische Weise. Wir können diese Messen als dankbar wahrgenommene Möglichkeit interpretieren, seinen inzwischen zu eigen gemachten Auftrag gegenüber „seiner Welt" in neuartiger und besonders geschätzter Weise zu erfüllen.

13. Der Zyklus der sechs Späten Messen als »Vokalsinfonien«, – ein krönender Abschluss der Epoche.

Die (ausgerechnet sechs![1]) Späten Messen,

Missa in tempore belli (*Paukenmesse*, C-dur), 1796,
Missa Sancti Bernardi von Offida (*Heiligmesse*, B-dur), 1796,
Missa in angustiis (*Nelsonmesse*, D-moll), 1798,
Missa (*Theresienmesse*, B-dur), 1799,
Missa (*Schöpfungsmesse*, B-dur), 1801,
Missa (*Harmoniemesse*, B-dur), 1802,,

sie nehmen sicher einen besonderen Platz im Oeuvre Haydns und im Komponieren der Frühen Neuzeit ein. Haydn hat (etwa im Vergleich zur Zahl seiner Sinfonien oder Streichquartette) relativ wenige Messen entworfen.[2] Ein Jahr nachdem Haydn von seinem zweiten England-Aufenthalt nach Wien zurückgekehrt war und nachdem er seine Reaktivierung als Kapellmeister des Fürsten Eszterházy mit Nikolaus II. abgestimmt hatte, machte er sich vereinbarungsgemäß daran, wieder Messen zu komponieren. Wieder? Die Frage stellt sich tatsächlich, ob der Be- und Entschluss zu den Messen der letzten Jahre in Haydns Lebensverlauf nicht per se ein besonderer ist, der nicht einfach als „Fortsetzung" einer entsprechenden früheren kompositorischen kirchenmusikalischen Praxis subsumiert werden kann. Zwischen 1796 und 1802 hat Haydn nun je für den Namenstag[3] der Fürstin Hermenegild

---

[1] Wir wollen nicht unterstellen, Haydn habe sechs Messen geplant; vielleicht aber konnte er mit einem „Opus" im ausdrücklichen Sinn zufrieden sein, als er die sechste Messe vollendet hatte.

[2] Möglicherweise ist dies mit-beeinflusst von den Josephinischen Reformen von 1782/83, die vor allem unter Franz II./I. erst wieder „gelockert" wurden

[3] Die Fürstin *Maria* Josepha Hermenegild Esterházy feierte ihren Namenstag entweder zum (damals noch beweglichen) Fest „Mariä Namen" oder zum Fest „Mariä Geburt" (am 8. September). Ersteres hatte in Österreich eine besondere Bedeutung, da es (oder eben: Maria) mit der Befrei-

fünf Messen entworfen. Hinzu kommt eine Messe für die Primiz des Wiener Neupriesters Joseph von Hofmann, die dessen Vater, der kaiserliche Kriegszahlmeister Johann Franz von Hofmann, ebenfalls 1796 bei Haydn bestellt hatte.

Generell lässt sich vorausschicken: Haydn vertont in ihr bzw. ihnen nicht „Text", sondern dessen Äußern je mit einer persönlichen Intention, die den Singenden und Mit-Aussprechenden (also hörend Beteiligten) quasi eine religiöse Autonomie zubilligt: Einerseits bemerkt man durchaus tradierte Satzmuster (wie „Fugen" an bestimmten Textstellen), die an das gewohnte Verhalten innerhalb des Ritus anschließen. Anderseits drängt sich das Bemühen hervor, ein solches Verhalten zu einem eigenständigen Handeln hin aufzufüllen, indem der Komponist den Singenden und Mit-Singenden eine besondere Intentionalität des „Aussprechens" nahelegt, die sie selbst im Mit-Singen aus ihrer Lebenssituation investieren können. Haydns späte Messen sind gleichzeitig und eher noch „Nachfolger" seiner Sinfonien; sie nehmen die Singenden und Mit-Singenden über die Konsequenz der Sätze gleichsam in ein (nur z. T. sprachliches) Selberhandeln mit, hier: in ein argumentatives Sprechen mit „ihrem Schöpfer". (Auch darin folgen sie möglicherweise den letzten Sinfonien gemäß unserem angedeuteten Verständnis.)

Man kann die (für die o. a. Primiz entworfene) *Missa in tempore belli* gewissermaßen als ein (erstes[4]) Modell für die sechs Messen ansehen. In ihr steht u. a. die Situation einer realen Kriegsgefahr im Hintergrund: Österreich, seit 1792 im *Krieg* mit Frankreich, ist nun, 1796/97, real durch den Einmarsch der französischen Armee in Teile Kärntens und der Steiermark auch im Kernland vom Krieg betroffen. Während im *Kyrie* die Singenden ihre schwierige

---

ung Wiens von der türkischen Belagerung in Zusammenhang gebracht wurde. Vgl. Koch, S. 122.

[4] Das „erstes" ist nicht zeitlich gemeint. Möglicherweise hat Haydn die *Missa in tempore belli* zwar im Sommer 1796 begonnen, dann aber die Arbeit unterbrochen und erst im Winter vollendet. Sie wurde zwar auch in Eisenstadt ausgeführt, doch außer der Reihe, am 29. September 1797.

dumpfe Situation dramatisch verstärken, scheint eine Knabenstimme, die der Chor optimistisch aufnimmt, die Gewissheit der
Erfüllung der umfassend vorgebrachten Bitte um Erbarmen zu
gewährleisten. Die wortreichen Teile gehen dann in das eigentliche argumentative Sprechen über, das *Gloria* in eine Rechtfertigung der Bitte, die im „Qui tollis" gleichsam von den Singenden
als „Kinder Gottes" realisiert wird: ganz im Tonfall eines „Schau
doch, Du hast doch die Sünden der Welt auf dich genommen,
erbarme Dich unser...", verstärkt im stimmlich herausgehobenen
„suscipe" und dem unterwürfigen „deprecationem nostram";
und dann, wie nachgeschoben: „Du sitzt doch zur Rechten...,
erbarme Dich..."; dem fügen sie mit dem „Quoniam" die Gewissheit des „tu solus sanctus" an.

Demgegenüber erscheint das Singen im *Credo* wie ein
Schlachtgesang der Überzeugung, in dessen Anfangsfuge die
einen vorangehen und die anderen folgen, während das Singen
im „Et incarnatus" wieder in eine hier moll-bedrückte Argumentation übergeht: „Du bist doch Mensch geworden..." Und in
dramatischer „Ja..."-Angliederung nehmen die Singenden am
„Crucifixus" und gleichsam ersterbend am „passus et sepultus"
teil. Doch dann das „Aber": „Du bist aber auferstanden..."; und
nach dem typisch *uni*sonen (und in gewisser Weise zentripeta-
len!) Versprechen der Zugehörigkeit zur *„una* sancta" feiern sie in
der Schlussfuge ihre Gewissheit des „Et vitam venturi". Entsprechend gestalten die Singenden ihr „Sanctus" aus einer wie Erwartung artikulierenden Verehrung, der sie das „Osanna" hier wie
einen soldatischen Aufbruch folgen lassen. Und folgend ist das
Singen im *Benedictus* auf das „in nomine Domini" konzentriert,
womit die Singenden ihr Handeln – ähnlich wie Haydn selbst
seine Skripten – unter diese Sentenz stellen. Schließlich das
Agnus: erst einmal mit einem Kniefall der Anbetung (quasi einem
„Helm ab zum Gebet"?) beginnend, gehen die Singenden mit
dem „Dona nobis" per Paukenwirbel und Trompetensignal – an
den für diese Messe mutig herangezogenen Pauken soll Haydn
im letzten Satz selbst gewirkt haben – in Wunsch und Überzeugung über, den Frieden auf ihre Weise herzustellen.

Während Haydn in der angesprochenen Messe, in der Literatur auch als „Paukenmesse" verzeichnet, möglicherweise(!) den vom Krieg Heimgesuchten oder (eher) den in den Krieg Ziehenden bzw. das Vaterland Verteidigenden deren ganz aus der Situation gespeiste Glaubensartikulation eröffnet – die Tonart C-dur wird in der Literatur mit der Widmung an die Gottesmutter Maria verbunden, mit der Haydn an jener Verehrung des ganzen Landes Österreich teilhatte[5] –, vermittelt der Komponist solche situationsbezogene Artikulation in der **Missa Sancti Bernardi von Offida** wohl eher den (durch diesen Krieg?) Mühseligen und Beladenen, ganz gemäß dem Fest des im Jahr vorher (1795) seliggesprochenen Kapuzinermönchs aus dem italienischen Offida.[6]

Hört man genauer hin, dann findet man sich einigermaßen verwirrt angesichts der Besonderheiten dieser Messe. Haydn lässt die Singenden in dem *Adagio*-Beginn des *Kyrie* mit langgezogenen „Kyrie"-Rufen einsetzen, wie aus einem mühe- und leidvollen Kaum-vom-Fleck-Kommen. Dem steht der Eintritt des „Christe", angeführt vom Sopran-Solo, gegenüber, fröhlich, menuettartig, im 3/4-Takt. Eigentlich stellt dies einen Kompositionstopos (im 18. Jahrhundert) dar: während das „Kyrie" quasi ein alttestamentliches, unterwürfiges Verhältnis zur Gottheit vergegenwärtigt, wechselt das „Christe" zu einem neutestamentlichen und gleichsam „befreiten" Verhältnis. Doch lädt Haydn solchen Wechsel mit einer persönlichen Intentionalität (→ einer wie eigenen Mühseligkeit) und mit einer entsprechenden Konsequenz auf. Denn aus dem „Christe" resultiert im folgenden „Kyrie" das Quasi-Handeln aus einem angedeuteten neuen Bewusstsein: Selbstbewusst treten die Singenden in den fugierten Beginn und dann in

---

[5] Vgl. Koch 2009, S. 124 ff.

[6] Gem. Ökumenischem Heiligenlexikon war dieser u. a. Krankenpfleger. „Er verfügte über die Gabe der Herzenserkenntnis und Heilung[…] und wurde zum Ratgeber vieler Menschen und zum Friedensstifter." Im Jahre 1796 fiel das Fest „Mariä Namen" auf den 11. September, an dem gleichzeitig das Fest des Bernhard v. Offida gefeiert wurde. Vgl. Koch, S. 123. Die Orientierung an diesem Seligen wird wohl von daher motiviert sein und kann sogar auf einen Wunsch der Fürstin zurückgehen.

den mit dem Orchestersatz harmonisierenden Chorsatz ein. Eine angedeutete Reprise mit einem wie „gemahnenden" Rückblick auf den *Kyrie*-Beginn wechselt sofort wieder in das wie „befreite" Singen, in welchem eine ausgedehnte Coda den neuen Zustand als für alle Zeiten geltend zu versprechen scheint.

Der Beginn des *Gloria*, der kurze instrumentale Vorspann und das Mit-Triumphieren der Singenden in einfachen Pauken-und-Trompeten-Bausteinen, erinnert im ersten Moment an Charpentiers *Te Deum*. Man erschrickt ein wenig über die entwaffnende Direktheit der ersten Zeile. Solche gleichsam nicht „kunstfertig" gearbeitete Unvermitteltheit mag auf einen nicht ganz vollendeten Arbeitsprozess zurückgehen, aber wohl kaum darauf, dass Haydn nicht mehr so richtig wusste, wie man eine Messe komponiert.[7] Hinzu kommen streckenweise eine wie „soldatische" Artikulation (→ „Laudamus te") und anderseits ein wie „instrumentales" Vorangehen, dem das „Aussprechen" nur irgendwie passend aufgeladen erscheint (→ „Gratias"). Schließlich überraschen uns das „Qui tollis" im schnellen Dreiertakt und darin die je unisonen und orchestral begleiteten „miserere"-Rufe, zuletzt die Anknüpfung des „Quoniam" an den Beginn, dessen „Triumph" relativ schnell in eine ausgedehnte Fuge „in gloria Dei patris. Amen" übergeht, versehen mit einer aufwendigen Schlussgestaltung.

Man kommt nicht umhin, hier an eine besondere sujetähnliche Absicht zu denken, denn auch das *Credo* ist durch ähnliche Momente charakterisiert. Vielleicht spielt eine (untergeordnete) Rolle, dass Haydn hier versucht hätte, seine unterschiedlichen Entwurfsweisen i. B. zu Quartett und Sinfonie und Vokalerfindung – manches könnte man sich hier auch als vierstimmigen (A-cappella-)Satz vorstellen – zu einer neuen Art des gleichsam handlungsaktiven „Mit-Singens" Aller zusammenzuführen. Das

---

[7] Vgl. Koch, S. 122 f.: „Der Musikfachmann sieht schnell, dass dies die erste Messkomposition Haydns nach vierzehnjähriger Pause war: Im Autograph sieht man mehrere Änderungen, Streichungen und Einfügungen. Offensichtlich war sich Haydn über die richtigen Dimensionen der einzelnen Ordinariumssätze nicht mehr ganz sicher[...]".

Komponieren geht einerseits von einer musikalischen Idee („Motiv") aus, prolongiert diese aber sozusagen am Text entlanggehend (fortspinnend), wobei die Balance der musikalischen „Darstellung" der musikalischen Glieder ab und an zu kurz kommt. Andererseits stellt der Beginn das „Ich glaube" mit Trompeten und Pauken als Grundmotiv heraus, das in das „Flickwerk" des gleichsam Über-den-Text-Hinwegredens immer wieder eingeflochten wird. Solche Folge aus motivischem Beginn und Fortspinnung, analog einer Selbstsicherheit des/der Aussprechenden und einer Selbstverständlichkeit des Ausgesprochenen, bindet Haydn durchaus zur großen Form, indem er zum „Qui propter" gleichsam wie in ein „Ergebnis" einbiegt und auf „descendit" mit dem Anfangsmotiv ein „Erreichtes" abschließt.

Und nun beginnt jenes „Et incarnatus" als dreistimmiger Kanon mit drei hohen Solostimmen – für diesen Abschnitt muss also zu den vier üblichen Solisten hier extra eine dritte Frauen- oder Knabenstimme hinzugezogen werden! –, das in einem betont langsamen, feierlichen Melos der liturgischen Bedeutsamkeit des Textes und seiner entsprechend traditionellen „intimen" Vertonung Rechung trägt. Nur: vor dem Beginn „steht" ein „Zauberflöten"-Akkord, der ein „Auftreten" ankündigt; und danach setzen die Stimmen, ausgesprochen zurückhaltend begleitet von Bläsern und Pizzicato-Streichern, mit jenem Kanon-Melos ein, das Haydn bereits vorher als Kanon (in lebendigerer Ausführung freilich) auf den Text „Gott im Herzen, ein guts Weiberl im Arm; das eine macht selig, das andre hält warm" entworfen hatte: Im Singen beglaubigen die (wie Verkündiger auftretenden) Singenden das Menschsein Christi, in geradezu auf den unmittelbar Teilhabenden bezogenen Art; Gott ist wirklich „Fleisch geworden"! Gleichzeitig gibt Haydn der Verklärung dieser Glaubenstatsache Raum und befriedigt so die (u. a. liturgische) Tradition. Beiden Ebenen entspricht, dass er das „Crucifixus" unmittelbar durch die beiden (und im Gegensatz zur Erbsünden-Theologie eben eigentlich „sündhafteren") Männerstimmen ausgeführt anhängt und nach Moll führt; doch nur bis „...Pontio Pilato". Das „passus et sepultus" hängen die Chorstimmen, u. a. chromatisch aufsteigend, als

191

Überleitung zu Dur hin an. Solche augenscheinlich spezifisch persönliche (und fast evangelisch wirkende) Wendung wird in einer Art Wiederholung des „etiam pro nobis..." noch deutlicher mit dem Choreinsatz zu „passus..." in das Durgeschlecht gesetzt und mit einem Ausklingen (gleichsam den drei Punkten „..." der Schriftlichkeit) beendet. Was folgt, das ist kein heldenhaftes „Et resurrexit", sondern wieder die Aufnahme eines quasi In-Selbstverständlichkeit-Äußerns des Chores, am Text entlang, wobei die Chorhälften sich hier aber die „Nachricht" kanonartig versetzt gleichsam zu-sagen. Dies alles ohne Pauken und Trompeten! Erst zum „judicare..." werden diese von den Spielenden beigesteuert, wird auch das „non erit finis" deutlich herausgestellt. Und wiederum findet das „Et in Spiritum..." zurück zur Selbstverständlichkeit, auch das (oft besonders beschworene) „et unam sanctam..." einschließend und das „et expecto resurrectionem" zumindest in einer fast konspirativen Weise auffallend zurücknehmend. Doch folgt erst das „Et vitam venturi..." nun fugiert, breit ausgeführt und ins „Amen" übergehend, mit wie fragender Aufgipfelung und umso eindeutigerem Sich-Bestätigen des „gewisslich Wahren" (Amen).

Das *Credo* zeigt also eine durchaus ungewöhnliche Anlage, auch für Haydns Späte Messen selbst. Die Frage ist, ob Haydn hier, in seiner ersten derartigen Arbeit, nicht drei persönliche Motive zusammenfasst, die im Einzelnen mehr oder weniger für die anderen Messen maßgebend sein werden. Haydns Konzept ist keinesfalls (in erster Linie) Text-Exegese, wie Finscher (S. 470) vermutet, sondern intentionales Äußern der Singenden und Spielenden bzw. indirekt der Hörenden *mittels* des Textes, zugegeben auch mitunter unter Berücksichtigung tradierter Bedeutsamkeiten (sprich: Kompositions-Topoi). Für dieses *Credo* gelten wohl die drei Momente im Besonderen, die wir möglicherweise auf die situative Verfassung des Autors und der Mit-Singenden zurückführen können:

- Ein „Ich glaube" als das Grundmotiv, das er mit Pauken und Trompeten heraushebt und das die eigentliche Glaubensexegese in den Schatten stellt;

- die wirkliche(!) Menschwerdung Christi, die sein Leiden und Sterben für mich/uns zentral bedeutsam macht;
- schließlich die Tatsache des zukünftigen Gerichts (→ „judicare") und des daraus folgenden Ewigen Lebens (→ „et vitam venturi...").

Wir können uns die Anlage der weiteren Sätze hieraus als eine Art Konsequenz begreiflich machen. Das prächtige kadenzielle Hinstellen des „Sanctus" wie eine himmlische Verehrungsszene[8], gefolgt von einem „Pleni" im fröhlichen Dreiertakt, das unmittelbar ins „Osanna" übergeht. Ein *Benedictus* mit langer instrumentaler Einleitung, in welchem die Solisten sehr bald von den Allen (Chor) unterstützt werden, die hier eine wesentliche Rolle spielen. Dessen Mittelteil trägt durchführungsartige Züge und erscheint wie ein Weitersagen und Zur-Kenntnis-Nehmen der Äußerung durch jeden Einzelnen, was die Singenden sich in der seltsam hoch schließenden Reprise bestätigen. Und das *Agnus*, instrumental beginnend, gibt sich wie ein Singen der Verzweiflung, moduliert aber zum ersten „miserere", wieder motivartig festgelegt, ins Durgeschlecht wie in eine hoffnungsvolle Gewissheit. Gleichwohl bleiben die weiteren Anrufungen im Ton der Klage, sich mitunter dramatisch ausweitend und schließlich auslaufend. Und nun beginnt das „Dona...", wieder mit dem unvermittelten Singen wie im *Gloria*. Zwar, ein Zwischenteil lässt die bedrückten Töne und deren dramatische Fortsetzung nicht aus; doch zum Schluss artikulieren die Singenden energisch ihre Bitte in Selbstsicherheit, die auch die zwischengeschalteten Zweifel nicht erschüttern.

Manches spricht dafür, dass Haydn in der ersten vollendeten Messe nach den Londonaufenthalten[9] und gleichsam programma-

---

[8] Haydn hat hier (in den Mittelstimmen) die ersten Takte eines damals populären Segensliedes „Heilig, Heilig..." aufgenommen und im Skript auch angemerkt. Auch hier wieder ein bewusster Akt der Bezugsetzung zu sich selbst als Vertreter der Singenden als Menschen im ausdrücklichen Sinn?

[9] In der Literatur findet man die Anmerkung, Haydn habe zwar mit der Messe für die Primiz begonnen, dann aber die „Missa Sancti Bernardi von Offida" für Eisenstadt dazwischen geschoben, bevor er danach die erstere

tisch(!) die Intentionalität des „Aussprechens" als eine menschlich mögliche und typische und *momentan* allein sinnvoll erscheinende aus seiner eigenen Alterssituation ableitet. Doch bleibt uns gleichwohl, auch die objektiv gegebene Situation der Zeit unserem Hören zugrunde zu legen. Denn scheinbar(!) wieder ganz nah an der großen Bedrückung des Krieges eröffnen die Singenden ihr „Kyrie" in der *Missa in angustiis* von 1798 (also einem Singen in Zeiten der Not und Bedrängnis) wie mit Hilferufen. Auffallend hier u. a. das *Credo*, das die Singenden im kontrapunktischen Satz wie eine Fahne begeistert vor sich hertragen (und sogar das „Gratias" gleichsam selbstverständlich vereinnahmen), bevor sie im plötzlichen Bedenken mit dem „Et incarnatus est" wie betroffen innehalten und sich wie erinnernd das „Crucifixus" vergegenwärtigen, bei gleichzeitiger Erschütterung. Umso größer ihr Jubel des „Resurrexit" und ihr einmütiges Versprechen des „[credo] in unam sanctam...", bekrönt durch das „Et vitam". Doch überraschend dann ein wie zweifelndes und doch hoffnungsvolles Verehren der Gottheit im *Sanctus* und umso ernster das ungewöhnlich umfangreiche *Benedictus*, eingeleitet von Trompeten, fast wie ein Trauermarsch, und auch hier das „in nomine Domini" als Anrufung und gleichsam herzliches Versprechen herausstellend. Deutlich wird auch im *Agnus* im Besonderen, dass es Haydn in diesen Messen um eine Konsequenz in den Sätzen und dass es den Betroffenen um ein gleichsam handelndes und auf ein Ziel hin angelegtes „Ansprechen" geht, aus welchem ihre Sicherheit resultiert: „Ja, Herr, Du wirst uns Frieden schenken..."! Ausruf und Weitertragen untereinander ergänzen sich im kontrapunktischen Satz.

Da erscheint es nun doppelt bedenkenswert, wenn Koch[10] diese Messe in D-moll, einer Requiem-Tonart, mit der Bemerkung Griesingers in Zusammenhang sieht, „Haydn habe einmal eine Messe in der Rekordzeit von nur einem Monat geschrieben, »weil

---

Messe beendete, die wohl am zweiten Weihnachtstag 1796 in Wien erstmals ausgeführt wurde.

[10] Vgl. Koch 2009, S. 128 f.

er damals Krankheit halber nicht ausgehen konnte«". Die Tatsache, dass Benennung und Besonderheiten der Messe aus einer persönlichen „Bedrängnis" des Komponisten resultieren könnten, würde in Haydns Selbstverständnis des Komponierens im Alter passen, wie wir es an den späten Sinfonien vermutet haben. Dass er gleichzeitig ihr den Part einer ausgearbeiteten Orgelstimme einfügte, mag sich solcher Selbstbetroffenheit (und Dankbarkeit für die Genesung) angeschlossen haben. Entsprechend solcher Information kann man die Messe auch ganz anders hören, – und solches bildete ein (zweites) Modell für die letzten Messen, besonders für die letzten beiden. Denn der Beginn des Singens im *Kyrie* mit Trompeten und Pauken könnte auch auf eine Schau des „Jüngsten Gerichts" weisen, auf eine Szene, die gleichsam die verzweifelte Bitte des Solosoprans um Erbarmen einfasst. Im Gegensatz dazu gestaltete sich (den Mit-Vollziehenden!) der *Gloria*-Beginn wie ein Äußern jener Seligen, die wir von bildlichen Darstellungen des Themas kennen. Der Solo-Bass vertritt im „Qui tollis..." ein beauftragtes Sprechen im Namen der Allen, ein Vortragen der Bitte um ein „Miserere". Diese Allen, sie kommen mit ihrem intensiven Bekenntnis im *Credo* zu Wort. Bemerkenswert u. a., wie einerseits der Chor sich die Weise des Solosoprans im „Et incarnatus" je aneignet, gleichsam dessen Ausdrücklichkeit potenziert und in das „passus et..." weiterführt, und wie anderseits die Chorstimmen im „Et resurrexit" wie Instrumentalstimmen mit dem Orchester verschmelzen. Das Wort von diesen Messen als „Vokalsinfonien" können wir hier im Besonderen mitvollziehen.

Das folgende *Sanctus* führt (auch harmonisch) wie in eine andere Dimension: als ob es hier um ein Singen im innersten Heiligtum ginge, mit einem überirdischen Ausdruck von Freude und Gelöstheit. Dem schließt sich das *Benedictus* wie eine trompetenbestückte Ankündigung eines höchst Geheimnisvollen an; meint das eine gleichsam „höchste" Anbetung, gestaltet als „beständige" Korrespondenz zwischen Solisten (= „Engeln", wie in der *Schöpfung*) und Chor der Seligen? Schließlich lenkt das *Agnus* aus der „Vorschau" der jenseitigen Dimension zurück: wie in ein

Reagieren der Menschen auf der Erde auf das (im Schauen) „Erlebte", nach dessen kurzem Bezeichnen das „Dona nobis" förmlich aus ihnen herausbricht.

Was anzudeuten wäre: Wer diese Messe (heute) hört, dem wird klar, dass eine Argumentation zur liturgischen Brauchbarkeit eigentlich am Selbstverständnis dieses Singens bereits vorbeigeht. Kirche (und ihre Liturgie) bilden hier höchstens noch den gewohnten Rahmen, innerhalb dessen Menschen die Aneignung ihrer Religion zu einer persönlichen Religiosität längst vollzogen haben. Dies ist den Menschen nicht bewusst, sondern selbstverständlich! Sie erleben sich, von Haydn ermächtigt, in jenen „Bildern" und konsequenten Gedankengängen, die ihre Religiosität ausmachen...

Ein anderes Quasihandeln scheint der sog. *Theresienmesse* von 1799 zugrundezuliegen. Diese könnte man einerseits einer spezifischen Christusverehrung entsprechend dem Passions- und Ostergeschehen zuordnen; andererseits könnte man sie durchaus politisch hören: als Herausführen aus einer ernsten Situation, die die Singenden im *Kyrie* mit offensichtlich absichtsvoll eingesetzten antiquiert (und fast bachisch!) erscheinenden Satzmitteln andeuten. Dem steht ein ungewöhnlich ausführliches „Gratias" im *Gloria* gegenüber, ein Satz, in welchem man deutlicher als sonst ein Selbstansprechen Gottes mit-zuvollziehen meint, während die Singenden im „Quoniam" fast ihre Erleichterung über die Wirksamkeit ihrer Bitte um ein „miserere" davor artikulieren. Entsprechend gewissenhaft (und mit allen tradierten satztechnischen Mitteln der *Missa solemnis*) breiten die Singenden ihren Christusglauben aus. Dem folgen ein Auftürmen des Gotteslobes („Sanctus") und Füllen des Raumes („Pleni") sowie der Ausdruck der Gewissheit, dass „Er" kommen wird, bevor im *Agnus* nicht nur die Gewissheit des „Miserere" sich durchsetzt, sondern im „Dona" fast eine Auferstehungsszenerie triumphal gefeiert wird.

Während die Theresienmesse möglicherweise mit einem persönlichen Dank des Komponisten an den Schöpfer über die so enthusiastische Aufnahme seines Oratoriums „Die Schöpfung" zu tun haben könnte, scheinen mir die beiden letzten Messen, die *Schöpfungsmesse* von 1801 und die *Harmoniemesse* von 1802, sehr eng und tief mit der persönlichen Situation ihres Autors am Ende seines Lebens verbunden. Und beide kann man sich – im Anschluss an die sog. „Heiligmesse" (= *Missa Sancti Bernardi von Offida*) und die „Missa in angustiis" – auf das bezogen denken, was Haydn nicht mehr vertonen konnte: auf Szenen zum „Jüngsten Gericht". Manches in der *Schöpfungsmesse*[11] gibt sich (mir und einerseits!) wie eine Vorbereitung auf eine Wiederkunft Christi. Dem *Kyrie*, das endlich einmal betont das „Christe" herausstellt, folgen *Gloria* und *Credo* im Ganzen wie sieghaft und triumphal, während *Sanctus* und *Benedictus* den preisen, der kommen soll und der schließlich im *Agnus* wie in einer großen Anbetung verehrt wird, woraus ein umfangreiches Feiern des „Dona nobis pacem" resultiert.

Spürt man (anderseits!) jedoch einer möglichen „Handlungs"-Konsequenz nach, die die einzelnen Sätze verknüpfen, dann kann man den Zusammenhang als eine szenisch aufgebaute Folge entdecken, in der die Singenden und Mit-Singenden gewissermaßen Rollen spielen. Die *Kyrie*-Einleitung, ein typischer Andantesatz, vermittelt ein (= quasi „unser") „Auftreten", in welchem der Solosopran gleichsam die traditionelle Marschroute vorgibt, der die Allen folgen. Aber, wie der Allegrobeginn einer Sinfonie, so bricht das *Christe* ein, das auch nach einem dramatisch (= sinfonisch) eingearbeiteten *Kyrie* nochmals und gleich alle Solisten beschäftigt. Es entsteht ein Singen – weit jenseits dessen, was Haydn als ein chorisches in v. Swietens(!) „Schöpfung" entwarf! – , das sich zu einer jubelnden Verehrung der Gottheit aufmacht, wie anl. einer Gewissheit der eigenen Erlösung. Vielleicht „er-

---

[11] Die Bezeichnung der Messe geht wohl auf ein Selbstzitat Haydns im *Gloria* aus seinem Oratorium „Die Schöpfung" zurück, über das die Haydn-Literatur ausführlich berichtet. Während vier der (von der Mit- und Nachwelt hinzugefügten) Zusatznamen mit Besonderheiten der jeweiligen Messe in Zusammenhang stehen, sieht die Literatur jene, die mit Admiral Nelson und (Maria) Theresia (II.!) verbunden werden, als relativ fragwürdig an.

klärt" sich daraus der besondere szenische Ablauf des *Gloria* mit dem berühmten (und zeitgenössisch kritisierten) Zitat aus der „Schöpfung". Sein Beginn gleicht einer Siegesfeier. Doch haben wir einerseits die Ebene des herkömmlichen Messensatzes, den Haydn – wie in den Späten Messen üblich – mit dem Part des Zelebranten beginnen lässt. Solches hat möglicherweise Verbindung zu einer zweiten Ebene, der des spezifisch sinfonischen Satzes. Dieser Satz soll mit einem entsprechenden „Thema" beginnen, einen „Seitengedanken" („et in terra…") einschließen und sich mit der Wiederaufnahme („Laudamus te…") abrunden. Gleichzeitig aber wird in der „Ausführung" beider „Sätze", mit Tempo, Instrumentierung (→ etwa des Beginns mit Trompeten und Pauken) u. a. eine Handlungsebene entworfen, in welcher die Singenden und Mit-Singenden gemäß einer gedachten Rolle intentional (ein mit dem „Aussprechen" Gemeintes) äußern: etwa die Zweifel an der Realität von Menschen „guten Willens", ihr ganz aufs Intime zurückgenommenes Beten (→ „adoramus te") oder im Gegensatz dazu ihr überbordendes „glorificamus te", gekrönt mit dem Oktavschritt. Es ist nicht die Musik, die etwas „sagt"; der Komponist hat ein Tätigsein entworfen, das hier die Singenden und Mit-Singenden ermächtigt zu einer eigenen *situativ empfundenen* Ausdrücklichkeit. Diese legt eine Intentionalität des „Aussprechens" nahe, also eine der Aussprechenden selbst, gespeist aus einer je inneren menschlichen Situation, aus der heraus diese selbst (sprachlich) handeln. Und darin ereignet sich eben jene Zitat-Szene, in der der einzelne Gläubige sich aus lauter Begeisterung möglicherweise im Ton vergreift, der die Empfindung ob der großen Tat Christi lediglich(?) mit jener eines „tauenden Morgens" vergleicht.[12] Doch unmittelbar schließt sich die im Erschrecken der Allen zurückgenommene Bitte um Erbarmen an, in Tempo und Takt radikal verändert. Und nun verdeutlichen die Singenden (sich, gegenseitig) die große Bedeutung der Erlö-

---

[12] Vgl. aber dazu den theologischen Diskurs bei Koch, S. 149 ff., der in diesem Zitat einen Hinweis auf Christus als dem „neuen Adam" sehen will.

sungstat, viel bedeutsamer, als eine bloße „Ermunterung".[13] Die
Einsicht in solche Fundamentalität begründet dann auch das
geradezu ausufernde „Amen", mit dem die Singenden von Bedeutung und Gewissheit sich überzeugt geben können.

Ist solche Einsicht nicht geradezu die Voraussetzung für das
folgende Bekenntnis im *Credo*? Dessen Satz u. d. h. das Singen im
ausdrücklichen Sinn schreitet in einer sich fortzeugenden, sinfonischen Weise voran, manches etwa als ein Unisono heraushe-
bend, aber im Wesentlichen aus einer inneren Überzeugung gespeist. Dies geschieht, fast atemlos, bis zum „descendit de coelis",
an dem die Singenden gleichsam „ankommen". Und nun das „Et
incarnatus…"; man könnte feststellen: wie in vielen Messverto-
nungen u. d. h. wie üblich in besonderer Weise… Aber hier vergegenwärtigen die Singenden *ihr* Ankommen, (in der Instrumen-
taleinleitung gleich einem Hornkonzert) ihr gleichsam Atemho-
len, Verweilen, Aufmerksamkeit wie auf eine „neue" Naturszenerie und diese schließlich mit allem Inhalt in „heller" (→ Tenor)
Weise fast bildhaft darlegend. Dabei werden Einzelheiten durch
partielle Wiederholungen, stimmliches Ausgreifen u. a. je *sich* in
die Aufmerksamkeit gehoben und *sich* verdeutlicht. Dies ist keine
Hirtenszene o. ä., sondern eine wie gemalte „Schau", eine Art Bild
im Hören. Ein solches entwirft der Bass quasi in Gegenrichtung
mit dem „Crucifixus…", worauf die Allen sich das „Et resurrexit"
ins Bewusstsein rufen. Man kann staunen über die „Stückelar-
beit", die Haydn hier zu einem Verlauf vereint, und gleichzeitig
über die je eigene Ausdrücklichkeit der einzelnen Textpartikel;
auffallend auch das „et expecto", gleichsam ein Erwarten der
Singenden aufbauend – hier „spielt" der Chor richtiggehend eine
Szene –, das dann das „et vitam venturi" sich steigernd einlöst.
Auch hier finden wir Singen, bei aller Bekenntnishaftigkeit im
Verein mit dem Spielen der Instrumentalisten, als ein Sich-
Vergegenwärtigen realisiert: als ein solches einer neuen und in

---

[13] Das Zitat entstammt einem Liebesduett Adams und Evas aus dem
dritten Teil der Schöpfung; beide versichern sich ihre Liebe und preisen
Morgen und Abend als zusätzliche Ermunterung bzw. Erquickung.

einer Art Bildlichkeit begreifenden „Eröffnung" des An-sich-Angeeigneten: Als ob man *sich* dieses in je mitempfindender Ausdrücklichkeit sagen u. d. h. vorstellbar machen wollte.

Die Anfangsthematik des *Sanctus* ist (ebenso wie die des *Benedictus*) sprachgezeugt; allerdings übernehmen nach einer zurückhaltenden, sanften Einleitung – der Satz ist mit *Adagio* überschrieben – die Chorstimmen nicht diese Motivik, sondern beginnen wie ein zusätzliches Tönen, das anschwillt und sich wieder zurücknimmt. Es ist, als ob die Singenden aus einem Staunen heraus artikulierten, das sich seines Eindrucks immer sicherer wird, anschwillt und sich gleichsam nach innen wieder zurücknimmt, in einer wie vorbereitenden Kadenz. Entsprechend bricht unmittelbar das „Pleni" als *Allegro*-Satz ein, so als sollten die Singenden und Spielenden ihren Eindruck ins eigene Selbstverständnis transferieren. Dem folgt ein großes „Osanna" mit Trompeten und Pauken und aufgerüstet mit einem Solo.

Im bedächtigen *Allegretto* des *Benedictus* übernehmen die (zuerst) solistischen Singstimmen die in der Einleitung angeschlagene Motivik; es ist eine mit einem Hornruf, dem das Orchester antwortet und die in Erwartung setzt. Das Singen stellt eine Art ausgedehnte Konversation zwischen Soli und Chor dar, wie ein Sich-Austauschen im Dienste eines allmählichen Begreifens der „Nachricht" von dem, der „da kommen soll…". Instrumentale Überleitungstakte leiten zu einer zweiten Aufnahme dieses Singens über, das schließlich in ein „Osanna" mündet, (mir) wie ein „also, dann ist es also wahr, dass…" erscheint, ganz als quasi abschließender Seitenkommentar. Auch die dritte Aufnahme des „Benedictus" setzt das „Osanna" in solch unauffälliger Weise an. Diese auffallend dreimalige „Bekanntmachung" des „Benedictus, qui venit…", steht sie hier (in der Konsequenz der Sätze *dieser* Messe) als eine Ankündigung des „Agnus", der Ankunft des „Lammes"?

Dieses, feierlich (*Adagio*) und gleich mit Instrumenten (und eben ohne „Einleitung") einsetzend, erscheint zuerst wie ein prozessionshaftes Tragen des Allerheiligsten, entwickelt sich aber (zusammen mit dem „Miserere nobis") sehr schnell in ein dramatisches Äußern, um unvermittelt nach einigen instrumentalen Zwischentakten in die zweite Aufnahme überzugehen. Nach dem dritten „Agnus" eröffnen die Singenden (im *Allegro moderato*) mit Trompeten und Pauken ihr „Dona nobis pacem", nicht ohne erst einmal wieder in eine Nachdenklichkeit zu verfallen und darauf in eine Fuge überzugehen. Zwar mündet diese in ein homophones wie „Überreden-Wollen" der Göttlichkeit. Doch knüpft sich erst einmal eine erneute kontrapunktische Durchführungsarbeit an, um von ihr zurückzulenken zum „Dona"-Beginn (Reprise) und nach dem Passus der „Nachdenklichkeit" ein große Coda anzuhängen.

Man kann sich des Eindrucks nicht erwehren, als realisierten sich einerseits eben angeeignete Weisen des Aussprechens des Ordinarium-Textes im gewohnten situativen Rahmen; und darin realisierten sich auch entsprechende tradierte Verhaltensweisen und Satzmuster mit ihrer immanenten Intentionalität (→ „miserere!"; „dona nobis...!" usf.) Mit diesen geht Haydn aber kreativ um, auf eine eigene sozial-konstruktive Weise, indem er das „Aussprechen" mit einer die Emergenz eines solchen Verhaltens be-gründenden persönlichen Intention auflädt, das typische „Bitten" des „miserere" etwa mit Artikulationen, die von Unterwürfigkeit bis Gewissheit, von Schuldbeladenheit bis zum Ausdruck unbedingter Notwendigkeit reichen. In der Konstruktion und konsequenten Zusammenstellung der je situativen Intention(en), die Haydn möglicherweise (entsprechend den letzten Sinfonien) aus seiner persönlichen Lebenssituation ableitet, gibt sich jede Messe einzig.

Hierzu passt denn auch die *Harmoniemesse*, so genannt wegen des zur vollständigen „Harmoniemusik" aufgefüllten Bläserchores innerhalb des Orchesters. Auch an dieser Messe können wir einerseits wiederum eine Szene eines persönlichen Redens mit der Göttlichkeit annehmen. (Ob solches im Rahmen einer Vorstellung von einem „Jüngsten Gericht" geschehen sollte, das können wir offen lassen.) Und wir können uns anderseits nochmals das Modell der Beteiligung der Singenden am Geschehen über eine eigene Intentionalität verdeutlichen. Schon das außergewöhnlich breite *Kyrie* – bereits in der „Schöpfungsmesse" war es länger als üblich – verweist darauf, dass Haydn in den letzten beiden Messen gerade im „I. Satz" (wie in den Sinfonien) eine besondere Situation entfalten wollte, aus der die folgenden Sätze als deren handlungsmäßige Füllung gleichsam hervorgehen sollten. Wie weit hierbei seine eigene Situation, demnächst vor seinem Schöpfer zu stehen, eine Rolle spielte, kann man (aus möglichen Interpretationen seiner letzten Sinfonien) nur vermuten. Das *Kyrie* beginnt instrumental wie die Entfaltung einer sorgen- und problembeladenen Situation, in die hinein gleichsam impulsiv, wie aus einer persönlichen Not, das chorische und abwechselnd solistische „Kyrie" einsetzt. Solche Situation wird breit ausgeführt, wobei das „eleison" („erbarme [Dich]") besonders herausgestellt erscheint. Zwar melden sich die Singenden im Anruf des „Christe" mit einem eigenen „Ton", nicht gerade vorwurfsvoll, aber doch fordernd kollegial (i. S. v. „Du, Menschgewordener, hilf doch...!") an den Gottessohn gewendet; doch nimmt das erneute „Kyrie" die situative Ausdrücklichkeit chorisch und solistisch mit noch größerer Intensität auf, um schließlich mit einer angedeuteten Reprise abzuschließen.

In solcher Situation bietet sich das unmittelbare Gespräch mit Gott an, das auch sofort, ohne instrumentale Einleitung, wie ein fröhlicher Lobpreis (der Menschen) anhebt. Doch scheint dieses ab dem „Laudamus te..." (auch) einen Ton des „Rechtens" aufzunehmen: „Du, da oben in Deiner Glorie, wir hier unten mit unser kümmerlichen Sehnsucht nach Frieden, – wir ehren Dich, beten Dich an... Und selbstverständlich sagen wir Dir innerlichsten Dank für diese Erde, auf der wir leben. Aber, was wir nicht verstehen: Du hast doch die Sünde der Welt auf Dich genommen, erlöse uns doch, erlöse uns! Wir verehren Dich als solchen. Denn Du, das wollen wir in Anerkennung Deiner Größe bekennen, bist allein der Herr; das ist gewiss!" Solches „Sich-Verständigen" mit der Göttlichkeit, schlägt sich eben auch in der Betonung des „propter magnam gloriam" innerhalb des solistisch in einer neuen Tonart instrumental anhebenden „Gratias" nieder. Aber man kann es eben auch aus der Rollenverteilung der *Schöpfung* heraus – die Solisten nehmen dort die Position der Erzengel ein – als ein quasi nachzeitliches Gotteslob hören, im vollstimmigen Ansprechen mittels des „Qui tollis", der intensiven Bitte des „Suscipe", dem gleichsam anschaulich schildernden „Qui sedes" durch die Allen und deren paukenunterstützter Überzeugung im „Quoniam". Was auch in die Richtung Endzeit weisen könnte, das ist das „in gloria Dei…" mit dem *Amen*, in welchem Fuge und durchführungsartig ausgearbeitetes Singen eine unübersehbare Menge der himmlischen Heerscharen „vorspielen" und sich im „Amen" (auch solistisch) einschwören.

Wenn wir annehmen, hier ginge es um ein „Reden" mit der Göttlichkeit in unmittelbarer Anschaulichkeit[14], um ein vertrauliches und verstehen wollendes Ansprechen, das dann im „Quoniam" zur endgültigen Überzeugung und Gewissheit führt, in welcher Kontextualität können wir dann das *Credo* hören? Sicher als eine konsequente Fortführung: Ohne instrumentale Einleitung artikulieren sich die Allen. Aber solches geschieht als Orchestersatz, dem das Singen u. d. h. die textliche Ausdrücklichkeit nur anhängt. Am Beginn dieses textreichen Satzes wird vielleicht am deutlichsten, dass die persönliche Intention des Aussprechens

---

[14] Dass solches „Hineinhören", das unserem eigenen Hören Sinn verleihen kann (auch wenn es nur zu einer „Erkenntnis" von Haydns Musik führen sollte), auch von anderen wahrgenommen wird, demonstriert das Nachwort von Nikolaus Harnoncourt zu Kochs „Heiliger Haydn?…" (S. 222 f.): „[…]Was können in Haydns Auslegung die drei Worte des Kyrie »Kyrie – Christe – eleison« alles ausdrücken! Nachdem er jeder der beiden göttlichen Benennungen einen eigenen Klang gab (etwa: unerbittlich der Eine, gütig der Andere), bringt er gleichsam zahllose musikalische Übersetzungen von »eleison« (etwa: bitte hilf, tue doch endlich etwas, warum lässt Du mich im Stich, ich ertrage es nicht länger – und dann fast immer, manchmal im letzten Moment: danke für Deine unendliche Güte oder – für die schließliche Erfüllung meiner Bitte). Oder die zahllosen verschiedenen Auslegungen von »Dona nobis pacem«: manchmal als brutale Kriegsmusik, die Verzweiflung auslöst, oder den erreichten Frieden durch jubelnde Tänze ausdrückt." Was Harnoncourt hier anspricht, das verstehen wir (innerhalb einer tätigkeitsorientierten Perspektive) als jene implizierte Intentionalität, mit der die Singenden und Mit-Singenden ihrem Tätigsein persönlichen Sinn generieren können.

sich mitunter fast vollkommen im sinfonischen Vorangehen realisiert. Zwar gehorcht dessen Gliederung den Textgliedern resp. -zeilen (→ „Credo…", „patrem omnipotentem…", „visibilium…", „Et in unum…", „et ex patre…" „genitum non factum…" usf.); gleichzeitig dient das Abrunden solcher Glieder dem Hervorkehren einzelner Begriffe mit sinfonischen Mitteln (→ „invisibilium" im plötzlichen Zurücknehmen; „Deum de Deo…" mit einem Ansteigen aller Dimensionen des Klanglichen bis zum „de Deo vero" usf.). Und wenn der Komponist dann das „Reden von sich" („Qui propter nos…") plötzlich an die Solisten delegiert, das der Chor erst „bestätigend" und dann sich vergewissernd aufnimmt, dann folgt Haydn eigentlich der traditionellen Technik, textreiche Teile in der *Missa solemnis* zu vertonen. Nur: es ist das ausgesprochen sinfonische Vorgehen (mit reichlich Paukenunterstützung), das das Singen hier zu einem persönlich „ausdrücklichen" macht. In solchem Vorangehen schlägt sich auch die „Feier" eines (den Singenden und Spielenden!) Selbstverständlichen nieder.

Dem steht als „andere" Möglichkeit mit kurzen instrumentalen Vortakten das „Et incarnatus" gegenüber. Das Sopran-Solo macht sich und uns anschaulich, stellt als fast unbegreiflich (→ „et homo…") heraus, was die Allen bestätigend aufnehmen. Und entsprechend selbst-vorwurfsvoll („pro nobis"!) mischt sich der Chor mit dem „Crucifixus…" ein, um dann um so „unbegreiflicher" mit dem „passus et sepultus…" fortzufahren, was Sopran und die anderen Solisten beglaubigen. Aber nun, mit dem „Et resurrexit…", einem Widersprechen per se, nehmen die Allen im unmittelbaren Choreinsatz das Heft in die Hand, sich schließlich das „Ankommen" Christi „in caelum" verdeutlichend. Und geradezu „fröhlich" fügen sie (sich!) die Konsequenz hinzu: „Et iterum venturus…", nicht ohne in ausdrücklicher Dramatik das „judicare…" herauszustellen.

Mit dem „Et in Spiritum…" scheint nun wieder der sinfonische Orchestersatz in den Vordergrund zu treten, nicht ohne einzelnen Begriffen umso intensiver nachzugehen, vor allem den die Singenden angehenden „peccatorum" und „mortuorum", als ob die ein ihnen Selbstverständliches Äußernden gleichsam über diese

Worte stolperten und in einen Reflex gelangten, in ihm zu verweilen. Und auch hier fasst Haydn mit dem „et vitam..." Alle im Sinn von Jeden u. d. h. jeden Singenden aber auch Spielenden(!) im kontrapunktischen Satz zusammen, um sie ihre Einsicht beglaubigen zu lassen. Der Versicherung des „Amen" gliedern sich auch die Solisten ein.

Dem *Credo* mit seinem machtvollen Bekenntnis, mit der *Verehrung* des „Incarnatus", dem *Verstehen*, was es heißt, Mensch geworden zu sein, der gleichsam widersprechenden *Erkenntnis* des „Et resurrexit", schließlich der *Sicherheit* des „Et iterum venturus", mit Trompeten (sich) verkündigend und schließlich zur *Hoffnung* und *Gewissheit* des „vitam venturi" durchstoßend, schließt sich konsequent ein Vorschein des großen Gotteslobes (*Sanctus*) an, ins Geheimnisvolle gewendet, an dem wir beteiligt sein werden, wie solches sich im „Pleni" kundtut. Zuvor aber eröffnet sich uns, erstaunt und überwältigt, die mit Vorhalten aufsteigend „sich eröffnende Schau" des Allerheiligsten. Sich dies scheu und ehrfürchtig zuraunend (→ »[dies ist er,] „Dominus Deus..."«), brechen die Singenden in das aus, was sie artikulieren, in das „Pleni sunt...", um sich, gleichsam umwendend, in ehrfürchtiger Weise das „Osanna..." folgen zu lassen.

Auch das *Benedictus* können wir als eigene Einschätzung hören, – und auch hier in durchaus unterschiedlichem Selbstverständnis: »*Wir*, wenn wir im Namen des Herrn kommen, werden aufgenommen sein...«, – der relativ schnelle Chorsatz mündet in die Dreiertakt-Steigerung des „Osanna". Anderseits suggeriert der eilende Orchestersatz (*Allegro moderato*) das Hineilen zum Sehen dessen, der kommen soll. Entsprechend gestaltet sich der Einsatz des Singens wie ein Sich-Mitteilen und schließlich (mit dem Einsatz der Solisten) als ein Verehren. Dies wird im Mittelteil durchführungsartig ausgespielt, als ob die Nachricht einerseits weitergegeben würde, anderseits gleichzeitig die Verehrung (mit den Solisten) real würde. Entsprechend schließt das Osanna den Satz in ehrfürchtiger Weise ab.

Den Abschluss bildet (in dem einen Hörverständnis) die Verehrung des „Lamms" oder (im anderen) die Gewissheit eines glücklichen Endes. Nach einer instrumentalen Einleitung gehen die Solostimmen voran und sie bestimmen schließlich den in „großer Thematik" (über einem *pizzicato* des Orchesters) fortgesponnenen Satz. Nach dem dritten „Agnus..." kündigen Trompeten das chorische „Dona..." an, in durchführungsartiger Korrespondenz des Chores und der Spielenden: Alles erscheint wie eine Verkündigung des Friedens, der in großem Jubel gefeiert wird. Doch in die Reprise am Schluss mischt sich doch ein „Bedenken" ein: so selbstverständlich scheint der Friede (zumindest auf Erden!) nicht erreichbar zu sein; er setzt die herzliche Bitte (Soli) und ein In-sich-Gehen (Chor) voraus.[15] Im Ganzen können wir dieses *Agnus* auch als einen großer Zug (der Solisten) in der Sicherheit des göttlichen Vergebens hören, als dessen Fazit die Trompeten den ewigen Frieden ankündigen, den die Singenden bestätigen.

Nicht übersehen sollte man, dass Haydn hier in gewisser Weise „beteiligt" ist. Nicht die Musik „schildert" einen Vorgang. Es ist Haydn, der hier aus einer eigenen und selbst verantworteten religiösen Vorstellung (incl. seines Beteiligtsein an deren Vorgänglichkeit!) uns ein gleichsam inhaltliches Vollziehen ermöglicht, damit wir uns in einer möglicherweise ebenso emanzipierten Religiosität aktualisieren und wahrnehmen.

Haydns Späte Messen stellen gewissermaßen einen Endpunkt einer Entwicklung dar. In ihnen kulminiert die Aneignung des Ordinariums durch die Glaubenden (= Singenden und Mit-Singenden) im Dienste ihrer persönlichen Religiosität (die sie aus der Kirche in ihren Alltag mitgenommen haben). Natürlich entwirft Haydn ein Singen des Messtextes. Doch lädt er dieses im Rahmen der *Missa solemnis* des ausgehenden 18. Jahrhunderts mit einer Intentionalität auf, die jene des ursprünglichen Textes mehrheitlich als Mittel zu einer tendenziell selbsttätigen Aus-

---

[15] Koch macht (S. 135) darauf aufmerksam, dass während der Arbeit am *Agnus* Haydns Lieblingsschwester Anna Maria verstarb. Er sieht darin einen Anker für eine persönliche Betroffenheit des Komponisten, die in diesem Satz spürbar sei.

drücklichkeit der Singenden und Mit-Singenden benützt. Letztere versetzt Haydn in die Lage, ihr Mit-Aussprechen mit einem eigenen Sinn zu versehen, aus der eigenen Lebenssituation gespeist: Das Singen wird zu einem persönlichen und argumentativen Reden mit der Göttlichkeit, einem Reden freilich, in welchem der Einzelne sich verbunden weiß mit den Allen der (zumindest katholischen) Welt.

Es erscheint kaum überraschend, dass diese Messen sehr bald in offiziellen Misskredit kamen; und dies nicht wegen ihrer möglichen Inhaltlichkeit – die verstand man wohl sowieso nicht –, sondern wegen ihrer sehr menschlichen (= „volksmusiknahen und fröhlichen"[16]) Töne. Finscher, der Haydns Kompositionsverfahren in diesen Messen sehr genau auf den Punkt bringt – vgl. S. 467 f. – stellt diese in einen Zusammenhang mit den beiden Messen Beethovens. Damit wird man ihnen sicher nicht gerecht; vielmehr sind sie in ihrer Technik an Haydns Sinfonien anzuknüpfen und in ihrem Selbstverständnis an die Entwicklung religiöser Emanzipation, hier im spezifisch katholischen Europa. „Aussprechen" geschieht in ihnen immer noch als Teilhabe an einem tendenziell Selbstverständlichen.[17]

Salopp könnte man sagen, diese Messen gehörten in den Konzertsaal. Aber vielleicht gehören sie gerade heute in die Kirche, in eine Kirche freilich, die nicht *ihre* Riten und *ihre* Theologie verteidigt, sondern die eine persönliche Religiosität jener Mitglieder anspricht und in einer hochstehenden und gebildeten Weise be-

---

[16] … so Finscher, S. 468.

[17] Eher könnte man in Beethovens IX. Symphonie das Umschlagen der „Emanzipation" in eine quasi weltliche „Religiosität" sehen, womit der vollkommen neue Blick auf sich selbst der Neuzeit angedeutet sei. Es erscheint eben üblich, in allem, was Haydn entwarf, den Begründer der sog. Klassik zu sehen und im Hinblick darauf zu beurteilen, was ihm historisch folgte. Doch scheint (mir), Haydns „Größe" bestehe vor allem darin, was er wie vollendete. Dies hat wohl Nikolaus II. (der die „Schöpfungsmesse" mit niemanden „teilen" wollte) aus seiner „Teilhabe" noch am 18. Jahrhundert (als geschichtlicher Epoche) sehr genau gespürt, indem er die C-dur-Messe, die er 1806 bei Beethovens für das Namenstagsfest 1807 bestellt hatte, als „insupportablement ridicule et detestable" bezeichnet haben soll; vgl. Finscher, S. 471.

dient, die sich immer noch der *una sancta* zugehörig fühlen. Es hat schon fast etwas Prophetisches, wenn Graf Starhemberg anl. der ersten Ausführung dieser Messe am 8. September 1802 notiert, dass es danach ein festliches Diner und am nächsten Tag nach Jagd und Souper ein Konzert gegeben habe, in welchem „die schönsten Stücke" aus der Messe wiederholt worden seien. Verdeutlicht das nicht tatsächlich den Endpunkt einer Aneignung?

14. Kleines Resümee

Die letzte der Londoner Sinfonien, Haydns Sinfonien insgesamt und die Londoner Sinfonien ebenso wie die Späten Messen im Besonderen, sie stellen *eine* Art der Vollendung innerhalb der Musik der Frühen Neuzeit dar. Gleichzeitig bilden sie darin, dass Haydn in den Londoner Sinfonien und in den Späten Messen schließlich sich selbst zum Vor-Bild eines menschheitlichen Handelns macht, für unser Verständnis(!) eine Brücke zur Musik des 19. Jahrhunderts. Dies und die Entwicklung dorthin haben wir implizit im Text mehrmals angedeutet. Zwar sehen wir die Komponisten des 19. Jahrhunderts einen bestimmten Stand des Komponierens (und damit auch den Haydns) aufgreifen und vor allem in Deutschland im höfischen und vor allem bürgerlichen Bereich quasi die Zeit anhalten und im Sinne Haydns fortfahren, denken wir nur an einen Komponisten wie Andreas Romberg. Wir sehen aber anderseits gerade in Wien, wie dieser Stand des Komponierens (im ausdrücklichen Sinn!) *neu interpretiert* und in eine ganz *neue* Richtung fortentwickelt wird. Wieder, wie am Beginn des 16. Jahrhunderts, können wir uns diesen Neubeginn als ein Heraustreten des Menschen aus sich und seine Neuinterpretation seines Tätigseins, nun als eine beginnende „Selbstartikulation als…", einsichtig machen.[1] Dafür wird zwar Haydns „Technik" sozusagen individualisiert; aber: aus Haydns

---

[1] Die Musik der Frühen Neuzeit fing mit der Übertragung der motettischen Mittel in ein ausdrucksvolles weltliches Singen an, denken wir vor allem an Adrian Willaert. Am Beginn eines madrigalischen Singens stand solche Übernahme im Dienste eines entstehenden Selbstbewusstseins des europäischen Menschen. Und es mündet nun (auch und gleichsam umgekehrt im Zusammenhang der späten Messen, aber auch der „Andacht" der Streichquartette) mit der vollständigen Übernahme eines weltlichen orchestralen Spielens in ein von einer selbstbewussten Religiosität bestimmtes Singen und Spielen. Willaert und Haydn: sie beide können wir stellvertretend für einen Rahmen, als Vertreter eines Beginns und Endes der Musik der Frühen Neuzeit ansehen.

„Menschheitlichkeitskonzept" verstehen wir auch, warum die zukünftige „Inhaltlichkeit" des Komponierens im deutschsprachigen Raum und vor allem in Wien eher an Mozart anknüpfte, an dessen Konzept einer „Menschlichkeit" des Einzelnen.[2]

Haydns Sinfonie-Konzeption haben wir einem *Konzept der „Menschheitlichkeit"* zugeordnet. Seine Sujets sind (in unserer Vorstellung) darauf aus, den Menschen als vielseitig Handelnden und darin je *als Beispiel für den Typus Mensch* heranzuziehen und von seinem Handeln im Einzelfall auf ihn als ein Beispiel der Menschheit (und das meint einer „aufgeklärten" Menschheit) hin zu abstrahieren. In der Teilhabe an einem abstrakten menschlichen Situations- und Handlungsprozess besteht anderseits wohl die wesentliche Leistung der Mit-Spielenden, die sich in solcher Teilhabe „zur Geltung bringen können als…" Solches können wir auch für die Späten Messen (als „Vokalsinfonien") annehmen, wobei diese den für unsere „Menschheitlichkeit" des ausgehenden 18. Jahrhunderts selbstverständlichen „Anteil" einer Religiosität hervorheben. Für sein Konzept hat Haydn die z. T. aus unterschiedlichen Traditionen hergeleiteten Folgen von Sätzen einer Sinfonie nach und nach mit einer bestimmten Intentionalität (Inhaltlichkeit) aufgeladen, nicht ohne diese selbst in Struktur und Ausdehnung dem Zweck eines sinngenerierenden Mit-Spielens anzupassen. Solche Konzeption ist selbst ein Entwicklungsmoment; es bedurfte des Ausprobierens und durchaus unterschiedlicher Entwicklungsstadien. Doch mit der Bevorzugung des viersätzigen Typus der Sinfonie spätestens hatte Haydn wohl ein Selbstverständnis für ein entsprechendes Komponieren gefunden.

Haydns „Sinfonie" bedeutet eine feste(!) „Daseinsform", die je neu entworfen und spezifisch „er-füllt" wird: sie bedeutet das

---

[2] Umgekehrt ist aus dem „Heraustreten" des Menschen und seinem Weiterkomponieren in (fast) gleicher Weise, jedoch aus einem neuen Selbstverständnis heraus, zu begreifen, warum in der europäischen Musikgeschichte der Neubeginn einer Epoche keine Revolution darstellt. (Eine solche setzt scheinbar(!) stets erst einige Generationen u. d. h. ein Jahrhundert später ein!)

Hineingezogen-Werden in eine Situation, in das Erleben eines In-Aktion-Tretens des/eines Menschen, in welchem man sich selbst spiegelt; es bedeutet Mitgenommen-Werden in eine Quasi-Reaktion, an der man sich gleichsam körperlich beteiligt fühlen kann (Menuett); und es bedeutet schließlich Begehen einer „Lösung" als neue Situation u. a. des „Feierns", als Abschluss eines „Erlebens". Diese „Lebensform" – der Ordinariumszyklus war bzw. wurde aus sich selbst eine solche – ist „formal" festgelegt; ihre Etappen sind aus einer Entwicklung her als „Gattungen" (u. d. h. als Verhaltensmuster bzw. „Akte" einer menschlichen Handlungskonstellation!) vorbestimmt, was nicht ausschließt, dass ein Komponist wie Haydn sie im Sinne seiner Kompositionen frei handhabt und scheinbar(!) experimentell weiterentwickelt. Die Reihenfolge der Sätze (die im Sinne einer bestimmten Handlungsstruktur auch verändert wird!) meint, kurz zusammengefasst:

- I. Versetzen des Mit-Spielenden (also Hörenden) in eine gleichsam doppelt bestimmte „Situation" (im Sinne eines Konzerts als „Lebensform" und im Sinne der Eröffnung einer „Handlung", an der er als Hörender nun teilhat);
- II. Füllen solcher Teilhabe mit einer Inhaltlichkeit durch das „Auftreten" des/eines Menschen (oder einer „Botschaft"), das (die) den Mit-Spielenden emphatisch mitnimmt;
- III. Entwerfen einer Quasi-Beteiligung bzw. eines „Auftretens" der Allen (also im weiteren Sinn auch der Mit-Spielenden) als Reaktion auf das „Auftreten" des Einzelnen;
- IV. Schließen mit einer Situation als „Ergebnis", einer Art „Lösung" oder einfach eines Feierns der- oder desselben.

Einsichtig kann uns geworden sein, dass Haydn seine Sinfonien (zumindest was die spätere viersätzige Form betrifft) möglicherweise von den Innensätzen her entwarf. So ist es zumindest bei den Sinfonien 100 und 101 auch nachweislich überliefert: Am Anfang stehen das (sujetbedingte) „Auftreten" des Menschen und die Reaktion der „Anderen" darauf. Dann erst werden die Rahmensätze entworfen, sehr wahrscheinlich der erste Satz sogar als letzter, weil er nicht nur in jene spezifische Situation einführt, in der der „Auftretende" in Aktion treten wird, sondern auch in die Situation „Konzert", die den Anlass zur Aktualisierung des Entwurfs bildet (durch welchen beide „Situationen" im Hörenden sozusagen zeitweise verschmelzen).

Wesentlich sollte die Einsicht im Hören der Sinfonien sein, dass Haydn im Entwerfen sinfonischen Spielens wohl häufig von je übergeordneten *Gedanken jeweils eines Zyklus von mehreren Sinfonien* ausgegangen sein könnte, je in besonderer Weise anlassbezogen verfahrend. Dabei spielt die „Trias", wie sie bereits die frühen sog. Tageszeiten-Sinfonien dokumentieren, eine vorbildliche Rolle. Ob daraus zu folgern hätte, solche Zyklen heute in je einer Veranstaltung zusammen zu realisieren (wie dies Harnoncourt mit den drei letzten Sinfonien Mozarts demonstriert hat), das wäre als „blankes" Konzert eher zu bezweifeln. Eine Lösung böte sich eher in einer großformatigen Veranstaltung im Sinne von Glyndebourne an, in welchen die einzelnen Sinfonien wie Akte einer Oper aufgefasst, durch ausgiebige Pausen aufgewertet und dazu evtl. durch sujetbezogene Lieder und Arien (ganz im Sinne der Konzerte des ausgehenden 18. Jahrhunderts) ergänzt würden.[3]

Wir wissen nicht, ob wir mit unseren Vermutungen betr. Sujet der angesprochenen Sinfonien und Späten Messen Haydns im Einzelnen richtig liegen resp. lagen. Ich halte dies auch für sekundär, wenn man nicht beliebig hineininterpretiert, sondern Gründe *für sich* angeben kann für. Dann stiften solche angenommenen Sujets die Grundlage eines sinnvollen Hörens (im Einzelfall!), und das meint entscheidend mehr, als nur ein noch so sehr erstaunliches Handwerkliches aufzunehmen. Indem wir dem Spielen und Mit-Spielen eine je es mit Sinn füllende *Intention* unterstellen, gelingt es uns, auch unserem Mit-Spielen einen auf

---

[3] Zu folgern wäre, dass Mozart mit der Konstruktion der Trias der drei letzten Sinfonien auch auf dem Gebiet der Sinfonie (wie auf dem des Streichquartetts) dem Vorbild Haydn etwas Eigenes gegenüberstellen wollte, was auf sein Konzept der „Menschlichkeit" hin zu interpretieren wäre.

uns bezogenen Sinn abzugewinnen: uns selbst im Hören als intentional Handelnde zu erleben. Wenn wir gleichzeitig davon ausgehen, dass solche Intentionalität letztlich vom Komponisten selbst beabsichtigt ist (oder sein könnte), dann stiften wir unserem Hören einen Bezug zum Komponisten Haydn als Mensch und Person.

Das Aufnehmen dieser Musik als das, was sie letztlich (uns) sein „will", nämlich ein je historisch und damit gleichzeitig lebensgeschichtlich bestimmtes Mit-Singen, Mit-Spielen oder explizites „Musik"-Hören, setzt Bildung, musikalische Bildung, eine bestimmte (im Erwachsenenalter erworbene) Haltung (Offenheit) und vor allem ein bestimmtes Alter voraus. Ein Fünfundzwanzigjähriger kann eine Haydn-Sinfonie oder -Messe nicht *so* hören, wie ein Fünfundsechzigjähriger; auch ein Fünfundvierzigjähriger kann dies wohl noch nicht. Unsere Musikpädagogik geht (oft) davon aus, dass Hören in erster Linie von dem jeweiligen „Gegenstand" bestimmt sei; und da dieser in seiner Beschaffenheit feststehe, könne ihn letztlich jeder als „ihn" und damit als einen je gleichen wahrnehmen. Unsere Argumentation geht aber vom Hören, hier noch tendenziell als einem Mit-Spielen, aus, das eine erworbene und vertiefte spezifisch menschliche „Daseinsform" darstellt, je *von der eigenen Selbst-Entwicklung* abhängig. Zu deren Realisation bedarf es zwar eines „Materials"; doch bringt dieses bei scheinbar identischem Material (auch im historischen Kontext!, – vgl. die Sinfonie- und Messen-Namen!) ganz unterschiedliche Lebensformen zuwege, – entsprechend den eigenen Voraussetzungen.[4] Und hierbei spielen alle Bedingungen eine Rolle; und

---

[4] Im Prinzip ist dies (der Musikpädagogik!) ja lange vertraut; in den 70-er Jahren wurde ausgiebig über die Bedingungen von „Hören und Verstehen" geschrieben. Aber eben, zwar von den sich veränderbaren (vor allem psychischen und sozialen) Bedingungen des Subjekts für ein vermeintlich notwendiges „Verstehen" ausgehend, nicht aber von der Bedingung, dass Musik selbst eine Tätigkeit ist und damit selbst eine wesentliche Bedingung darstellt. Zugrunde lag stets eine *kommunikative* Vorstellung, als hätte Musik uns etwas gleichsam fest Eincodiertes zu sagen, nur könnten nicht alle es auf gleiche Weise verstehen. Aber Musik hat nichts zu „sagen"; sie ist eine entworfene Lebensform als Tätigkeit, deren „Material"

eine ganz wesentliche bildet das Alter, vor allem in Verbindung mit dem kulturellen Alter, verstanden als kulturelle Reife.

Haydn ist (für mich) der Komponist der europäischen Aufklärung, des Strebens des Menschen nach einer *Teilhabe* an einer allgemeinen Vernunft, um sich als Mensch im emphatischen Sinn *innerhalb einer Sozietät* zu erleben. Dieser Weg zur Aufklärung aber war um 1800 zu Ende! Neben und innerhalb einer durchaus wahrnehmbaren Restitution begann ein neues Zeitalter, das Zeitalter des *zentrifugalen* Interesses des einzelnen Individuums an sich selbst.

Dies wird „musikalisch" von Beethoven und in dessen Zeit eröffnet, in der das Schlagwort vom „Bereichert euch" auch kulturell Gültigkeit bekommt: als primäres *Sich*-Erleben und mit einem *Sich*-emotional-Bereichern. Aber: Beethoven selbst hat wohl darunter noch gelitten; die Sehnsucht nach der Teilhabe an der Sozietät war für ihn wohl noch lebensbestimmend. Auch Schuberts „Winterreise", das neue Situiertsein des Menschen im emphatischen Sinn in einer „kalten Welt", artikuliert wohl noch einen spezifischen „Verlust". Sicher, von Haydn haben sie alle gelernt; auch Beethoven und Schubert konnten *von* Haydn viel Handwerkliches (aus dessen Sinfonien und Streichquartetten) lernen; aber ihrem Komponieren einen neuen Sinn zu geben, das lernten sie wohl eher *durch* Mozart, indem sie diesen – E. T. A. Hoffmann sei als ein prägendes Beispiel herangezogen – neu deuteten. (Dies soll in einem zweiten Extempore zu Mozarts Da-Ponte-Opern verdeutlicht werden.)

Die Erfolge von Haydns Musik in London wie auch bereits zuvor in Paris waren kein Zufall, da sie sich mit einem (ersten) Höhepunkt eines Konzertlebens trafen, das noch eindeutig vom Adel und vor allem „Geistesadel" der Zeit bestimmt und bereits während Haydns zweitem London-Aufenthalt im Niedergang begriffen war. In Wirklichkeit bezeichnen beide (und in Wien verspätet

---

altersbedingte Vollzüge spezifisch „eigenen" Tätigseins ermöglicht. Es gibt von daher (musikpädagogisch gesehen) eigentlich keinen feststehenden Gegenstand „Musik"!

und ein wenig mit der „Schöpfung" nachziehend) den Höhepunkt und gleichzeitig *den Abschluss einer Musik, der als Tätigsein*
ein zentripetales Selbstverständnis zugrunde lag, welches Haydns
Sinfonien (und Mozarts Opern) sozusagen in eine vollendete
Lebensform kleideten, in welcher es sich noch einmal und gleichsam vollendet ausleben konnte, ausleben aber als eine ins Ab-
strakte gesteigerte Überzeugung der Teilhabe an einem gemeinsamen Bewusstsein vom Menschen und seiner Rationalität und
einem diesem entsprechenden Handeln.

Wichtigste angesprochene Schriften

Pierre Barbaud, *Joseph Haydn in Selbstzeugnissen und Bilddokumenten*, dt. Reinbek 1960 (=rowohlts monographien)

Dénes Bartha, *Joseph Haydn. Gesammelte Briefe und Aufzeichnungen*, Kassel etc. 1965

Ludwig Finscher, *Joseph Haydn und seine Zeit*, Laaber 2000

Georg August Griesinger, *Biographische Notizen über Joseph Haydn. Reprint der Ausgabe Leipzig 1810...*, hrsg. v. Peter Krause, Leipzig 1979

Peter Gülke, *Nahezu ein Kant der Musik* (revidierte Fassung), in: *Joseph Haydn* (= Musik-Konzepte 41), München 1985

Frank Huss, *Joseph Haydn. Das unterschätzte Genie*, Wien 2013

Heinrich Eduard Jacob, *Joseph Haydn. Seine Kunst, seine Zeit, sein Ruhm*, Hamburg 1952

Robert Kegan, *Die Entwicklungsstufen des Selbst...*, dt. München 1986

Jakob Johann Koch, *Heiliger Haydn? Der Begründer der Wiener Klassik und seine Religiosität*, Kevelaer 2009

Christian Friedrich Daniel Schubart, *Ideen zu einer Ästhetik der Tonkunst (Wien 1806)*, Nachdruck Darmstadt 1969.

Dietmar Ströbel, *Von Mozart vor und zurück. Modelle zur Musik zwischen 1500 und 2000*, Norderstedt 2011 (= ZWISCHENTEXTE 3)

Renate Ulm (Hrsg.), *Haydns Londoner Sinfonien. Entstehung – Deutung – Wirkung*, München u. Kassel etc. 2007

(Zu einzelnen weiteren Schriften vgl. je die Anmerkungen im Text.)

Zum Hören der Sinfonien und Messen lagen vor allem vor:

Joseph Haydn, *Symphonies 1–104*, Austro-Hungarian Haydn Orchestra, Adam Fischer

Joseph Haydn, *The Complete Haydn Masses*, Trinity Choir, REBEL Barque Orchestra, J. Owen Burdick u. Jane Glover

Hinweis

Dietmar Ströbel

Zwischentexte

In der Sammlung ZWISCHENTEXTE bearbeitet der Autor in loser Reihenfolge Essays aus dem Bereich der Musik, der Musikgeschichte und Musikpädagogik.

Die Texte wollen allen ernsthaft Musikinteressierten und insbesondere Musikpädagogen einen etwas anderen Blick auf das eröffnen, womit sie umgehen. Ihr Ziel ist es, das Interesse an Musik zu einem Interesse am Menschen zu erweitern, Musik als eine spezifisch *menschliche Tätigkeit* anzusprechen und in ihrer prinzipiellen *Geschichtlichkeit* darzustellen sowie ihre für unsere Kultur notwendige *Aneignung* inform eigenen Handelns als *Singen, instrumentales Spielen* und *musikalisches Hören* zu projektieren und zu fördern.

1. *Musikpädagogik als Ausbildung. Sieben persönliche Markierungen,* Norderstedt 2001 (ISBN 3-8311-2097-8)

2. *Menschensmusik. Vier Versuche, in eine pädagogisch brauchbare Vorstellung von Musik einzuführen,* Norderstedt 2008 (ISBN 978-3-8370-4204-7)

3. *Von Mozart vor und zurück. Modelle zur Musik zwischen 1500 und 2000,* Norderstedt 2011 (ISBN 978-3-8391-9052-4)

4. *Ausgerechnet Mittelalter?! Zu Kindheit und Jugend unserer Musikkultur,* Norderstedt 2010 (ISBN 978-3-8391-5103-7)

5. SINGEN → SPIELEN → HÖREN. *Zu einer »erwachsenen« Musik der Frühen Neuzeit (1500-1800)* [Arbeitstitel]

   (1) *Der Komponist und sein Amt. Siebeneinhalb biografische Diskurse zu Lasso, Praetorius, Monteverdi, Schütz, Lully, Bach, Haydn und Mozart (in Wien);* in Vorbereitung

   Sonderband: *Seinen Glauben selber singen. Zur Entwicklung des Singens als evangelisches Glaubenslied zwischen Reformation und Aufklärung,* Norderstedt 2017 (ISBN 978-3-7431-7950-9)

Sonderband (2): *Religiöse Musik. Zu Claudio Monteverdis der »Virgo sanctissima« gewidmeten Zyklus von 1610, zu den »Musikalischen Exequien« von Heinrich Schütz sowie zu Jean-Baptiste Lullys »Te Deum«*, Norderstedt 2019 (ISBN 978-3-7504-3422-6)

11. *MIT MUSIK LEBEN. Projekte zur Ästhetischen Praxis von Musikpädagogen in konzeptioneller Absicht*

Projekt 3. *Notizen zur »Hofmusik« des Osnabrücker Bischofs Philipp Sigismund (1591-1623). Anmerkungen zu Kompositionen von Nikolaus Zangius, Ott Siegfried Harnisch und Daniel Selich (Selichius),* Norderstedt 2021 (ISBN 9783754346662)

Anlagen: *Ott Siegfried Harnisch, »Hortulus Lieblicher lustiger und höflicher Teutscher Lieder« (1604)* (ISBN 9783756840267) und *»Johannes-Passion (1621)* (ISBN 9783756817245) (Editionen)

Projekt 4. *Männersonntag. 3- und 4-stimmige Liedsätze für Männerchor zur Gottesdienstgestaltung* (Privatdruck)